Tales

Alexander Bestuzhev

Повести

Александр Бестужев

Tales

ISNB: 978-1-60444-880-1

Повести

ISNB: 978-1-60444-880-1

ИСПЫТАНИЕ

Посвящается Ардалиону Михайловичу Андрееву

I

...В благовонном дыме трубок. Как звезда, несется кубок, Влажной искрою горя Жемчуга и янтаря; В нем, играя и светлея, Дышит пламень Прометея, Как бессмертная заря!

Невдалеке от Киева, в день зимнего Николы, многие офицеры ского гусарского полка праздновали на именинах у одного из любимых эскадронных командиров своих, князя Николая Петровича Гремина. Шумный обед уже кончился, но шампанское не уставало литься и питься. Однако же, как ни веселы были гости, как ни искрения их беседа, разговор начинал томиться, и смех, эта Клеопатрина жемчужина, растаял в бокалах. Запас уездпых новостей истощился; лестные мечты о будущих вакансиях к производству, любопытные споры о построениях, похвальба конями и даже всевозможные тосты, в изобретении коих воображение гусара, конечно, может спорить с любым калейдоскопом, — все наскучило своей чередою. Остряки досадовали, что их не слушают, а весельчаки, что их не смешат. Язык, на который, право не знаю почему, скорее всего действует закон тяготения, заметно упорствовал подниматься к нёбу; восклицания и вздохи и табачные пуфы становились реже и реже, по мере того как величественные зевки, подобно электрической искре, перелетали с уст на уста...

Я мог бы при сей верной оказии, подражая милым писателям русских новостей, описать все подробности офицерской квартиры до синего пороха, как будто к сдаче аренды; но зная, что такие микроскопические красоты не по всем глазам, я разрешаю моих читателей от волнования табачного дыма, от бряканья стаканов и шпор, от гомеровского описания дверей, исстрелянных пистолетными пулями, и стен, исчерченных заветными стихами и вензелями, от висящих на стене мундштуков и ташки, от нагорелых свеч и длинной тени усов. Когда же я говорю про усы, то разумею под этим обыкновенные человеческие, а не китовые усы, о которых, если вам угодно знать пообстоятельнее, вы можете прочесть славного китолова Скорезби. Впрочем, да не помыслят поклонники усов, будто я бросаю их из неуважения; сохрани меня Аввакум! Я сам считаю усы благороднейшим украшением всех теплокровных и хладнокровных животных, начиная от трехбунчужного паши до осетра.

Но вспомните, что мы оставили гостей не простясь, а это не слишком учтиво. Без нас уже половина из них, не подстрекаемая великим двигателем сердец -банком, склонила головы свои на край стола, между тем как остальные, более крепкие или более воздержные, спорили еще сидя: что красивее, троерядный или пятирядный ментик? Вдруг звон колокольчика и топот злой тройки заглушил их прения. Сани шаркнули под окном, и майор Стрелинский уже стоял гхеред ними.

— Здравствуй, здравствуй! — летело к нему со всех сторон.

— Прощайте, друзья мои! — отвечал он. — Отпуск у меня в кармане, кони у крыльца, и ретивое на берегах невских; я заехал сюда на минуту; поздравить милого именинника и выпить прощальную чашу. Сто лет счастия! воскликнул он, обращаясь к князю, с бокалом шампанского, и дружески сжимая его руку. — Сто лет!

— Милости просим на погребенье, — отвечал, усмехаясь, Гремин, — и я уверен, что ты заключишь старинную дружбу нашу похвальным словом над моею могилою!

— Похвальным словом? Нет! это слишком обыкновенно. Да и зачем хвалить того, кого не за что бранить? Впрочем, как ни упорен язык мой на панегирики, твое желание одушевляет меня казарменным красноречием. Не хочу, однако ж, проникать в будущее — нет, я произнесу только надгробное слово этим живым и чуть живым покойникам, за столом и под столом уснувшим. Начинаю с тебя, милый корнет Посвистов! Ибо в царстве мертвых и последние могут быть первыми. Да покоится твое романтическое воображение, которое, будучи орошено ромом, пылало как плум—пудинг! Тебе недоставало только рифм, чтобы сделаться поэтом, которого бы никто не понял, и грамматики, чтоб быть прозаиком, которого бы никто не читал. Сам Зевес ниспослал на тебя сон в отраду ушей всех ближних!.. Мир и тебе, храбрый ротмистр Ольстредин: ты никогда не опаздывал на звон сабель и стаканов. Ты, который так затягиваешься, что не можешь сесть, и, натянувшись, не в силах встать! Да покоится же твое туловище, покуда звук трубы не призовет тебя к страшному расчету: "справа по три и по три направо кругом!" Мир и твоим усам, наш доморощенный Жомини, у которого армии летали, как журавли, и крепости лопали, как бутылки с кислыми щами! Системы не спасли твою операционную линию... ты пал, ты страшно пал, как Люцифер или Наполеоп, с верного конца в преисподнюю подстолья!.. Долгий покой и тебе, кларнетист бемольной памяти Бренчинский, который даже собаку свою выучил лаять по нотам. Бывало, ты одним духом отдувал любой акт из "Фрейпшца"; а теперь одна аппликатура V.C.P. со звездочкой низвергла тебя, как прорванную волынку. И тебе, лорд Байрон мазурки Стрепетов, круживший головы дам неутомимостию ног своих в вальсе, так что ни одна не покидала тебя без сердечного биения — от усталости; ты вечно был в разладе с музыкою, — зато вечно доволен сам собою. Мир сердцу твоему, честолюбец Пятачков! хотя ты и во сне хочешь перехрапеть своих товарищей, и тебе, друг Сусликов! Что глядишь на меня, будто собираешься рассуждать? И, наконец, все вы, о которых так же трудно что-нибудь сказать, как вам что-нибудь выдумать, покойтеся на лаврах своих до радостного утра, — да будет крепок ваш сон и легко пробуждение!

— Аминь! — сказал Гремин, смеючись. — Тебе, однако ж, пришлось бы, в награду за речь эту, променять не одну пару пуль или иззубрить не одну саблю, если б господа могли все слышать.

— Тогда я не счел бы их мертвецами и не сказывал бы надгробной проповеди. Впрочем, с теми, кто не принимает шутку за шутку, я готов расплатиться и свинцового монетою.

— Полно, полно, любезный мой Дон-Кишот; мы между Друзьями. Не спеши прощаться: мне нужно дать тебе поручения в Петербург, немного поважнее покупки ветишкетов и помады. Через четверть часа колокольчик будет уже звенеть в ушах твоих вместо голоса друга. Они вышли в другую комнату.

— Послушай, Валериан! — сказал ему Гремип. — Ты, я думаю, помнишь ту черноглазую даму, с золотыми колосьями на голове, которая свела с ума всю молодежь на бале у французского посланника, три года тому назад, когда мы оба служили еще в гвардии?

— Я скорее забуду, с которой стороны садиться на лошадь, — вспыхнув, отвечал Стрелинский, — она целые две ночи снилась мне, и я в честь ее проиграл кучу денег на трефовой даме, которая сроду мне не рутировала. Од-пако ж страсть моя, как прилично благородному гусару, выкипела в неделю, и с тех пор... но далее: ты был влюблен в нее?

— Был и есмь. Подвиги мои наяву простирались далее твоих сновидений. Мне отвечали взаимностию, меня ввели в дом ее мужа...

— Так она замужем?

— По несчастию, да. Расчетливость родных приковала ее к живому трупу, к ветхому надгробию человеческого и графского достоинства. Надо было покориться судьбе и питаться искрами взглядов и дымом надежды. По между тем как мы вздыхали, семидесятилетний супруг кашлял да кашлял, — и, наконец, врачи присоветовали ему ехать за границу, надеясь, вероятно, минеральными водами выцедить из его кошелька побольше золота.

— Да здравствуют воды! Я готов почти помириться за это с водой, хотя календарский знак Водолея на столе вечно кидает меня в лихорадку. Поздравляю, поздравляю, mon cher Nicolas[1]; разумеется, дела твои пошли как нельзя лучше!..

---

[1] Дорогой Николай (фр.).

— Вложи в ножны свои поздравления. Старик взял ее с собою.

— С собой? Ах он чудо-юдо! Таскать по кислым ключам молодую жену, чтобы золотить ему пилюли, вместо того чтобы, оставя ее в столице, украсить свое родословное дерево золотыми яблоками. Это умертвительное неуменье жить в свете!

— Скажи лучше, упрямство умереть кстати. Он воображал, постепенно разрушаясь, что обновит себя переменою мест. При разлуке мы были неутешны и поменялись, как водится, кольцами и обетами неизменной верности. С первой станции она писала ко мне дважды; с третьего ночлега еще одно письмо; с границы поручила одному встречному знакомцу мне кланяться, и с тех пор ни от ней, ни об ней никакого известия; словно в воду канула!

— Ужели ж ты не писал к ней? Любовь без глупостей на письме и на деле - все равно что развод без музыки. Бумага все терпит.

— Да я-то не терплю бумаги. Притом, куда бы мне адресовать свои брандскугельные послания? Ветер - плохой проводник для нежности, а животный магнетизм не открыл мне места ее процветания. Потом иные заботы по службе и своим делам не давали мне досугу заняться сердцем. Признаюсь тебе, я уж стал было позабывать мою прекрасную Алину. Время залечивает даже ядовитые раны ненависти; мудрено ли ж ему выдымить фосфорное пламя любви? Но вчерашняя почта освежила вдруг мою страсть и надежды. Репетилов, в числе столичных новостей, пишет мне, что Алина возвратилась из-за границы в Петербург - мила, как сердце, и умна, как свет; что она сверкает звездой на модном горизонте, что уже дамы, несмотря на соперничество, переняли у ней какой-то чудесный манер ридикюля, а мужчины выучились пришепетывать страх как приятно; одним словом, что, начиная от нижнего этажа модных магазинов до ветреного чердака стихокропателей, они привела у них в движение все иглы, языки и перья.

— Тем хуже для тебя, любезный Николай! Память прежней привязанности никогда не бывала в числе карманных добродетелей у баловниц большого света.

— В этом-то все и дело, любезнейший! Отлучка полкового командира привязала меня к службе; а между тем как я здесь сижу сиднем, она, может, изменяет мне. Сомнение для меня тяжеле самой неблагоприятной известности, хуже висельпой отсрочки. Послушай, Валериан! я тебя знаю давно и люблю так же давно, как ?наю. Коротко и просто: испытай верность Алины. Ты молод и богат, ты мил и ловок, — одним словом, никто лучше тебя не умеет проиграть деньги по расчету и выиграть сердце безумною пылкостию. Дай слово - и с богом.

— Возьми назад свое и убирайся к черту! Подумал ли ты, что этим неуместным любопытством ты ставишь силок другу и подруге, с опасностию потерять обоих? Ты знаешь, для меня довольно аршина лент и пары золотых серег, чтоб влюбиться по уши, и поручаешь исследовать прекрасную женщину, как будто б она была соляной обломок Лотовой жены, а я профессор Стокгольмского университета!

— По этому-то самому, милый Валериан, я больше полагаюсь на твою возгораемость и сгораемость, чем на хладнокровие другого. Три дня ты будешь от нее без ума, а через три дня или она станет от тебя без памяти, или своей верностию приведет тебя самого в память. В первом случае я раскланяюсь с своими надеждами — не без сожаления, но без гнева. Ведь не один я бывал в сладком заблуждении, не один останусь и в любезных дураках. Но в другом - тем сладостнее, тем вернее будет обладание любимым сердцем. Мила неопытная любовь, Валериан, но любовь испытанная - бесценна!

— Видно, нет на свете такой глупости, которую умные люди не освятили своим примером. Любовь есть дар, а не долг, и тот, кто испытывает ее, ее не стоит. Ради бога, Николай, не делай дружбы моей оселком!

— Я именем дружбы нашей прошу тебя исполнить эту просьбу. Если Алина предпочтет тебя, очень рад за тебя, а за себя вдвое; но если ж она непоколебимо ко мне привязана, я уверен, что ты, и полюбив ее, не разлюбишь друга.

— Можешь ли ты в этом сомневаться? Но подумай...

— Все обдумано и передумано; я неотмешго хочу этого, а ты, несомненно, это можешь. В подобных делах друг твой — настоящий новгородец: прям и упрям. Да или нет, Стрелинский?

— Да! Слово это очень коротко, но мне так же трудно было выпустить его из сердца, как последний рубль из кармана в полудороге. Впрочем, я утешаю себя тем, что ты и я, как очень легко статься может, опоздали и найдем одуванчик вместо цветка. Тут еще есть бездельное обстоятельство; уверен ли ты, что супруг ее убрался в Елясейские?

— Ничего не знаю. Репетилов ни полслова об этом. Однако ж, хотя бы жизнь его была застрахована самим Арендтом, природа должна взять свое, и последний песок его часов не замедлит высыпаться!

— Браво, браво, мой Альнаскар! Это несравненно, это неподражаемо! Мы запродали шубу, не спросясь медведя. Опыт наш начинает привлекать меня, за него надо взяться из одной чудесности. Я твой.

— Постой, постой, ветреник! Ты еще не спросил у меня фамилии нашей героини. Графиня Алина Александровна Звездич. Помни же!

— А если забуду, то, наверно, по рассказам твоим, могу о ней осведомиться в первом журнале или в первой модной лавке. Что еще?

— Ничего, кроме моего почтения твоей тетушке и сестрице. Она, говорят, вышла из монастыря?

5

— И мила как ангел, пишут мне родственники. Друзья расстались.

Между тем гостей развели и развезли. Все утихло, и тем грустнее стало Гремину одиночество после шумного праздника. Платон уверял, что человек есть двуногое животное без перьев; другие физиологи отличали его тем, что он может пить и любить когда вздумается; но ощипанный петух мог ли бы стать человеком или человек в перьях перестал ли бы быть им? Конечно, нет. Получил ли бы медведь патент на человеческое достоинство за то, что любит напиваться во всякое время? Конечно, нет. В наш дымный век я определил бы человека гораздо отличительнее, сказав, что он есть "животное курящее, animal fumens". И в самом деле, кто ныне не курит? Где не процветает табачная торговля, начиная от мыса Доброй Надежды до залива Отчаяния, от Китайской стены до Нового моста в Париже и от моего до Чукотского носа? Пустясь в определения, я не остановлюсь на одном: у меня страсть к философии, как у Санхо Пансы к пословицам. "Мыслю - следственно, существую", - сказал Декарт. "Курю - следственно, думаю", - говорю я. Гремин курил и думал. Мысли его невольно кружились над камнем преткновения для рода человеческого — над супружеством. Есть возраст, в который какая-то усталость овладевает душою. Волокитства наскучивают, кочевая, бездомовная жизнь становится тяжка, пустые знакомства — несносны; взор ищет отдохновения, а сердце — подруги, и как сладостно оно бьется, когда мечтает, что ее нашло!.. Воображение рисует новые картины семейственного счастия; тени скрадены, шероховатости скрыты — c'est un bonheur a perte de vue[2]! Мечты — это животное-растение, взбегающее в сердце и цветущее в голове, — летали вместе с дымом около Гремина и, как он, вились, разнообразились и исчезали! За ними и холодное сомнение, за ними и желчная ревность проникли в душу. "Доверить испытание двадцатилетней светской женщины пылкому другу, — думал он, нахмурясь, есть великая неосторожность, самая странная самонадеянность, высочайшее безумие!"

— Какой я глупец! — вскричал он, вскочив с кушетки, так громко, что легавая собака его залаяла, спросонков. — Эй, пошлите ко мне писаря Васильева!

Писарь Васильев явился.

— Приготовь просьбу в отпуск.

— Слушаю, ваше высокоблагородие, — отвечал писарь и уже отставил было ногу, чтоб поворотиться налево кругом, когда весьма естественный вопрос для кого? перевернул его обратно.

— На чье имя прикажете писать, ваше высокоблагородие?

_____

[2] Это счастье необозримое! (фр.).

— Разумеется, на мое! Что ж ты вытаращил глаза, как мерзлая щука! Напиши в просьбе самые уважительные пункты: раздел наследства или смерть какого-нибудь родственника, хоть свадьбу, хоть еще что-нибудь глупее этого... Мне непременно надо быть в Петербурге. Командование полком можно сдать старшему по мне. Скажи ординарцу, чтоб был готов везти пакеты в штаб-квартиру, а сам чуть свет принеси их ко мне для подписки. Ступай.

Кто разгадает сердце человеческое? Кто изучит его воздушные перемены? Гремин, тот самый Гремин, который за час перед этим был бы огорчен как нельзя более отказом Стрелинского на чудный вызов свой, теперь едва не в отчаянии от того, что друг согласился на его просьбу. Придавая возможность и существенность воздушным своим замкам, он как будто забыл, что есть на свете другие люди, кроме их троих, и что судьба очень мало заботится, согласны ли ее приговоры с нашими замыслами,

"Стрелинский проведет недели две в Москве, — думал он, — и я скорее его прикачу в Петербург. Статься может, я уж встречу его счастливцем, и свадебный билет разрешит друга от излишней обязанности... Как мила, как богата графиня!!" В этих утешительных мыслях заснул наш подполковник, и зимнее солнце осветило ординарца его уже на полдороге.к бригадному командиру с просьбою об увольнении в отпуск.

II

If I have any fault, it is digression[3].
Byron

Святки больше всех других праздников сохранили на себе печать старины, даже и в Финской Пальмире нашей, в Петербурге. Один из друзей наших въезжал в него сквозь Московскую заставу в самый рождественский сочельник, и когда ему представилась пестрая, живая панорама столичной деятельности, в его памяти обновились все радостные и забавные воспоминания детства. Между тем как дымящаяся тройка шагом пробиралась между тысячами возов и пешеходов, а ухарский извозчик, заломив шапку набекрень, стоя возглашал: "Пади, пади!" на обе стороны, он с улыбкою перебирал все степени различных

---

[3]Если я в чем-нибудь виноват, то только в отступлениях. Байрон (англ.).

возрастов, сословий и образованности, по мере того как они развивались перед его глазами. Вещественные образы пробуждали в душе его давно забытые обычаи, давно простывшие знакомства и множество приключений буйной своей молодости в разных кругах общества.

В самом деле, какое разнообразие забот в различных этажах домов, в отдельных частях города, во всех классах народа! Сенная площадь, думал Стрелинский, проезжая через нее, в этот день наиболее достойна внимания наблюдательной кисти Гогарта, заключая в себе все съестные припасы, долженствующие исчезнуть завтра, и на камчатных скатертях вельможи и на обнаженном столе простолюдика и покупщиков их. Воздух, земля и вода сносят сюда несчетные жертвы праздничной плотоядности человека. Огромные замороженные стерляди, белуги и осетры, растянувшись на розвальнях, кажется, зевают от скуки в чуждой им стихии и в непривычном обществе. Ощипанные гуси, забыв капитольскую гордость, словно выглядывают из возов, ожидая покупщика, чтобы у него погреться на вертеле. Рябчики и тетерева с зеленеющими елками в носиках тысячами слетелись из олонецких и новогородских лесов, чтобы отведать столичного гостеприимства, и уже указательный перст гастронома назначает им почетное место на столе своем. Целые племена свиней всех поколений, на всех четырех ногах и с загнутыми хвостиками, впервые послушные дисциплине, стройными рядами ждут ключниц и дворецких, чтобы у них, на запятках, совершить смиренный визит на поварню, и, кажется, с гордостию любуясь своею белизною, говорят нам: "Я разительный пример усовершаемости природы; быв до смерти упреком неопрятности, становлюсь теперь эмблемою вкуса и чистоты, заслуживаю лавры на свои окороки, сохраняю платье вашим модникам и зубы вашим красавицам!"

Угол, где продают живность, сильнее манит взоры объедал, но это на счет ушей всех прохожих. Здесь простосердечный баран - эта четвероногая идиллия - выражает жалобным блеяньем тоску по родине. Там визжит угнетенная невинность, или поросенок в мешке. Далее эгоисты телята, помня только пословицу, что своя кожа к телу ближе, не внемлют голосу общей пользы и мычат, оплакивая скорую разлуку с пестрою своею одеждою, которая : достанется или на солдатские ранцы, или, что еще горче, на переплеты глупых книг. Вблизи беспечные курицы разных наций, и хохлатые цесарки, и пегие турчаночки, и раскормленные землячки наши, точь-в-точь словоохотные кумушки, кудахтают, не предвидя беды над головою, критикуют свет, который видят они сквозь щелочки своей корзины, и, кажется, подтрунивают над соседом, индейским петухом, который, поджимая лапки от холоду, громко ропщет на хозяина, что он вывез его в публику без теплых сапогов.

Словом, какое обширное поле для благонамеренного писателя басен! сколько предметов для самой басни, где поросенок нередко учит нравственности, курица - домоводству, лисица - политике или какой-нибудь крот читает диссертацию о добре и зле не хуже доктора философии! Да и одному ли писателю апологов легко подбирать здесь перья? Проницательный взор какого-нибудь пустынника Галерной гавани, или Коломны, или Прядильной улицы мог бы собрать здесь сотни портретов для замысловатых статеек под заглавием "Нравы" как нельзя лучше. Он бы сейчас угадал в толпе покупщиков и приказного с собольим воротником, покупающего на взяточный рубль гусиные потроха, и безместного бедняка, в шинели, подбитой воздухом и надеждой, когда он, со вздохом лаская правой рукою утку, сжимает в кармане левою последнюю пятирублевую ассигнацию, словно боясь, чтоб она не выпорхнула как воробей; и дворецкого знатного барина, торгующего небрежно целый воз дичины; и содержателя стола какого-то казенного заведения, который ведет безграмотных продавцов в лавочку, расписываться в его книгу в двойной цене за припасы; и артиста французской кухни, раздувающего перья каплуна с важным видом знатока; и русского набожного повара, который с умиленным сердцем, но с красным носом поглядывает на небо, ожидая звезды для обеда; и расчетливую немку в китайчатом капоте, которая ластится к четверти телятины; и повариху-чухонку, покупающую картофель у земляков своих; и, наконец, подле толстого купца, уговаривающего простяка крестьянина "знать совесть", сухощавую жительницу иного мира - Петербургской стороны, которая заложила свои янтари, чтоб купить цикорию, сахарцу и кофейку и во-лошских орехов, выглядывающих из узелка в небольших свертках.

Площадь кипит. Слитный говор слышится издалека, сквозь который только порой можно отличить слова: "Барин! барин! ко мне! У меня лучше, у меня дешевле, для почину, для вас!" и тому подобное. В улицах толкотня, на тротуарах возня по разбитому в песок снегу; сани снуют взад и вперед, - это праздник смурых извозчиков, так характеристически названных "Ваньками", на которых везут, тащат и волокут тогда все съестное. Все трубы дымятся и окрашивают мраком туманы, висящие над Петрсполем. Отовсюду на вас пылят и брызжут. Парикмахерские ученики бегают как угорелые со щипцами и ножницами. На голоса разносчиков являются и исчезают в форточках головы немочек в папильотках. Ремесленники спешат дошивать заказное, между тем как их мастера сводят счеты, из коих едва ли двадцатый будет уплачен. Купцы в лавочках и в гостином дворе брякают счетами, выкладывая годовые барыши. Невский проспект словно горит. Кареты и сани мчатся наперегопку, встречаются, путаются, ломают, давят. Гвардейские офицеры скачут покупать новомодные эполеты, шляпы, аксельбанты, примеривать мундиры и заказывать к Новому году визитные карточки -эти печатные свидетельства, что посетитель радехонек, не застав вас дома. Фрачные, которых военная каста называет обыкновенно "рябчиками", покупают галстухи, модные кольца, часовые цепочки и духи, любуются своими ножками в чулках a jour[4] и повторяют прыжки французских кадрилей. У дам свои заботы, и заботы важнейшие, которым, кажется, посвящено бытие их. Портные, швеи, золотошвейки, модные лавки, английские магазины - все заняты, ко всем надобно заехать. Там шьется платье для бала; там вышивается золотом другое для представления ко двору; там заказана прелестная гирлянда с цветами из "Потерянного рая"; там, говорят, привезли новые перчатки с застежками; там надо купить модные серьги или браслеты, переделать фермуар или диадему, выбрать к лицу парижских лент и перепробовать все восточные духи.

У немцев, составляющих едва ли не треть петербургского населения, канун рождества есть детский праздник. На столе, в углу залы, возвышается деревцо, покрытое покрывалом Изиды. Дети с любопытством заглядывают туда, и уже сердце их приучается биться надеждой и опасением. Наконец наступает вожделенный час вечера. Все семейство собирается вместе. Глава оного торжественно срывает покрывало, и глазам восхищенных детей предстает Weihnachtsbaum[5] в полном величии, увенчано лентами, увешано игрушками, красивыми безделками и нравоучительными билетиками для резвых и ленивых, — каждая вещь о надписью кому, и каждому по заслугам. Этот Pour le merite[6] радует больше и невиннее, чем все награды честолюбия в позднейших возрастах. Вечно люди осуждены гоняться за игрушками; одно детство счастливо ими без раскаяния.

Наконец день рождества Христова светает в тумане, и вы волею и неволею пробуждены крикливым пением школьников, которые, как волхвы, путешествуют с огромною звездою из картона, с разноцветною фольгою, прорезью, подвесками и свечами. Колокола звонят, и после обедни священники со всем причетом объезжают приход для христославства. Обед сего дня есть семейное собрание, и горе тому племяннику, который осмелится не приехать поцеловать ручку у тетушки и отведать гуся на ее столе. Со второго дня начинаются настоящие святки, то есть ко-лядованья, гаданья, литье воску и олова в воду - где красавицы мнят видеть или венец, или гроб, то сани, то цветы с серебряными

---

[4] Ажурные (фр.).

[5] Рождественская елка (нем.).

[6] За заслуги (фр.) (прусский орден).

листьями, - наконец подблюдные песни, беганье за ворота и все старинные обряды язычества. Но увы! - подблюдные песни остались у одних только купцов, расспросы прохожих об имени и слушанье под окнами - у одних мещан. Средний круг дворянства в столице оставил у себя только факты - заведение не вовсе русское, но весьма приятное; но хорошее, лучшее общество ограничилось одними балами, как будто человек создан только для башмаков. Оно отказалось даже от jeux d'esprit[7], — быть веселым и умным кажется нам слишком обыкновенно, слишком простонародно!

"Помилуйте, господин сочинитель! — слышу я восклицания многих моих читателей. — Вы написали целую главу о Сытном рынке, которая скорее возбудить может аппетит к еде, чем любопытство к чтению".

"В обоих случаях вы не в проигрыше, милостивые государи!"

"Но скажите по крайней мере, кто из двух наших гусарских друзей, Гремин или Стрелинский, приехал в столицу?"

"Это вы не иначе узнаете, как прочитав две или три главы, милостивые государи".

"Признаюсь, странный способ заставить читать себя".

"У каждого барона своя фантазия, у каждого писателя свой рассказ. Впрочем, если вас так мучит любопытство, пошлите кого—нибудь в комендантскую канцелярию заглянуть в список приезжающих".

III

Вы клятву дали? Эта клятва -Лишь перелетным ветрам жатва.

В числе самых блистательных балов того года был данный князем О*** три дня после рождества. Кареты, сверкая гранеными фонарями как метеоры, влекомые четверками, неслись к рассвещенному подъезду, на котором несчастный швейцар, в павлином своем уборе, попрыгивал с ноги на ногу от русского мороза. Дамы, выпархивали из карет и, сбросив перед зеркалом аванзалы черные обертки свои, являлись подобны майским бабочкам, блистаючи цветами радуги и блестками злата. Скользя, будто воздушные явления, по зеркальному паркету, вслед за разряженными своими матушками и тетушками, как мило отвечали девицы легким склонением головы на вежливые поклоны знакомых кавалеров и улыбкою — на значительные взоры своих приятельниц, между тем как на них наведены все лорнеты, все уста заняты их анализом, но, может быть, пи одно сердце не бьется истинною к ним привязанностию.

---

[7] Остроумие (фр.).

Все действия и явления, на которые обыкновенно делится классический бал высшего общества, приходили и проходили своей чередою. Строгие взоры матушек, выученная любезность дочерей, самоуверенное пустословие щеголей во фраках и в мундирах; теснота в зале танцев — и не от танцующих, но от зрителей, — безмолвие в комнате Шахматов, ропот за столами виста и экарте, за коими прошедшее столетие в лицах проигрывало важность свою, а нынешнее свою веселость; ловля выгодных женихов и невест везде - вот что занимало три четверти общества, между тем как остальные были жертвою тайной зевоты, "не утолимой никаким сном", как говорит Байрон. Забавнее всего было созерцать и следить охотников за браками (marriage-hunters) обоих полов. Рассеянно, небрежно, будто из милости подавая руку молодому офицеру, княжна NN прогуливалась в польском, едва слушая краем уха комплименты новичка; зато как быстро расцветало улыбкою лицо ее, когда подходил к ней адъютант с магическою буквою на эполетах, как приветливо протягивала она: ему руку свою, будто говоря: "Она ваша", поправляя другой длинные свои локоны и длинные свои перчатки, и доселе безмолвные уста ее изливали поток любезностей, подобно Самсонову фонтану в Петергофе, который брызжет только для важных посетителей. Вот и заботливая физиономия Полины У***; она, кажется, только что покинула грифель, но не бросила своей выкладки вероятностей о производстве в чин того и того-то, ни оценки знатности родства и силы протекции того и того-то, ибо протекция в нашем веке стоит наследства. Взор ее не замечает ничего, кроме густых эполетов, кроме звезд, которые блещут ей созвездием брака, и дипломатических бакенбард, в которых фортуна свила себе гнездышко. У мужчин, имеющих за собою породу, или богатство, или чины, или перед собой виды и надежды, те же затеи, подобные же выборы. По виду их скорее заключить можно, что они в биржевой, а не в бальной зале. "Эта девушка прелестна, — думает один, — но отец ее молод, бог знает, сколько проживет он лет и денег. Эта умна и образованна, дядя ее на важном месте, но, говорят, он колеблется, — тут надобно подумать, то есть подождать. Вот эта, правда, не очень красива и очень недалека, зато как одушевлена! чертовски одушевлена тремя тысячами душ, из которых ни одна не тает в ломбарде или двадцатилетнем банке, как большая часть наших приданых. Я невольник ее!" И вот наш искатель, подсев сперва к матушке ее, со вниманием слушает вздоры, — старая, но всегда удачная дипломатика, потом рассыпается в приветствиях дочери, танцуя, делает влюбленные глазки и облизывается, считая в мыслях ее червонцы.

Бал уже склонялся к концу и многие из корифеев моды, зевая в гостиной на просторе, клялись, что он чрезвычайно весел, как вдруг шум и восклицания: "Маски, маски!" привлек всех беглецов в залу танцев. В самом деле, два блестящих кадриля, один в испанском, другой в венгерском костюмах, заслуживали внимание, равно по богатству, по вкусу уборов и по стройности замаскированных. Обежав кругом залу, каждый из них бросил по загадке знакомым и незнакомым, возбуждая следом спор уверяющих, что это он или не он. Хозяин, радуясь, что случай дал разнообразие его балу, пригласил замаскированных к танцам. Мазурка загремела, и венгерцы, попросив четырех Дам сделать им честь украсить кадриль их, выиграли одобрение ото всех окружающих ловкостью и развязностью движений, новостью и благородством фигур. Наконец послышалась одушевленная живая музыка французского кадриля, и одна из масок, принадлежавшая, казалось, к толпе тех, которые воображают, что они всё сделали для общества, если надели на себя пышный костюм, маска, безмолвно доселе стоявшая у стены, гордо завернувшись в бархатную, расшитую золотом епанчу, вдруг сбросила с себя ее на пол и легкою стопой приблизилась к графине Звездич, окруженной вздыхателями.

— Дозволит ли графиня незнакомцу иметь счастие танцевать с нею? произнес испанец почтительно, прижав к груди берет свой, украшенный перьями и бриллиантами.

— Очень охотно, прекрасная маска, — вставая, отвечала графиня. — Новые знакомства нередко избавляют нас от скуки старых, и в этом отношении я уже вам обязана, — прибавила она, лукаво поглядывая на оставленную группу. Впрочем, быть может, мы не совсем незнакомы друг другу?

— Я здесь чужестранец, графиня. Да если бы и не был им, все нашелся бы в большом замешательстве, боясь попасть в категорию старого знакомства и не имея дарований оправдать нового.

Алина вздрогнула от звука голоса и какого-то нежно—укорителыюго тона испанца.

— Вы обвиняете меня слишком поспешно, распространяя на всех слова, сказанные шутя, — отвечала она, — но полноте скрытничать: мне кажется, я могу подсказать вам имя ваше, — продолжала она, стараясь заглянуть под полумаску.

— Я не знал, что графиня в тысяче прелестей и добрых качеств имеет дар ясновидения... Я очень сомневаюсь, чтобы мое имя могло быть напечатано на золотом листе месяца: но во всяком случае позвольте избавить вас от усталости произносить его, — я называюсь дон Алонзо де Гверера е Молина е Фуэнтес е Риэго е Колибрадос...

— Довольно, слишком довольно имен в наказание за мое любопытство, но слишком мало к его удовлетворению. Итак, дон Алонзо, вы меня знаете?

— Какой смертный может похвалиться, что он знает женщину!

Танцы разлучили их, и им во все время не удалось сказать друг другу ничего, кроме самых обыкновенных вещей. Кадриль восхитил всех; игроки бросили карты, домино и шахматы; все стеснилось в любопытный круг около танцующих, и отовсюду слышалось: "Ah, qu'ils sont charmants! Ah, comme c'est beau cab[8]" Особенно графиня и кавалер ее казались созданными, чтобы возвысить искусство и красоту один другого. Победа осталась за ними, — они пересияли все сопернические звезды, и любопытство узнать испанца возросло во всех до высшей степени, но более всех в прелестной графине. Провожая ее на место, посреди ропота зависти, одобрения и приветов, испанец снова просил "осчастливить" его на попурри — и снова получил согласие. Попурри и котильон (которые сливаются ныне воедино) — роковые танцы для незнакомых между собою. Я всегда называл их двухчасовою женитьбою, потому что каждая пара испытывает в них все выгоды и невыгоды брачного состояния. Счастлива дама, которой достанется в удел не угрюмый мечтатель, разбирающий в то время последне-прочитанную фразу Окена, и не безумолк—ный попугай, который на трех языках говорит вам нелепости. Счастлив и кавалер, которому фортуна дарует даму, отражающую все ваше остроумие не одним веером, не одними оледеняющими out, Monsieur, certainement, Monsieur[9]. Зато как осторожны дамы в выборе кавалеров на котильон! Все пружины миниатюрной их политики пущены в игру заране, чтобы заставить себя "ангажировать" тем, кого любят они слушать или хотят заставить слушаться. Слепое счастие, однако же, послужило испанцу: никто за неделю не звал графиню на попурри, а толпа окружающих не смела на попытку, боясь отказа перед глазами соперников и воображая, что она давно уже избрала или избрана. Теперь под громом музыки, под говор соседей, уединен с нею в амбразуре окна, дон Алонзо мог говорить все, что допускает светская любезность, возвышенная правом маски. Разговор перелетал то мотыльком, то пчелой от цветка к цветку, от предмета к предмету. Ум неистощим, когда нас понимают; он сыплет искры, ударяясь о другой. Пара наша довольна была друг другом как нельзя более. Графине порой казалось, что с нею беседовал знакомый и когда-то милый голос. "Это Гремин, — думала она сама с собою, тут нет никакого сомнения! Что мудреного приехать ему в отпуск". Но вдруг этот голос изменялся, и одна учтивая приветливость следовала, как холодная тень, за выражениями ласки. Со всем тем какая-то невольная доверенность овладела графинею, и разговор неприметно переходил в тон более и более сердечный, как вдруг испанец отвел от Алины доселе

---

[8] Ах, как они милы! Ах, как это красиво! (фр.)

[9] Да, сударь, конечно, сударь (фр.).

вперенные на нее взоры и, небрежно бродя ими по зале, с видом модного злословия, спросил:

— Скажите, графиня, неужели это прыгающее memento mori[10] — князь Пронский? Он так часто меняет свои покрои, прически и мнения, что не мудрено ошибиться! Боже мой, как он прыгает! Он чуть-чуть не запутался в люстре.

— Не дивитесь этому, доп Алонзо; разве не видим мы, что и ржавые флюгера скрипят, но вертятся?

— Совершенная правда, графиня. Но флюгера кончают тем, что от ржавчины делаются постоянны, а князь, кажется, с каждым годом легче и легче, так что в сотый день своего рождения, можно надеяться, он, как шампанская пробка, вспрыгнет до потолка. Эта дама в перьях, pendant[11] князя Пронского, летающая воланом со стороны на сторону, вдова генерала Кретова, графиня?

Наклонение головы уверило испанца, что он не ошибся.

— Посмотрите ж, пожалуйста, как нежно глядит она на кавалера своего, гвардейского прапорщика, между тем как он будто ждет от нее благословения, а не любви. Позвольте еще испытать ваше терпение, графиня: кто этот человек с прагматическими пуговицами и пергаминным лицом, стоящий в рисовальной позиции?

— Это представитель всех предрассудков века Людовика Четырнадцатого, кавалер посольства Сен-Плюше. Как истинный эмигрант, он ничему не выучился и ничего не забыл, но вечно доволен сам собою, а это чего-нибудь да стоит. Но как вам нравится сосед его, наш любезный соотечественник? Он так влюблен в себя, что беспрестанно смотрится в свои пуговицы, где нет зеркал.

— Он бесценен, графиня! Если б доктора согласились общею подпискою воздвигнуть монумент болезням, он мог бы служить идеалом для статуи бога насморка. Но через пару далее его, я почти готов парировать, длинная фигура в белом кирасирском вицмундире — ротмистр фон Драль. Как похож он на статую командора, который в первый раз слез с лошади, чтобы звать Дон-Жуана на ужин!

Дама его, если пе ошибаюсь, Елена Раисова? Но она напрасно раздувает опахалом своим внимание в неподвижном рыцаре... Конгревские ракеты ее остроумия лопают в пустыне.

— Вы, дон Алонзо е Фуэнтес е Калибрадос, не более щадите наш пол, как и своих собратий. Должно полагать, вы многое претерпели от женщин?

— И кажется, срок моего испытания не кончился, прекрасная графиня,

---

[10] Помни о смерти (лат.).
[11] Пара (фр.).

отвечал с чувством испанец, устремя на нее сверкающие глаза. Графиня, чтобы избежать сего тона, обратила разговор в прежнюю струю.

— Вы сказываетесь новичком, дон Алонзо, в Петербурге и на бале, и потому я дивлюсь, что до сих пор не спросили меня о двух героях наших увеселений, о Касторе и Поллуксе каждой мазурки, каждого кадриля. Я разумею о графе Вейсенберге, племяннике австрийского фельдмаршала, и маркизе Фиэри, его друге. Они путешествуют, смотрят свет и показывают себя... Неужели вы до сих пор не видали графа Вейсенберга?

— Я ничего не видел, кроме вас!

— Так должны заметить его неотменно. С какими глазами покажетесь вы в свое отечество, не узнав великого человека, научившего нас галопировать! Вот он проходит мимо... молодой человек с усиками в венском фраке... Но вы не туда смотрите, дон Алонзо!

— Ах, тысячу раз прошу прощения, графиня!.. Так это-то милый крокодил, который за каждым dejeuner dansant[12] глотает по полудюжине сердец и увлекает за собой остальные манежным галопом? Mais il n'est pas mal, vraiment[13]. Жаль только, что он как будто накрахмален с головы до ног или боится измять косточки своего корсета.

— Вслед за ним вертится маркиз Фиэри.

— Прекрасные бакенбарды! Выразительные глаза! И он смотрит ими так уверительно, как будто говорит: "Любите меня, или смерть!"

— Многие находят его весьма остроумным.

— О, бесконечно остроумным! Все маркизы имеют патент на остроумие до двенадцатого колена. Я уверен, что с запасом модных галстухов и жилетов он не забыл при везти для здешних дам итальянского чичисбеизма и венской любезности!

— И вы не ошиблись, Алонзо! Он очень занимателен в дамском обществе и не считает пол наш какою-нибудь варварийскою республикою!

— Кажется, эта стрела летит в Испанию, графиня?

— Конечно, дон Алонзо! В ваше отечество, в отечество истинного рыцарства, между тем как вы, вместо того чтобы защищать прекрасных, объявляете им войну злословия.

— Если б все женщины были подобны вам, графиня, я не имел бы причины стать их неприятелем.

— Вы, кажется, хотите лестию выкупить наперед какую-нибудь злость против целого нашего пола. Но я на часах против вас, дон Алонзо. Комплименты врага - опасные переметчики.

---

[12] Завтрак с танцами (фр.).

[13] Но он, право, недурен (фр.).

— Они выдуманы не для вас, графиня; самые затейливые вымыслы, касаясь вас, становятся обыкновенными истинами.

— Я не предполагала, что земля ваша так же легко произращает лесть, как апельсины и лимоны!

— На родине моей, в этом саду прекрасных произрастений, я не научился, однако же, прозябать душою, как большая часть людей холодного здешнего климата. Сердце мое на устах, графиня, и потому мудрено ль, что, пораженный достоинствами или красотою, я не могу таить чувства? Вы можете обвинить мои выражения, но искренность — никогда.

— Вашу искренность, дон Алонзо! Я не имею на нее никакого права, да и можно ли узнать душу, не видав лица, ее зеркала. Человек, который так упорно скрывается под маскою, может сбросить с нею и маскарадные свои качества.

— Признаюсь, графиня, я бы желал, если б мог, с этим костюмом сбросить с сердца воспоминание... более чем воспоминание настоящего. Но позвольте мне хранить маску... может быть, для обета своим товарищам, может быть, в подражание дамам, которые носят вуаль, чтобы возбуждать любопытство, не могши изумлять красотою... может быть, для удаления от вас неприятного сюрприза видеть лицо мое.

— Чем более хотите вы таиться, тем вернее узнаю я вас. Но погодите; я женщина, и вы мне дорого заплатите за свое упрямство.

— Верьте, графиня, я уже плачу за него и... — Вихорь вальса умчал графиню на средину, где законы попурри заставили ее протанцевать соло в pastourelle[14], одной из фигур французских кадрилей.

— Вы мечтаете? — сказала графиня, возвращаясь на место.

— И мечтой моей наяву были — вы. Я любовался вами, прекрасная графиня, когда, склонив очи к земле, будто озаряя порхающие стопы свои, вы, казалось, готовы были улететь в свою родину — в небо!

— О нет, нет, дон Алонзо! Я бы не хотела так неожиданно покинуть землю; мне бы жаль было оставить родных и добрых моих знакомых. Нет, благодарю покорно!.. Взрыв вашего воображения закинул меня слишком высоко. Вы поэт, дон Алонзо!

— Не более как историк, графиня... беспристрастный историк... возразил испанец, скидывая перчатку с левой руки, потому что в это время танец уже кончился. Невольное ах! вырвалось у графини, когда в глаза ей сверкнул перстень испанца. По нем она узнала Гремина. С сильным волнением сжимая руку маски, она произнесла: — Историк должен помнить, где и от кого получил он перстень с небольшим изумрудом; он должен помнить, как виноват он перед...

---

[14] Пастушка (фр.).

17

Графиня не успела кончить слова, как отъезжающие маски почти увлекли с собою испанца. Он едва мог у ней попросить позволения явиться на другой день для объяснения загадки.

— Я этого требую, — отвечала графиня. И незнакомец исчез как сон. Котильон и ужин показались ей двумя вечностями. Она была задумчива, рассеянна: отвечала нет, где надобно было говорить да, и мне очень жаль вместо я очень рада. "Она хочет нас мистифицировать", — говорили между собой модники. "Она, верно, гадает о суженом!" — подумала горничная Параша, когда графиня, приехав домой, опустила тафтяные цветы свои в серебряный умывальник, а бриллиантовые серьги заперла в огромный картон.

Если б кто-нибудь догадался сказать: "Она влюблена", тот бы, я думаю, ближе всех был к истине.

IV

Для нас, от нас, а, право, жаль; — Ребра Адамова потомки, Как светло—радужный хрусталь, Равно Пленительны и ломки.

Лучи холодного солнца давно уже играли по алмазным цветам цельных стекол графини Звездич, но в спальне ее, за тройными завесами, лежал еще таинственный мрак и бог сна веял тихим крылом своим. Ничего нет сладостнее мечтаний утренних. Первая дань усталости заплачена сначала, и душа постепенно берет верх над внушениями тела, по мере того как сон становится тоньше и тоньше. Очи, обращенные внутрь, будто проясняются, видения светлеют, и сцепление идей, образов, приключений сонных становится явственнее, порядочнее, вероятнее. Память не может вполне схватить сих созданий, не оставляющих по себе ни праха, ни тени; но это жизнь сердца... оно еще бьется, оно еще горячо их дыханием, оно свидетель их мгновенного бытия. Такие мечты лелеяли сон Алины, и хотя в них не было ничего определенного, ничего такого, из чего бы можно было выкроить сновидение для романтической поэмы или исторического романа, зато в них было все, чем любит наслаждаться юное воображение. Начальные грезы ее были, однако, менее цветисты, хотя очень забавны. То около нее кружился чудесный вальс, составленный из эполетов, аксельбантов, султанов, шпор и орденов... вся лавка Петелина танцевала казачка. То, казалось, она подавала пилюли покойнику мужу; то снова погружалась в баденские воды, будто в поток забвения... И вдруг стены третьей станции вставали около нее с лубочными своими портретами, на которые глядит она, переписывая давно нам знакомое послание, и вот, кажется ей, один портрет мигает ей очами, улыбается, усы шевелятся; он готов выпрыгнуть из рамок, но она сама кидается к нему навстречу... "Это вы, Гремин!.." — вскрикивает графиня. "Нет, это Блюхер". И снова гремит и мчится котильон, и снова слышатся ноты французского кадриля... Какой-то незнакомец, в испанской мантии на гусарском доломане, приближается к ней и... Но перечесть все вздоры, которые мы видим во сне, значило бы бредить наяву, и потому я скажу только, что часы добивали десять, когда колокольчик графини слился с последним их ударом.

Параша распахнула внутренние ставни, отдернула занавесы и уже несколько минут стояла у ног кровати с раскинутою шалью, но Алина Александровна изволила еще почивать с открытыми глазами, еще на кругу ее полога мечты проходили, подобно фантасмагорическим теням.

— Он приедет, — наконец весело произнесла она, сбрасывая одеяло, — он скоро приедет.

— Кто, ваше сиятельство? — простодушно спросила служанка, помогая ей одеваться.

— Кто?.. — Графиня задумалась. Она чувствовала, что на простой этот вопрос не могла отвечать утвердительно. — Увидим! — отвечала она со вздохом. — Накажи только швейцару, что если приедет молодой гусарский офицер, которого он до сих пор не видал, то просить его наверх без всяких докладов. Всем другим отказывать. Слышишь ли, Параша?

— Слышу, ваше сиятельство; только не понимаю, — прибавила Параша потихоньку.

И сама графиня худо понимала, что с нею сталось. За чашкой чаю и за туалетом она имела довольно времени обдумать о минувшем и настоящем. Она была в большой нерешимости, как встретить человека, который был так близок ей во дни неопытности, когда всякий прыжок сердца кажется любовью, каждый конфектный девиз — изъяснением и первое милое личико — любезным предметом, — человека, забытого ею так скоро в рассеянии забав и путешествий и к которому вдруг, в один вечер, привязалось сердце ее вновь, со всем пылом новой страсти, со всею свежестью мечты, доселе ею не изведанными! Странность ли его появления, таинственность ли его поступков, воспоминание ли прежнего или беспричинная прихоть, только графиня чувствовала, что это похоже на любовь. Но всего страннее было колебание ее между известностью и сомнением о замаскированном испанце. Она звала его Гремин, а думала о ком—то другом; ей нравилось именно то, чего никогда не замечала она в Гремине; ее пленили новость и разнообразие разговоров и познаний маски, так что она едва не желала знать испанца всегда испанцем, чем увидеть в нем Гремина. Она кончила, однако ж, заключением, что свет и опыт удивительно как развертывают молодых людей и что любезность Гремина достигла теперь полного цвету... "Но я должна со всем тем наказать его, как беспечного поклонника и как недоверчивого хитреца. Вы испытаете, князь, что и я недаром прожила три года на белом свете, с тех пор как и мы жили в Аркадии: я буду с вами холодна — и холодна как мрамор".

— Однако ж который час, Параша?

— Три четверти первого, ваше сиятельство!

— Эти часы ужасно отстают, Параша. На моих уже пятьдесят минут первого.

"Ваши часы идут заодно с сердцем, подле которого леяеат они; любовь прилипчивая болезнь, ваше сиятельство", — сказал бы я графине, если б я был ее служанкою, но судьба создала меня только покорным слугою прекрасных, и я должен часто молчать, когда мог бы ввернуть словцо очень кстати.

Между тем Параша, окончив свою должность при туалете, вышла; но графиня все вертелась еще перед трюмо в прелестном утреннем платье и, подобно поэту, который точит и гладит стихи свои, чтобы они по легкости казались прямо упавшими с пера, разбрасывала каштановые кудри по высокому челу с утонченною небрежностью. Крепко забилось сердце ее, послышав скрип колес по морозному снегу и тройное падение подложки у крыльца. В ту же минуту Параша, запыхавшись, вбежала в комнату.

— Приехал, ваше сиятельство! — сказала она.

— Чему же ты обрадовалась? — возразила графиня о притворным равнодушием. — Дай мне платок и скляночку с духами.

Параша безмолвно повиновалась, и графиня принуждена была сама спросить ее, хотя ей очень того не хотелось.

— Разве ты его видела, Параша? — сказала она ласковее, набрасывая шаль на локти.

— Мельком, сударыня; а не нагляделась бы на него; уж можно сказать молодец. Строен, высок и лицом будто красная девушка. Голубые его глаза больше ваших браслетных яхонтов, ваше сиятельство, а светлые кудри и белокурые усы его вьются колечками.

— Светлые кудри, Параша? Ты, верно, ошиблась: у пего волосы чернее моих!

— Может статься, и ошиблась, ваше сиятельство; он был тогда в шляпе, и я загляделась на прекрасный султан, — так и зыблется до самого воротника!

— А воротник его коричневый, не правда ли, Параша?

— Коричневый, ваше сиятельство... Я не видала гвардейских офицеров

20

с такими воротниками, — однако ж он, верно, гвардеец... У него такая прекрасная карета...

— Это он, — произнесла графиня, не слушая ученых замечаний своей горничной, и решительно протекла все комнаты до гостиной. Но когда должно было ступить туда, бодрость ее оставила, и она долго держалась за позолоченную ручку дверей, припоминая, какое лицо должно ей принять и что говорить. Наконец дверь распахнулась, и графиня, опустя очи, вошла в гостиную, краснея подняла их, — и что же? Перед нею стоял белокурый гусарский офицер, но вовсе не князь Гремин. Быстро сменялись розы и лилии на щеках графини, — она неподвижно глядела на незнакомца... Но он, вероятно более приготовленный к подобной встрече, после обычных поклонов первый прервал молчание:

— Я должен просить у вас прощения, графиня, и за вчерашнюю мистификацию и за странность настоящего визита. Дон Алоызо осмеливается представить вам гусарского майора Валериана Стрелинского, а Валериан Стрелинский дерзает ходатайствовать за испанского гидальго, хотя с большим сомнением насчет действительности обоих и взаимных порук!

Смущение светской женщины — минута. С любезно-шутливым тоном отвечала она:

— Напрасное сомнение, господин майор! Я очарована случаем познакомиться с вами без маски и, конечно, ничего не теряю в вашем превращении.

— Ваши слова для меня оракул, графиня, и, позвольте сказать, на этот раз так же двусмысленны. Ничего не теряете, сказали вы, — но из чего? Из хорошего или дурного мнения обо мне?

Есть люди, умеющие так естественно говорить самые необыкновенные вещи, предлагать самые нескромные вопросы в мире, что в их устах они нисколько не кажутся странными и с первой минуты знакомства располагают всякого к подобной же откровенности. Стрелинский принадлежал к их числу.

— Вы слишком требовательны, майор, — отвечала графиня, улыбаясь. Теперь вы бы могли усомниться в истине моего ответа, потому только, что он сказан при первом вашем посещении; я храню это удовольствие для позднейшего знакомства.

— Но как осмелюсь я скучать вам повторением визитов, не уверенный в прощении за первый? Вы желали видеть меня без маски, графиня; будьте же снисходительны к моим самородным странностям. Руку на сердце, и скажите искренно: вы не меня ожидали увидеть в дон Алонзе?

— Я не ожидала увидеть вас, Стрелинский! Но вы знаете, что не всегда желают, кого ждут...

21

— И, позвольте докончить речь вашу, — иногда терпят, кого не ждут, не так ли, графиня?

— Совершенно не так, Стрелинский. Вы злой переводчик добрых мыслей. Я думала, что утро излечит вас от вчерашней неприязни к женщинам, но теперь вижу, что вы неисправимы.

— Неисправим, что до искренности, графиня. Я солдат, и вечный, неизменный отзыв мой — истина, во всех случаях жизни, в уединении и в шуме света, при последнем, как и при первом свидании, и я не обинуясь скажу вам: я так высоко ценю ваше доброе расположение, что и часовая неизвестность о нем мне будет тягостна.

— Я думаю, Стрелинский, удовольствие, с которым провела я время, танцуя с вами, может служить тому лучшим поручительством.

— Вы так добры, так снисходительны, графиня! Со всем тем я не осмеливаюсь завладеть вполне этим комплиментом за минувший вечер.

— Не вполне, майор? — отвечала графиня шутя и как будто не угадывая, на что метил Стрелинский. — Неужели же вы уделяете из него часть своему испанскому платью? Я уверена, что вчерашний дон Алонзо и в гусарском мундире будет так же весел и любезен, как прежде, и постарается вновь перенести роскошные цветы Гренады под хладное небо нашего отечества.

— Небо везде небо, графиня, хотя не каждый может, не каждый хочет, не каждый умеет наслаждаться им! И не все цветы орошены благотворною росою...

Он замялся, не зная, какой родительный падеж прибрать сюда, но глаза договорили его мысль лучше слов, и, как казалось, прекрасная графиня вовсе не сердилась на это. Даже если верить достоверным историкам (вы знаете, что и Наполеон не казался героем своему камердинеру и Клеопатра была не более как женщина в глазах ее наперсницы), то при слове небо, которому влюбленный майор дал нежное значение звуком голоса, что-то похожее на вздох вырвалось из груди ее.

Потом разговор склонился на летучие новости, которыми испещрена всегда столичная атмосфера. Потом графиня рассказывала маленькие приключения своих путешествий так мило, Валериан слушал так внимательно! А это великое искусство, особенно с женщинами: они требуют, чтобы вы внимали им не только слухом, но и глазами, и скорее простят всякую глупость, когда вы им говорите, нежели рассеянность, когда вы их слушаете. Одним словом, между новыми знакомцами царствовала такая гармония, что можно было закладывать сто против одного: амур был настройщиком этого лада. Они шутили, смеялись, спорили, как будто век жили вместе. И между тем очи обоих вели столь сильный перекрестный огонь, что он не только им, но и сторонним мог казаться потешным. Один мой приятель говаривал, что сердце юноши — лядунка с порохом, сердце женщины - склянка с духами; но как бы то ни было, и то и другое — вещи легковозгораемые, а потому казалось весьма сомнительным, чтобы они могли уцелеть от пламени. Но женщины и в самом пылу не забывают ни приличий, ни безделиц, лежащих на сердце. Приданое Евы - любопытство и оскорбленное самолюбие - подстрекало графиню узнать, каким образом могло кольцо, подаренное Гремину, перейти в руки Стрелинского. Она не скрывала от себя, как ни досадно то было, что майор по вчерашним словам угадал ее тайну, если тайной что-нибудь ему было прежде, ибо встречу с собой она не считала случайною, и потому, возвратив улитку разговора на маску его, она слегка похвалила его уменье превратить себя из блондина в черноволосого и искусство менять голос по произволу — и пошла прямо к цели.

— Откровенно скажу вам, Стрелинский, — примолвила она, — вы бросили меня в туман загадок и недоумений. Особенно эмалевое кольцо ваше с изумрудом ввело меня в ребяческое заблуждение... Мне показалось, оно не вовсе мне незнакомо.

— Кольцо это, — отвечал Стрелинский, как будто пробуждаясь от сна и подавая его графине, — кольцо это сделано было года два тому назад в подражание кольцу одного из друзей моих, только что приехавшего из Петербурга. Я счел его модным; вкус в отделке и форма мне понравились, и услужливые киевские жиды тотчас сработали что-то подобное. Все это было делом случая, по теперь кольцо мое получило для меня новую цену, как заветное звено лестного вашего знакомства, графиня.

Между тем лицо графини прояснилось... Рассмотрев кольцо, она уверилась, что оно только издали похоже на подаренное ею некогда и не носило на себе знака давно стертой с ее сердца привязанности. Самолюбие ее было утешено, и она, отдавая кольцо Стрелинскому, очень благосклонно возразила ему:

— Вы напрасно приписываете магнитную силу этой безделке. Не она, а любезность ваша причиной знакомства. Посещая почтенную вашу тетушку, мы и без этого случая, конечно бы, узнали друг друга. Кроме того, живучи в одном кругу, вероятно ль, чтоб мы где-нибудь не встретились? Кстати, о балах, Стрелинский, — где вы будете встречать Новый год? Что до меня касается, я уже отозвана за месяц, на ежегодный и единственный бал к княгине Борис. Вы, кажется, родня им?

— Впервые благодарю богов, — я ей племянник. По крайней мере я должен веровать в это по самым чувствительным доказательствам. Она не упускает ни одного случая пожурить меня, сажает за детский стол, когда за большим тесно, и, по-московски, нередко потчует шипучим медком вместо шампанского. Но погода прекрасна, графиня, и, конечно, вы оживите Невский бульвар своим присутствием? — прибавил Стрелинский, вставая.

— Я только в надежде скорого возврата лишаю себя удовольствия вашей беседы, Стрелинский! Я всегда вам рада... Прошу не принять этого за пустой звук и жаловать ко мне попросту, без чинов. Каждый вторник добрые приятели и подруги посещают меня, и если вам не будет скучно с нами убить время...

— Скажите лучше, оживить время, графиня... Верьте, что если б мне должно было покупать минуты вашей беседы целыми годами жизни, я и тогда счел бы себя счастливым, насладясь, как бабочка, одной весною. Мицкевич говорит, что в мае одно мгновение прелестнее целой недели в осень.

— Не забудьте, что у нас зима! — сказала графиня, улыбаясь, и Стрелинский раскланялся со вздохом.

"Славно сыграно, Валериан!" — могут воскликнуть читатели сходящему с лестницы Стрелинскому; но сам он, ступив в полярный круг отсутствия от милого предмета, совсем не думал расточать себе подобные похвалы: он чувствовал, что испытание за друга становилось ему постороннею вещию; что теперь влюбленному и, может быть, любимому тяжка была бы холодность графини, мучительна разлука с ней и несносна ее перемена; одним словом, что собственное его благополучие зависело от ее взаимности. "Все это пройдет, все это минет, — говорил он сам себе, — я слишком ветрен для постоянной любви". Но это не проходило. "Стоит только избегать случаев видеть ее дня три, и сердце мое погаснет, как лампада без масла!" — думал он и, чтобы оправдать такую благоразумную решимость, поскакал с повинною головою к княгине Борис, чтобы не пропустить бала, где будет прелестная и, разумеется, божественная Алина. Любовь щедра на эпитеты и обоготворения; но пройдет время, и, отступники своих идолов, мы первые готовы сокрушить их и громить прежние наши святилища.

В театре, на балах, на музыкальных вечерах, на танцевальных завтраках, на званых обедах, на прогулках и катаньях, без всякого намерения, бог знает как, Алина встречалась с Валерианой; тут нет еще дива, но странно было то, что они почти все время проводили вместе. Из одной учтивости подходил он к ней сначала; но потом — слово за слово, взор за взором — мечтатель забывал свет и время, и только зловещий крик лакея: "Графини Звездич карета!" разрушал его упоение и с превыспренных сводил в прохладные сени. Графиня любила театр, — Валериан хорошо знал и мастерски судил его. Графиня в совершенстве владела арфою, — Стрелинский уверял, что он страстный охотник до музыки, что он dilettanto[15] от султана до шпор, — и потому странно ли, что он так часто являлся в ее ложе или садился подле нее в концертах? Все это было из любви к искусствам, не более.

Немного труднее найти было отговорку слишком частой случайности, благодаря которой ему удавалось подавать руку графине, при переходе из гостиной в столовую, и тонкий наблюдатель мог бы похвалить его глазомер, когда он, будто вовсе не замечая, так расчетливо становился в ряд кавалеров, что ему всегда выпадала на долю рука Алины и, стало быть, место подле нее за столом... Нежная улыбка, ласковое словцо и порой легкое давление милой руки бывали наградою его хитрости.

"L'amour est l'egoisme a deux[16]", сказала мадам Сталь, и весьма справедливо. Стрелинскому лестно было получить от графини преимущество над толпою вздыхателей многоречивых и без речей, когда свивались круги мазурки или французских кадрилей; а графине, с своей стороны, казалось приятно иметь кавалером такого отличного танцора, как Стрелинский. В кругу общества и в тиши уединения они нравились друг другу остроумием и ориги-нальностию; и, наконец, когда оба они заглядывали в будущее, то, конечно, не могли найти друг для друга лучшей партии. Та и другой с хорошим родством, тот и другая независимы и богаты - случай, удаляющий всякую мысль о корысти; все благоприятствовало обоюдной склонности.

Графиня подружилась с сестрою Стрелинского, Ольгою, дивясь, как до сих пор она не умела оценить всех любезных ее качеств. Валериан удивлялся, с своей стороны, тонкости вкуса графини в выборе знакомых и, подобно блуждающей доселе комете, начал обращаться в кругу их. Нужно ли сказывать, какое солнце покорило его центровлекущей силе своей?.

V

Она расцветала, как девственная мечта юности; была чиста и прелестна, как земля в первый день творения.
Старинная эпитафия

В домашней жизни Валериан был едва ли не счастливее, чем в свете. Подле сестры своей Ольги отдыхал он сердцем от остроумия модных умниц и от безумия собственной страсти. Подле нее утихало волнение

---

[15] Дилетант (ит.).
[16] Любовь - это эгоизм вдвоем (фр.).

сомнений, и ревность свивала Коршуновы крылья свои. В самом деле, трудно было и самому мизогину не полюбить это невинно—милое существо. Воспитанная в Смольном монастыре, она, подобно всем подругам своим, купила неведением безделиц общежития спасительное неведение ранних впечатлений порока и безвременного мятежа страстей. Она прелестна была в свете, как образец высокой простоты и детской откровенности. Отрадно было успокоить взор на светлом лице ее, на котором еще ни игра страстей, ни лицемерие приличий не впечатлели следов, не бросили теней. Отрадно было согреть сердце ее веселостию, ибо веселость - цвет невинности. Б мутном море светских предрассудков, позолоченной испорченности суетного ничтожества - она возвышалась, как зеленеющий свежий островок, где усталый пловец мог найти покой и доверие. Она не могла понять, для чего бы ей стыдиться слез умиления при рассказе о великодушном поступке или румянца негодования, слыша о низостях людских. Не понимала, почему неучтиво сказать человеку в глаза: "ах! как вы добры!" или: "ах! как . вы злы!" — если он то заслуживал; не понимала, почему ей неприлично сесть подле умного молодого человека, с которым приятно разговаривать, и почему она обязана слушать нелепости пожилого потому только, что он со звездою. Она нередко смешила вас самыми странными вопросами, но чаще приводила в смущение самыми проницательными. То забавляла незнанием самых обыкновенных вещей, то изумляла новостию мыслей, глубиною чувств и непоколебимостию воли на все прекрасное. Не говорю о прелестях, коими одарила ее природа, не говорю о совершенствах, данных образованием. Она горячо и нежно любила брата, который остался ей единственным другом, единственным покровителем на земле. Веселить, радовать, предупреждать малейшее его желание было сладчайшей заботою Ольги. Она играла для него на пьяно, пела его любимые песни, порхала перед ним, как ласточка, и рассказывала анекдоты своей монастырской жизни, как, например, однажды целый класс перепадал в обморок оттого, что одной показалось, будто она увидела ужасного зверя — мышь! Как они целые три ночи не спали от страху от какой-то птицы, которая "половину была кошка, а половину не знаю чего", укала и сверкала глазами под окошком. Валериан смеялся от чистого сердца, между тем как сестра не вовсе понимала, что так смешного было в ее рассказах.

— Впрочем, — прибавляла она, извиняясь, — я была тогда такая кофейная.

Чтобы вполне понять эту фразу, надобно знать, что в Смольном монастыре три возраста воспитанниц отличаются тремя цветами платья: кофейным, голубым и белым, из коих первый присвоен самому младшему, и потому между двумя старшими возрастами название кофейной служит как бы упреком в простоте.

— Дай бог, — возражал тогда Валериан, лаская ее, — чтобы ты всегда осталась кофейного сердцем.

Однажды вечером Ольга фантазировала на фортепиано, между тем как брат, задумавшись, слушал ее, облокотясь о ручку кресел, и вдруг она вспрыгнула весело, схватила Валериана за руку и, быстро глядя ему в глаза, сказала:

— Не правда ли, братец, ты женишься на графине Звездич?

Полуизумлен, полусмущен словами сестры, в которых заключались и неожиданный вопрос и вместе нежная просьба, он долго—долго смотрел на нее, может быть разгадывая ее мысли, может быть собирая свои, и, наконец, отвечал с улыбкою:

— Какой ветер навеял тебе, милая, такую странную мысль?

— Странную мысль, братец? Напротив, мне кажется, самую естественную. Если бог не судил вам родиться братом и сестрою, чтобы делить горе и веселье, то думаю, к этому нет другого пути, кроме женитьбы. Как могли бы иначе соединиться два сердца, которые любят друг друга?

— Но кто тебе сказал, что мы любим друг друга?

— Ах, какой ты лицемер, братец! И перед кем же? Перед сестрою своей! Разве я не люблю тебя? Разве родные не друзья, дарованные небом? Да и почему тебе скрывать свою привязанность к особе, достойной любви?

— Мир, мир, моя проницательная сестрица! Положим, в угоду тебе, что я влюблен в Алину. Но теперь вопрос: любим ли я взаимно?

— В этом я порукой, mon frere[17], графиня любит тебя, как я сама.

— Я не думаю, чтобы она избрала сестру мою наперсницей своих тайн.

— О нет, братец! Прямо она не говорила мне о том ни слова; но она так часто говорит о тебе, так охотно встречается с тобою, что склонность ее только тебе может казаться тайною. Я мало знаю свет, людей еще менее; но есть вещи, которые угадываю я собственными чувствами.

— Ты просвещеннее, нежели я думал, любезная Ольга.

— Просвещеннее! Это похоже на упрек, братец; вот каковы мужчины! Вы преследуете нас за наше неведение и еще больше гневаетесь за наше познание. Ты несправедлив оттого, что тебе досадно, как могла неопытная монастырка проникнуть в таинства своего скрытного братца. В самом деле, как уметь и как сметь отличить любовь от ненависти!! Нет, mon frere, я скорей имею право сердиться за твою недоверчивость и за то, что ты воображал меня такою простенькою.

— Я точно виноват, я в самом деле несправедлив против тебя, моя милая, добрая Ольга! — сказал с нежностию Валериан, поцеловав ее в чело. — С этих пор между нами нет тайн.

---

[17] Брат (фр.).

— Это напрасно, Валериан. Я не хочу того знать, что мне знать бесполезно; но может ли быть чуждо душе моей все, что касается до твоего счастия? Признаюсь тебе в Моем ребячестве: я уже не раз строила воздушные замки, соединяя тебя в мечтах с графинею. Как весело, как радостно тогда будет нам!.. Мы поедем жить в деревню, по которой я так давно вздыхаю, во сне и наяву. Мы будем всегда вместе, счастливы тем, что мы вместе, вдалеке от докучливых гостей. Невидимо полетит для нас время, летом с природой, зимой с дружеством, всегда с любовью. Мы будем гулять, кататься в лодке, ездить верхом, — я надеюсь, ты мне позволишь это, братец? Ты купишь для меня хорошенькую лошадь, — не правда ли? Ввечеру мы за чайным столиком шутим, смеемся, потом поем, танцуем. Читаем Вальтер Скотта; иногда и рассуждаем очень серьезно, — ведь нельзя век толковать о безделицах. Иногда к нам будут приезжать соседи-антики и добрые наши знакомые, — верно, и князь Гремин не забудет прежних друзей своих.

— А тебе нравится князь Гремин, Ольга? — спросил Валериан более для избежания решительного ответа, нежели для удовлетворения любопытства.

— Я очень люблю его, братец, и от самого малолетства. Ты так часто ездил с ним в монастырь, он называл меня ma cousine[18] и так охотно слушал мое болтанье, что я только перед ним и тобою не краснела говорить. Бывало, я нетерпеливо жду, когда вы приедете: а бывало, и праздник не в праздник, когда вас нету. Я крепко плакала по вас обоих по переводе вашем из Петербурга; признаюсь тебе, братец, в моем ребячестве: я еще до сих пор берегу на память прекрасное куриное перо, выроненное из султана князя.

— Султаны, душенька, делаются из петушьих перьев.

— Как будто это не все равно, mon frere? Разве петух не брат курицы?

— Так, но не совсем так. Например: ты мне сестра, а не смешно ли б было, если б кто-нибудь, принимая одну за другого, сказал, что у Ольги прекрасные усы? Однако что далее?

— Чем далее, тем ближе к моему ребячеству. Ты, я думаю, помнишь, братец, с какой снисходительностию расспрашивал князь о моих уроках, о моих занятиях; как ясно поправлял мои заблуждения и, шутя, развивал мои мысли, учил доброму, и так просто, так понятно! Я боялась ошибиться перед ним больше, чем перед своими учителями, — зато мне было так весело, когда он хвалил меня! Больше всего я любила слушать исторические его анекдоты, — он очень мило их рассказывал. Я плакала, слушая о бедствиях Марии Стюарт! Я привыкла ненавидеть коварную

---

[18] Кузина (фр.).

28

Елпсавету, хоть ее и называют доброю и премудрою. Я научилась любить Генриха Четвертого, отца и друга своих подданных, за то, что, будучи добрым царем, он не разучился быть добрым человеком. Князь заставил меня восхищаться гением нашего великого Петра, скромного в счастии, неколебимого в беде — и всего более под Прутом, когда он пишет указ сенату не слушать его впредь, если он, принужденный турками, повелит что-нибудь недостойное себя или России. Где найдем мы пример чистейшего самоотвержения, высшей любви к отечеству!! Ах, братец, я очень люблю князя!

— В самом деле, Ольга? — сказал Стрелинский и погрузился в думы, равно об Ольгиюом, как и своем будущем. "Не будь этого проклятого письма от Репетилова к Гремину, — думал он, — и мы оба могли быть счастливы; я с Алиной, он с Ольгою. Ни мне нельзя желать лучшего зятя, ни ему лучшей жены. Одна только кротость Ольги может умерить вспыльчивость его характера; только с нею нашел бы он покой, о котором напрасно мечтает; светская женщина вечно будет ему виной сомнений и ревности. Теперь совсем иное дело. Я не опасаюсь прежней привязанности Гремина, но его всегдашнего упрямства. Он готов уверить меня и уверить себя, что влюблен до безумия; вот уже два раза я писал к нему, — и нет ответа; это что-нибудь да значит! Но как бы то ни было, я не уступлю Алины другому, даже другу, пи за какие блага, ни от каких бед в мире! Любит или притворяется она, что любит меня, но должна быть моею, несмотря ни на что минувшее, ни на что будущее. Я решился",

VI

Так! я мечтатель, я дитя,
Мой замок карты, - но не вы ли
Его построили, шутя,
И, насмехаясь, разорили!

В книге любви всего милей страница ошибок; но всему своя пора. Теперь Алина была уже не та шестнадцатилетняя, неопытная женщина, увлеченная потоком примеров и обольстительною логикою обожателей, которая, обрадована первой связью, как новой игрушкой, и воображая себя героинею романа, писала страстные письма к князю Гремину. С тех пор, однако ж, только в этом могла она упрекать себя, только над этим мог подшучивать Стрелинский, хотя он, движимый ревпостию, исшарил землю и воздух, желая узнать что-нибудь похожее на любовь в целой жизни графини. Строгость настоящего ее поведения была примерна в отношении ко всей молодежи, которая вилась около нее. Едва кто-нибудь из них переступал границу шутки, едва произносил одну влюбленную ноту, пе только слово, — мыльный дождь нравоучения и град насмешек разражались над головой селадона. Привыкнув за границею обходиться непринужденно с мужчинами, она никогда не дозволяла их вольности превращаться в своеволие, и между тем как ее красота и любезность привлекали всех, ее осторожность держала всех в почтительном отдалении. Стрелинский, правда, составлял исключение, по и он уже не раз испытал на себе, что природа и светская любовь не делают скачков, а потому, как ни уверен был, что его любят взаимно, но роковое слово "люблю!" двадцать раз замирало на устах, прежде чем он его выговорил, как будто с ним он должен был рассыпаться, как клад от амина. И графиня тоже, как и всякая женщина, казалось, испугана этим словом — "люблю вас", как выстрелом, — как будто каждая в нем буква составлена из гремучего серебра! И как ни приготовлена была она к объяснению, как ни уверена была, что это должно случиться, рано или поздно, но вся кровь ее сердца вспыхнула в лице, когда Стрелинский, улучив гибкую минуту, с трепетом открыл любовь свою... Оставляю читателям дорисовать и угадать продолжение этой сцены. Я думаю, каждый со вздохом или с улыбкою может припомнить и поместить в нее отрывки из подобных сцен своей юности и каждый ошибется не много.

Прелестны первые волнения и восторги страсти, когда неизвестность воздвигает частые бури сердца, но еще сладостней покой и доверенность открытой взаимности. Тогда в любви находим мы все радости, все утешения дружбы, самой нежнейшей, самой предупредительной, и если первый месяц брака называют медовым, то первый месяц открытой любви, по всем правам, именовать можно нектарным, — это небосклон после грозы; светлый, но без зноя, прохладный без облаков.

Слившись сердцами, графиня и Стрелинский вкушали негу сего лучшего возраста любви, не отнимая уст от чаши. Прямой, откровенный, благородный характер майора только по наружности казался противоречием с утонченным, светским обращением графини. Как скоро взаимное уважение и сердечная теплота растопили оковы приличий, или, лучше сказать, принужденностей, нежная искренность и беззаветное доверие заступили в ней место недоступности и тонкого злословия. Даже робость, несомненный признак истинной любви, заменила самоуверенность. Совет Валериана сделался ей необходим для самых безделок в выборе нарядов, его одобрение — на каждый шаг в обществе, его добрые мнения — для всех протекших и настоящих случаев жизни. В один-то из подобных часов излияний душевных Алина рука с рукой подле Стрелинского, любуясь выразительными его очами, говорила:

— Валериан! свет может осуждать меня за легкомыслие первых лет моего замужества, но твое сердце меня оправдает. В пятнадцать лет меня посадили за столом подле какого-то старика, которого я запомнила только по чудесной табакерке из какой-то раковины. Ввечеру мне очень важно сказали: "Он твой жених; он будет твоим супругом"; но что такое жених, что такое супруг, мне и не подумали объяснить, и я мало заботилась расспрашивать. Мне очень понравилось быть невестою; как дитя, я радовалась конфетам и нарядам и всем безделкам, которые мне дарили, я готова была расцеловать старого графа, когда он подарил мне прелестные золотые часы, потому что в недавно брошенных мною игрушках были только оловянные. Наконец я стала женою, не перестав быть ребенком, не понимая, что такое обязанности супружества, и, признаюсь, потому только заметила перемену состояния, что меня стали величать "вашим сиятельством". Долго не замечала я, что муж мой мне не пара ни по летам, ни по чувствам. Для визитов мне было все равно, с кем ни сидеть в карете, дома же он слишком занят был своими недугами, а я — своими забавами и гостями. Однако же в семнадцать лет заговорило и сердце... оно стеснилось неведомою грустию, желало чего-то непонятного; это была потребность любить, и я полюбила во всей невинности души. Ты знаешь, кто был предметом этой склонности, и я благодарю провидение, что оно судило мне встретиться с человеком благородным, который не думал, не только не желал употребить во зло мою неопытность. Скорая разлука показала, однако ж, мне, как ошиблась я в своих чувствах. Я приняла за любовь желание нравиться, желание предпочтения от человека, предпочитаемого другими. Тщеславие и охота быть как другие довершили кружение головы; я уверила себя, что страстно люблю князя Гремина потому, что он казался мне достойным такой любви. Может статься, если бы он поддержал такое расположение перепискою, я бы привыкла к этой мечте, будто к чувству, и верность, которую обожала я, как достойная поклонница сентиментализма, могла бы вовсе переменить судьбу мою. Но он, едва мы расстались, оказался весьма невнимателен; я была от того вне себя, называла это холодностию, укоряла в неблагодарности, в измене и забыла его скорее, чем надеялась. За границею, чаще сама с собою, чаще с людьми образованными, я почувствовала необходимость чтения и жажду познаний. Хорошие книги и еще лучшие примеры и советы женщин, умевших сочетать светские качества с высокими правилами, убедили меня, что, и не любя мужа, должно любить долг супружества и что величайшее из несчастий есть потеря собственного уважения. Кочевая жизнь не давала мне даже случая к постоянным знакомствам, и сердце мое только во сне видело счастие; в вихре забав, в кругу искателей я осталась свободна. Муж мой умер, и я целый год траура провела в уединении, с немногими подругами, читая в собственном сердце помощию книг и разгадывая книги по сердцу; это возродило меня. Я постигла тогда умом, что до тех пор заключалось в чувстве; уверилась, что благополучие есть невинность и находится в нас самих. Я не разлюбила ни удовольствий, ни выгод света; по крайней мере я могла бы теперь лишиться их, если не без сожаления, то без ропота. Возвратись в Россию, обязанности к родным и обществу не дали мне времени образумиться... Меня засыпали приветствиями и приглашениями, лестью и любезностию, но я уже предохранена была от этого чада; я знала, что всякая парижская новинка хоть на миг, но всегда увлекает внимание публики, а поклонники в несколько вечеров успели наскучить своими переслащенными фразами, так что я больше чем когда-нибудь почувствовала пустоту сердца. Совершенная бесхарактерность молодых людей наших, "эти образы без лиц" навели на меня неизъяснимую тоску. Я ужаспулась, не найдя русских в России. Простительно еще быть легкомысленным во Франции, где на каждом шагу находишь пищу любопытству, рассеянию, самой лени, где каждая безделка носит на себе печать образованности и даже глупость не лишена остроумия. Но можно представить себе, как несносны слепки парижского мира в России, где можно толковать только о том, чего у нас нет, и где половина общества не понимает, что сама говорит, а другая, что ей говорят; одна поторопившись выучить привозное, как попугай, другая — опоздав учиться от застарелых предрассудков. В это время я встретилась с тобою, и до сих пор не умею себе объяснить, какой судьбой я так быстро увлеклась сердцем? Признаюсь, обманутая ростом и голосом, я сначала приняла тебя за Гремина; я сгорала любопытством, желая увериться в своей догадке, но скоро к нему примешались чувства нежнейшие. Я верила и не верила, что ты Гремин; не столько воспоминание прошлого, как прелесть новости заманивала меня далее и далее. Я должна была сердиться на князя, но вместо того была благосклонна к новому знакомцу. Я должна была быть осторожнее с незнакомым, и доверялась как старому другу; одним словом, я не знала, что говорила и делала!.. Остальное тебе известно, милый Валериан... И бог тебе судья, если когда-нибудь заставишь меня раскаяться в любви моей!

Валериан был восторжен; ему казалось, гармоническая музыка сфер гремела туш его благополучию, и он, с пылкостию юноши целуя оставленную ему руку, хотел, по гусарской привычке, клясться всем, что есть и чего нет на свете, в неизменности любви своей, но Алина остановила этот порыв достоверности.

— Не клянись, Валериан, — сказала она с нежностию, — клятва почти всегда неразлучна с изменой, — я знаю это на опыте. Я больше верю благородству твоих чувств, нежели поруке звуков, волнуемых и уносимых ветром; мы уже не дети.

С обеих сторон делались приготовления к браку, хотя о нем еще не было прямых условий. Валериану, однако же, они были необходимы: он начертал план для будущей жизни, которая вовсе могла не понравиться графине и который колебался он открыть ей. Между тем как товарищи и приятели считали его только ветреником, заботливым, как прожить свои доходы, он втайне делал все пожертвования для улучшения участи крестьян своих, которые, как большая часть господских, достались ему полуразоренными и полуиспорчегшими в нравственности. Он скоро убедился, что нельзя чужими руками и наемного головою устроить, просветить, обогатить крестьян своих, и решился уехать в деревню, чтобы упрочить благосостояние нескольких тысяч себе подобных, разоренных барским нерадением, хищностью управителей и собственным невежеством.—У него не было недостатка ни в деньгах для обзаведении, ни в доброй воле к исполнению, ни в познаниях сельского хозяйства, приобретению коих посвятил он все досуги свои; недоставало только опытности, но она приходит сама собою; притом, первую песенку не стыдно спеть и зардевшись, говорит пословица. Мысль облегчить, усладить свои будущие заботы любовью милой подруги и согласить долг гражданина с семейственным счастием ласкала Валериана; однако же, несмотря на силу страсти, намерения его были тверды; в важных обстоятельствах жизни он умел владеть собою; но чем непреклоннее была воля его, тем нерешительнее становился он открыть ее Алине. Он чувствовал, какой жертвы требовал, знал, как трудно для молодой, прекрасной и богатой женщины отказаться от света. "Но это будет испытанием ее привязанности, — думал он. — Если ж нет? Нет! Женщина, которая предпочтет мне светскую жизнь, не знает и не стоит истинной любви". Скоро представился и случай к объяснению.

Это было на масленице, после катанья с английских гор. Льдяные горы, милостивые государи, есть выдумка, достойная адской политики, назло всем старым родственницам и ревнивым мужьям, которые ворчат и ахают, но терпят все, покорствуя тиранке моде. В самом деле, кто бы не подивился, что те же самые недоступные девицы, которые не смеют перейти чрез бальную залу без покровительницы, те же самые дамы, которые отказывают опереться на руку учтивого кавалера, когда садятся опи в карету, весьма вольно прыгают на колени к молодым людям, долженствующим править на полету аршинными их санками вниз горы и по льду раската. Между тем, чтобы сохранить равновесие, надобно порой поддержать свою прекрасную спутницу - то за стройный стан, то за нежную ручку. Санки летят влево и вправо, воздух свищет... ухаб... сердце замерло, и рука невольно сжимает крепче руку; и матушки дуются, и мужья грызут ногти, и молодежь смеется; но все, отъезжая домой, говорят: "Ah! que c'est amusant[19]", хоть едва ли половина это думает.

Валериан и графиня, конечно, были в сей половине, потому что возвратились с катанья очень довольны прогулкой и друг другом, и холод, казалось, только возбудил обоих любовников к особенной нежности. Стрелипский избрал этот час к решительному откровению и, предуведомив Алину, что так как дело идет о благополучии их обоих на всю жизнь, то он не хочет прибегать ни к каким околичностям, ни к каким сетям льстивой логики или цветам красноречия, дабы убедить или увлечь ее, но просто изложит свои намерения и просит только одного, чтоб она беспристрастно обсудила их и откровенно сказала на то ответ свой.

— Во-первых, милая Алина, — сказал он, — я решился оставить службу, для исполнения других обязанностей отечеству, которые надеюсь выполнить лучше, прямее и полезнее, нежели обязанности воина в мирное время.

Алина вздохнула и покинула кисточку темляка, которым играла она.

— Но разве ты, друг мой, не можешь служить отечеству по части гражданской или дипломатической? — произнесла она почти просительным голосом.

— Я не довольно приготовлен, чтобы стать полезным как судья; службу в департаментах считаю механическою, а быть дипломатом несовместно пи с моими склопностями, ни с моими правилами. Во-вторых, мы оставим столицу.

Алина молчала.

— В третьих, — тут Валериан развил пред нею подробный чертеж своих замыслов, для устройства имения, для усовершенствования земледелия и заводов, для образования крестьян своих; показал, как благодетелен будет пример его для всего человечества и для окружных помещиков в особенности. Но когда объявил, что все это требует неусыпного и безотлучного надзора, светлое чело Алины подернулось думою и она опустила руку Валериана.

— И это решительно? — спросила она печально.

— Решительно. Подробности будут зависеть от воли Алины Александровны, но целое остается нерушимым. На краткое время мы будем приезжать в которую-нибудь из столиц, но только на краткое время.

---

[19] Ah! как это забавно (фр.).

34

— Мои советы и мнения, следовательно, теперь бесполезны, — сказала Алина, несколько тронутая.

— Но твое согласие необходимо к моему счастию, обожаемая Алина! С тобой каждая минута ознаменована будет для меня новым блаженством, как для всех окружающих нас добрыми делами. Ты будешь ангелом красоты и доброты для меня и для всего, чем я владею. О! не разрушь рая, мною созданного, которым я так долго ласкал свое сердце... Милая, бесценная Алина! я жду приговора. В искреннем ответе твоем моя судьба: могу или нет назвать тебя моею?

— Через три дня ты узнаешь мой решительный ответ, Валериан; только дай мне слово не говорить со мной, не писать ко мне, не искать случаев со мною встретиться во все это время. Я хочу обдумать все на свободе, удаленная от влияния страстей.

— Жестокая женщина! Три дня — век для влюбленного!

— Жестокий человек! Деревня — вечность для женщины!

С этим словом Алина исчезла.

— Понимаю! — сказал Стрелинский с горькою усмешкою, между тем как холодный пот проступал на его сердце, и тихими стопами вышел из комнаты графини.

VII

Burleigh
Ihr wart es doch, der hinter meinem Riicken
Die Konigin nach Fotherinaschlofi Zu locken wufite?
Leicester
...Hinter Eurem Riicken?
Wann scheuten meine Taten Eure Stirn?
Schiller[20].

— Подполковник князь Гремин! — провозгласил слуга, возвещая гостя

---

[20] Бэрлей

Не вы ли за спиной моей сумели Направить королеву в Фотрингей?
Лестер

За вашею спиною? Да когда же, Когда в своих делах я укрывался От вашего лица?

Шиллер (нем.).

тетке Стрелинского, которая, сидя одна в гостиной, раскладывала grande-patience[21]. — Прикажете принять-с?

— Милости просим, — отвечала она, снимая очки и расправляя шаль свою. — Видно, князь недавно в Петербурге? — прибавила она.

— Только вчера с дороги-с. Они хотели видеть Валериана Михайловича; однако ж когда узнали, что вы не выехавши, просили доложиться. — Сказав это, слуга поспешил пригласить приезжего.

Князь Гремин, которого долг службы удержал во фронте, вопреки всех его надежд, и просьб, и желаний, должен был вести полк на другие квартиры, на границу Литвы, и он тем скорее помирился с судьбою, что обязанности по делам хозяйства и занятий строя и новые знакомства в кругу польских дворян давали ему тысячу развлечений и забав. Он бы, вероятно, и вовсе отдумал ехать в отпуск, если бы внезапная смерть одного из дедов в Петербурге не призвала его туда для получения наследства и всех хлопот, с наследствами неразлучных. Пылкий только на день в преследовании замыслов, внушенных прихотью, он не слишком дивился молчанию Стрелинского и очень покоен сердцем приехал в столицу. Но когда на него полились новости о близком браке Валериана с графинею Звездич, он был оглушен и раздражен этим водоворотом. Ревность его пробудилась. Мысль, что он в этой связи играл смешную роль Криспина, привела его в бешенство; удача Стрелинского, которую он величал изменою и коварством, вызвала его на месть. В этих враждебных мыслях поскакал оп в дом прежнего друга, чтобы излить на него всю желчь своего негодования; так-то злонаправленные страсти и худо понятые правила чести превращают самые благородные существа в кровожадных зверей! Не застав дома Валериана, князь, однако же, почел неприличным не засвидетельствовать почтения его тетке, и вот, скрыв досаду свою, как благовоспитанный офицер, пробирался он в гостиную, не брякнув ни саблей, ни шпорами, но в зале он невольно остановился, увидев и услышав Ольгу, которая, ничего не зная о госте и ничему не внимая вокруг себя, пела следующее, аккомпанируя чистый, выразительный голос свой звуками фортепиано:

Скажите мне, зачем пылают розы
Эфирною душою, по весне,
И мотылька на утренние слезы
Манят, зовут приветливо оне?
Скажите мне!

---

[21] Большой пасьянс (фр.).

Скажите мне, не звуки ль поцелуя
Дают свою гармонию волне?
И соловей, пленительно тоскуя,
О чем поет во мгле и тишине?
Скажите мне!

Скажите мне, зачем так сердце бьется
И чудное мне видится во сне,
То грусть по мне холодная прольется,
То я горю в томительном огне?
Скажите мне!

Ольга умолкла; но князь еще слушал, и между тем как персты ее перебегали, фантазируя, по клавишам, его взоры точно так же странствовали по всем чертам певицы

Он едва верил глазам своим, чтобы это была та самая Ольга, которую он так любил, как дитя, которую покинул, когда она едва становилась девушкою, и которая теперь предстала ему во всем блеске, в полном цвету очаровательных прелестей! Он любовался и стройным станом ее, и аттическою формою рук, и высоким челом, на коем колебались гроздия русых кудрей, и яхонтовыми ее очами, в коих сквозь дымку мечтательности сверкали искры души, вместе гордой и нежной; ее лицом, на коем разлит был тонкий румянец, как юное утро мая, и невинная беспечность с глубокою чувствительностию; брови ее так выразительно подняты были думою, уста ее так мило сомкнуты улыбкой; казалось, она усмехалась девственным мечтам своим, созданиям пробуждающейся любви; казалось, она ловила взорами отдаленное в очарованный круг фантазии, которая, подобно часовой стрелке, пробегает время и пространство, не удаляясь от средоточия своего сердца... И все было прелестно в ней... и волшебство звуков, проникающих душу, и красноречие безмолвия, пленяющее взор. Это не было уже земное существо для Гремина; это был идеал совершенства. Он тогда только прервал свое созерцательное молчание, когда Ольга, повторяя в задумчивости припев песни, вполголоса произнесла: "Скажите мне!"

— Я могу только то сказать вам, сударыня, — сказал Гремин с чувством, — что вы поете как ангел.

Ольга вспрянула с криком радостного изумления...

— Ах! Боже мой, это вы, князь Николай! Вообразите себе: я сейчас о вас думала, и вы передо мной, как будто мысль моя перенесла вас в столицу! Яркий румянец вспыхнул розами на щеках Ольги.

— Вот доказательство, что вы можете творить чудеса, Ольга Михайловна! И вы еще не забыли меня?

— Я не так ветрена, князь Николай, чтобы позабыть своего кузена и наставника.

— Считаю себя счастливым, удостоясь внимания особы, столь полной совершенств!

— Скажите, князь: неужели правда есть игрушка, пригодная только малолетним? Вы сами учили меня всегда говорить истину, а теперь, когда я в состоянии ценить ее, говорите мне комплименты. По крайней мере я искренно скажу вам, что мне приятно бывало думать о вас, потому что мысль эта неразлучна с воспоминанием самой счастливой поры моей — жизни в монастыре.

— Мне кажется, сударыня, вы бы скорее могли обвинить обманчивый свет, вселивший вам недоверчивость, скорее скромность свою, чем мою правдивость.

— Полноте ссориться, князь Николай, — и еще в первый раз после долгой разлуки. Я рада вам тем более, что вы приехали как нарочно, помочь нам развеселить братца: он два дня сам не свой; печален, и сердит, и прихотлив, как никогда в жизни. Но тетушка, верно, ждет вас, пойдемте!

Князь был принят как родной. Доброта почтенной тетки Стрелинского и чистосердечная веселость, непринужденное остроумие Ольги очаровали его. Час мелькнул как минута, и негодование его вовсе было утихло, как вдруг голос усатого слуги: "Валериан Михайлович приехал и просит к себе на половину", бросил всю кровь в голову князя; он раскланялся и поспешил к Валериану.

Валериан с распростертыми объятиями встретил Гремина.

— Только тебя недоставало, милый князь, — вскричал он, — чтобы посмеяться удаче наших предприятий и поздравить меня с роковым успехом!

— Я приехал не поздравлять вас, господин Стрелинский, — отвечал Гремин насмешливо-холодно, отступая, чтобы уклониться от объятий. — Я приехал только поблагодарить вас за ревностное участие в моем деле.

— Вы? Господин Стрелинский? Право, я не понимаю тебя, Гремин!

— Зато я очень хорошо вас понял, слишком хорошо вас узнал, господин майор!

Во всякое другое время Стрелинский никак бы не рассердился на обидную вспыльчивость друга и, вероятно, шутками укротил и пересилил бы гнев его; но теперь, огорченный сам холодностию графини, колеблем сомнениями, поджигаем ревностью, пошел навстречу неприятностей, решась платить насмешкой за насмешку и дерзостью за дерзость.

— От этого-то вы и ошиблись: все что слишком обманчиво. Не угодно ли присесть, ваше сиятельство! Начало вашего привета похоже на нравоучение, а я не умею спать стоя!

— Я постараюсь сказать вам такие вещи, господин майор, которые лишат вас надолго охоты ко сну.

— Очень любопытен знать, что бы такое помешало моему сну, когда меня убаюкивает чистая совесть!

— О! вы невинны, как шестинедельный младенец, как церковная ласточка! Напрасно было бы и осуждать человека, у которого совесть или нема, или принуждена молчать.

— Я не беру на свой счет этих речей, князь; мой язык не имеет причин разногласить с совестию именно потому, что она светлее клинка моей сабли. Скажите лучше подружески и без обиняков: чем заслужил я такой гнев ваш?

— Подружески? Мне, право, странно, что вы, разрывая все узы, все обязанности дружества, опираясь на него, требуете доверия? Впрочем, вы живете ныне в большом свете, где любят давать векселя на имение, которого давно нет.

— Князь! вы огорчаете меня своим неправым обвинением более, чем обидными выражениями. Но будьте хладнокровны и рассмотрите пристальнее, чем виноват я против вас? Вспомните, кто предложил мне испытание, кто неотступно требовал моего согласия, кто принудил взяться за эту роковую порученность? Это были вы, князь, вы сами. Я убеждал вас отказатьея от подобного предприятия, я вам предсказывал все, что могло случиться и случилось волею судьбы. Сердцем нельзя владеть по произволу.

— Но должно владеть своими поступками. Так, милостивый государь! Я просил, я убеждал, я заставил вас взяться за это дело; но в качестве друга вы бы могли сами рассудить несообразность такой просьбы и поправить мою ошибку, вместо того чтоб ее увеличивать, ловить на нее свои выгоды и употреблять во зло мое доверие; мы всегда худые судьи в собственных делах, но бесстрастный и беспристрастный взор дружбы долженствовал бы соблюдать мою пользу, а не прихоти.

— Странно, право, что вы делаете для себя монополию из своих правил. Мы худые судьи в своем деле - это чистая правда, и я сам мог увлечься любовью, которую хотел только испытать.

— Вы бы должны были предупредить это или по крайней мере удалиться, заметив опасность для самого себя, но нет, вам угодно было оседлать судьбу для извинения своей двуличности и утешать меня, как зловещая птица, старинною песнею светских друзей: "Я говорил тебе: быть худу! Я тебе предсказывал! Я предупреждал тебя".

— Не забудьте, князь Гремин, что я взялся быть вашим испытателем, но не стряпчим и не строил себе дороги из развалин вавилонского вашего столба к небу.

— Поздравляю вас, господин Стрелинский, с этим небом, но, признаюсь, ему не завидую. Я уже излечился от охоты искать своего счастия в женщине, которой привязанность изменчива, как цвет хамелеона; и в доказательство вот как ценю я подарки и поминки ее!

С этим словом он бросил в пыл камина письма и перстень графини.

— Нельзя не похвалить вас за такую решимость, князь; немного ранее она была бы еще больше кстати. Графиня забыла вас так же, как и вы ее, очень скоро после разлуки. Все это было -детская прихоть.

— Прошу избавить меня, господин майор, равно от ваших похвал и откровений. Мы не Дафнис и Меналк, чтобы вести словесную войну за вопрос, кого она любит или не любит. Только не радуйтесь и вы своим торжеством... Женщине, изменившей одному, легко изменить и другому и третьему.

— Будьте скромнее на счет графини, Гремин! Я сносил многое за самого себя, но когда вы дерзаете нападать на доброе имя дамы, это выходит и выводит из границ самого уступчивого терпения... Я не ангел.

— Очень верю, господин Стрелинский. Я так же далек от этой мысли, как вы от этого достоинства... Но угрозы ваши мне забавны, господин майор.

— А мне жалок ваш характер, господин подполковник!

— Нельзя ли узнать, почему вы удостаиваете меня своим сожалением?

— Потому, что вы, ослепленный пустым тщеславием, оскорбленным самолюбием, бесстрастною ревностию, а быть может, и самою мелочною завистью, скачете за тысячу верст для того, чтоб огорчить, обидеть, уязвить человека, который до сих пор любил и уважал вас.

— Вы мне доказываете любовь свою даже и этими речами, господин Стрелинский, что же касается до вашего уважения, я только раскаиваюсь, что прежде ценил его, и теперь оно столько ж для меня занимательно, как ветер в Барабинской степи... Прекрасное дружество! Почти женится, и не написать мне ни строчки, оставить меня в таком неведении, что я узнал о свадьбе вашей от трактирных маркеров!

— Я писал к вам два раза, но, вероятно, переход полка замедлил доставку писем; а что до свадьбы моей, городские слухи опередили правду. Статься может, она никогда не состоится. Я до сих пор не заверен словом в совершенном согласии графини.

— Вы писали! Вы не уверены! Я, право, не ожидал, чтобы вы так скоро выучились прибавлять Ложь к лицемерию!

— Ложь! — вскричал Стрелинский, задыхаясь от гнева. — Ложь! Одна кровь может смыть это слово!

— Почему же и не так! — отвечал князь презрительно, качаясь на стуле. — Любовь и кровь старинная рифма.

— Это решено... это кончено. Однако ж не испытывайте меня далее,

40

Гремин; не заставьте насказать вам таких вещей, которые не должны быть произносимы между благородными людьми. Когда мы встретимся?

— И встретимся, конечно, впоследние завтра. Кто бы из нас ни лег, я всегда буду в выигрыше не дышать одним воздухом с тем, кто заплатил мне за всю дружбу такою...

— Удержитесь, князь! Есть слова, за которые не спасут вас ни память прежней приязни, ни кровля гостеприимства.

— Вам очень пристало говорить о приязни, когда вы превратили в желчь о ней воспоминание. А что до прав гостеприимства, я не вымаливаю у них покровительства; моя сабля мне лучший защитник.

— Бросьте пустое хвастовство, князь Гремин; завтра так завтра. Выстрел — самый остроумный ответ на дерзости.

— А пуля — самая лучшая награда коварству. Завтра вы уверитесь, что я не из той ткани, из которой делаются свадебные подножки, и не бубновый туз, чтобы в меня целить хладнокровно. Мой секундант не замедлит посетить вас сегодня же.

— Очень рад.

Друзья-недруги расстались, пылая гневом.

VIII

Я был отважно хладнокровен;
Но признаюсь, на утре лет
Не весело покинуть свет
И сердца бой не очень ровен,
Когда вопросом: "Быть иль нет?"
Вам заряжают пистолет.

Ольга не могла сомкнуть глаз в течение целой зимней ночи. Как ни мало изведала она свет, но частые рассказы о поединках уже познакомили ее с этим кровавым предрассудком, а необычайная угрюмость и принужденная шутливость брата, весть, что он очень крупно говорил с князем Греминым наедине, и позднее посещение незнакомого офицера возбудили в душе ее все опасения и страхи. Не понимая причины, она видела возможность ссоры между братом и Греминым. Далеко до зари она была уже одета и бродила как тень по тихим и пустым комнатам. Ужасное сомнение волновало грудь ее; она желала и страшилась узнать роковую истину, прислушивалась к каждому шороху, к каждому звуку. Несколько раз на цыпочках прокрадывалась она к братней половине, но там было все мертво и темно. Вдруг конский топот у крыльца привлек все ее внимание; белый султан мелькнул у братней маленькой лестницы, и вещее сердце ее замерло… тяжкое предчувствие оледенило кровь. Она слышала говор в ближней комнате и не смела слушать, — она хотела удалить безнадежную известность, но братская любовь преодолела все. Притаив дыхание, взглянула Ольга в замочную скважину: против самых дверей топилась печка и озаряла комнату багровым полусветом своим. Старый слуга Валериана плавил свинец в железном ковше, стоя перед огнем на коленях, и лил пули дело, которое прерывал он частыми молитвами и крестами. У стола какой-то артиллерийский офицер обрезывал, гладил и примерял пули к пистолетам. В это время дверь осторожно растворилась, и третье лицо, кавалерист-гвардеец, вошел и прервал на минуту их занятия.

— Bonjour, capitaine[22], — сказал артиллерист входящему. — Все ли у вас готово?

— Я привез с собой две пары: одна Кухенрейтера, другая Лепажа; мы вместе осмотрим их.

— Это наш долг, ротмистр. Пригоняли ли вы пули?

— Пули деланы в Париже и, верно, с особенною точностью.

— О, не надейтесь на это, ротмистр! Мне уж случилось однажды попасть впросак от подобной доверчивости. Вторые пули - я и теперь краснею от воспоминания не дошли до полствола, и как мы не бились догнать их до места, — все напрасно. Противники принуждены были стреляться седельными пистолетами — величиной едва не с горный единорог, и хорошо, что один попал другому прямо в лоб, где всякая пуля — и меней горошинки и более вишни производит одинаковое действие. Но посудите, какому нареканию подверглись бы мы, если б эта картечь разбила вдребезги руку или ногу?

— Классическая истина! — отвечал кавалерист, улыбаясь.

— У вас полированный порох?

— И самый мелкозернистый.

— Тем хуже; оставьте его дома. Во-первых, для единообразия мы возьмем обыкновенного винтовочного пороха; во-вторых, полированный не всегда быстро вспыхивает, а бывает, что искра и вовсе скользит по нем.

— Как мы сделаемся со шнеллерами?

— Да, да! эти проклятые шнеллеры вечно сбивают мой ум с прицела и не одного доброго человека уложили в долгий ящик. Бедняга Л***ой погиб от шнеллера в глазах моих: у него пистолет выстрелил в землю, и соперник положил его, как рябчика, на барьер. Видел я, как и другой нехотя выстрелил на воздух, когда он мог достать дулом в грудь

---

[22] Здравствуйте, капитан (фр.).

противника. Не позволить взводить шнеллеров почти невозможно и всегда бесполезно, потому что неприметное, даже невольное движение пальца может взвести его, и тогда хладнокровный стрелок имеет все выгоды. Позволить же долго ли потерять выстрел? Шельмы эти оружейники; они, кажется, воображают, что пистолеты выдуманы только для стрелецкого клоба!

— Однако ж не лучше ли запретить взвод шнеллеров? Можно предупредить господ, как обращаться с пружиной, а в остальном положиться на честь. Как вы думаете, почтеннейший?

— Я согласен на все, что может облегчить дуэль; будет ли у нас лекарь, г. ротмистр?

— Я вчерась посетил двоих и был взбешен их корыстолюбием... Они начинали предисловием об ответственности и кончали требованием задатка; я не решился вверить участь поединка подобным торгашам.

— В таком случае я берусь привести с собою доктора, величайшего оригинала, но благороднейшего человека в мире. Мне случалось прямо с постели увозить его на поле, и он решался не колеблясь. "Я очень знаю, господа, — говорил он, навивая бинты на инструмент, — что не могу ни запретить, ни воспрепятствовать вашему безрассудству, и приемлю охотно ваше приглашение. Я рад купить, хотя и собственным риском, облегчение страждущего человечества!" Но что удивительнее всего он отказался за поездку и леченье от богатого подарка.

— Это делает честь человечеству в медицине. Валериан Михайлович спит еще?

— Он долго писал письма и не более трех часов как уснул. Посоветуйте, сделайте милость, вашему товарищу, чтобы он ничего не ел до поединка. При несчастье пуля может скользнуть и вылететь насквозь, не повредя внутренностей, если они сохранят свою упругость; кроме того, и рука натощак вернее. Позаботились ли вы о четвероместной карете? В двуместной ни помочь раненому, ни положить убитого.

— Я велел нанять карету в дальней части города и выбрать попростее извозчика, чтобы он не догадался и ие дал бы знать.

Вы сделали как нельзя лучше, ротмистр; а то полиция не хуже ворона чует кровь. Теперь об условиях: барьер попрежнему на шести шагах.

— На шести. Князь и слышать не хочет о большем расстоянии. Рана только на четном выстреле кончает дуэль, — вспышка и осечка не в число.

— Какие упрямцы! Пускай бы за дело дрались, так и не жаль пороху, а то за женскую прихоть и за свои причуды.

— Много ли мы видели поединков за правое дело? А то все за актрис, за карты, за коней или за порцию мороженого.

— Признаться сказать, все эти дуэли, которых причину трудно или стыдно рассказывать, немного делают нам чести. Итак, ровно в полдень и за Выборгскою заставой?

— В полдень и там. Невдалеке от трактира, на второй версте, где мы съедемся, влево от дороги, есть пустой и довольно светлый ток; в нем мы будем защищены от ветра и сверкания солнца. Я надеюсь, однако, что мы, прежде чем сведем их, испытаем все средства к примирению? Смертной обиды между ними не было, и, может, нам удастся кончить дело извинением.

— Я бы готов был целый год принимать заряды вместо того, чтоб жечь их, если б удалось нам это; но, признаюсь, мало имею надежды на успех. Говорить соперникам о мире, когда они приехали на поле, все равно что давать лекарство мертвецу. Пули твои никуда не годятся! — вскричал нетерпеливо старику слуге артиллерист, бросив пару их на пол. — Они шероховаты и с пузырьками.

— Это от слез, Сергей Петрович! — отвечал слуга, отирая заплаканные глаза. — Я никак не могу удержать их; так и бегут и порой попадают в форму. Да и руки мои дрожат, словно у предателя Иуды. Что скажут добрые люди, когда узнают, что я отлил смертную пулю моему доброму барину, — какой грех ляжет на душу! С каким сердцем встречу барышню Ольгу Михайловпу, если бог попустит мне видеть смерть барина! Он один ей вместо отца родного! Ваше высокоблагородие! заставьте за себя молить бога, отведите барина от греха или от беды своей, уговорите, упросите его; мы... все...

Старик не мог продолжать от рыданий... Артиллерист, тронутый сим, старался утешить его.

— Полно, полно, старик! Как не стыдно тебе расплакаться как теленку. Ты сам в четырнадцатом году был в делах с барином, ты знаешь, что не все пули бьют и не все раненые умирают, притом мы постараемся и уладить полюбовно.

Ольга не могла слушать долее; голова ее кружилась, колена изменяли. Ужасные подробности поединка рисовали пред нею кровавыми чертами картину братней кончины...

— Раненого или убитого, — повторила она, упадая в кресла, — убитого!

Мысли ее помутились... Страх ледяною рукою своей сдавил сердце.

Есть минуты, есть часы тоски тяжкой, неизъяснимой... Разум тогда, будто пораженный параличом, вдруг прерывает ход свой, но чувство, отравленное полным понятием о величии беды, подобно лавине, рушится на сердце и погребает его в хладе отчаяния, немого, но глубокого, бесчувственно-мучительного! Тогда очи не находят слез, уста — выражений, и тем ужаснее тоска, сосредоточенная в груди, тем едче слезы, каменеющие на сердце, которое, как подземная жила, переполненная пылающею серой, рвется сбросить с себя громаду и, готовое расторгнуться, не может сдвинуть груза, его удушающего, не может отреять палящего вздоха.

Ольга не плакала, ибо не могла плакать, ничего не слышала, ничему не внимала она. На все приглашения, на все вопросы тетки отвечала она отрицательным движением головы и не трогалась с места. Наконец, когда ясный уже луч солнца, проникнув туманы, упал на чело ее, она как будто очнулась от болезненного забытия, подобно Мемновой статуе в пустынях Пальмиры.

— Где братец? — спросила она, вставая.

— Уехал! — было ответом, и она снова погрузилась в мрачное онемение, вперив неподвижные очи в окно. По лицу ее то мелькало нетерпение ожидания, то улыбание надежды умолить брата, но всего чаще, всего мрачнее ложилась тень отчаяния, ибо разум уверял ее, что никакие доводы, никакие чувства не могли совратить Валериана с пути, однажды избранного; притом же она очень хорошо постигала, что судьба поединка зависела всего более от обидчика, то есть князя Гремина. "И он, которого я считала благоразумнейшим существом, он, которого любила, которого воображала братом - брату, жаждет теперь крови и смерти. Ах! как злы люди", — думала она. А между тем часы текли за часами, било одиннадцать, и вся душа Ольги перешла в зрение; как на перст судьбы, глядела она на тихо переступающую стрелку... Еще четверть, еще... И она воскликнула:

— Все погибло! Он не хочет даже проститься с сестрою, он боится быть тронутым моею горестию... Боже великий, подкрепи меня!

Ольга повергалась ниц перед образом, и решимость осенила свыше теплую мольбу ее.

На второй версте по дороге к Парголову, направо, на холме виден простой русский трактир, выкрашенный желтою краскою, свидетель многих несчастных сцен или веселых примирений зимою. Летом никто из порядочных людей не посещает его, равно за неопрятность, как и потому, что окрестные дачи в это время кипят народом и, следовательно, не могут быть поприщем поединков. Вся трактирная челядь высыпала на крыльцо, завидя две кареты и парные сани, пробивающиеся к ним сквозь сугробы снега, блестящего миллионами звезд на солнышке. Это, как можно было угадать, был поезд вовсе не свадебный, поезд наших дуэлистов. Противников развели по разным комнатам. Артиллерист вызвался ехать вперед приготовить место и утоптать смертную тропу. Доктор пригласил другого секунданта сыграть партию в биллиард, и вот соперники наши оставлены были сами себе на раздумье Валериан был угрюм, но с каким-то удовольствием смотрел на безжизненный снег, покрывающий саваном долину, на траурную зелень елей. Он пламенно и нежно полюбил графиню, и ее холодность, ее легкомыслие сокрушили все его надежды. Он улыбкою встретил мысль о смерти, потому что смерть никому не кажется так утешительна, как обманутой или неудачной любови. "Три дня, и нет ответа... — думал он. — Это самый понятный ответ! Ей жаль лучей своего сиятельства; ей приятнее перецеживать светскую скуку в кругу модных обезьян, чем наслаждение жизнию с мужем-человеком; ей лестнее вселять мечты и желания в других, чем мыслить и чувствовать наедине с другом или с собою. Да будет! Благодарю судьбу, что она заранее спасла меня от легкомысленной женщины. В сладком чаду заблуждений, в очаровании страсти мне бы тяжко было вырваться из объятий счастия. Но теперь я равнодушен к жизни; я презираю свет, в котором любовь - тщеславие, а дружество - прихоть. Но ты, Алина, ты виновна более всех! Необыкновенная смертная, ты увлеклась стадом обыкновенных женщин... Ты одна могла создать мое счастие, ты одна могла ценить мою любовь, и я, не утешен взаимностию, сойду в могилу — и за тебя! Алина! Алина! ты оценишь меня, когда меня потеряешь!" Слезы навернулись на глазах Валериана. Но, право, не знаю, почему ни одна из них не посвящена была сожалению о сестре; таковы все влюбленные; во время своей горячки у них нет ни думы, ни слова, кроме о милой, и, даже умирая, они больше думают о том, как понравятся в гробу своей возлюбленной, нежели о том, как станут плакать о них родные.

Зато, если в одной комнате Ольга была забыта для любви, в другой, по той же самой причине, она была предметом восклицаний и вздохов. Князь Гремин сидел там мрачнее сентябрьского вечера и очень заунывно барабанил пальцами по столу; но или сосновая эта гармоника не могла вполне выразить печальных его мыслей, или сам он был непривычный виртуоз на этом инструменте, только фантазия его походила на погребальный марш, достойный похорон кота мышами. Как ни забавно-жалобна была, однако ж, его музыка, его думы были вовсе не забавны. Когда погас первый пыл негодования, он горько раскаивался в своей дерзкой вспыльчивости; совесть громко укоряла его в обиде старого друга, - и для чего, для кого? Для той, которую уже давно не любил он, для той, которая сама его забыла; не имея другой цели, кроме препятствия в счастии сопернику, из пустого тщеславия! Но всего убедительнее действовала на него логика любезности и красоты Ольги; все силлогизмы его оканчивались и начинались укорительным вопросом: "что скажет на это сестра Валериана?" Ненависть в жизни, если он убьет противника, или презрение после смерти за вражду непременно долженствовали быть уделом его, а Гремин глубоко чувствовал, как благородный человек и как пламенный мужчина, сколь тяжело было бы ему сносить не только ненависть или презрение, но даже равнодушие Ольги, достойной всякого уважения "и любви", приговаривало сердце, "и, может быть, неравнодушной к тебе", шептало самолюбие. Но голос предрассудков звучал как труба и заглушал все кроткие, все добрые ощущения.

— Теперь уже поздно раздумывать, — сказал он со вздохом, разрывающим сердце. — Нельзя возвратить сделанного, стыдно переменять решение. Я не хочу быть сказкою города и полка, согласясь мириться под пистолетом. Люди охотнее верят трусости, чем благородным внушениям, и хотя бы еще лестнейшие надежды, еще Драгоценнейшее бытие лежали в дуле моем, я и тогда послал бы выстрел Стрелинскому.

— Все готово, князь! — сказал секундант его, распахивая дверь. Остается только зарядить пистолеты, и, как водится, мы просим вас при том присутствовать.

Противники вошли с разных сторон, холодно и безмолвно поклонились друг другу, и, между тем как Гремин остановился у стола, на котором готовилась роковая трапеза, Стрелинский подошел к доктору, который без милосердия один-одинехонек гонял шары по биллиарду. Больно душе видеть людей перед поединком, еще больнее быть посредником в оном. Невольно желаешь зла другому, потому что желаешь сохранения своему товарищу, и это чувство проливает на все церемонную принужденность, между тем как все стараются быть необыкновенно веселыми - соперники, чтобы показать свою смелость, а секунданты, чтоб поддержать ее.

Валериан, познакомясь на переезде с доктором-оригиналом, шутя спросил его, обращаясь к прерванному в карете разговору:

— Не отступаетесь ли вы, любезный доктор, от чудесной гипотезы своей, что когда-нибудь люди научатся прививать детям хорошие качества, как коровью оспу, и лечить от страстей, как от прилипчивых болезней?

— Для чего мне быть отступником от своих рассуждений, когда вы не хотите покинуть свои предрассуждения? — отвечал доктор и положил красный в лузу.

— Жаль, право, что я не родился позже веками пятью: очень бы любопытно посмотреть, как станут вылечивать от любви шпанскими мушками или от злости припарками и лигатурами!

— От злости и теперь в простом народе лечат припарками и перевязками, так, как в старину от сумасшествия чахоткою, — только едва ли с успехом. Но почему не предположить, что, при всеобщем усовершении наук, нужнейшая из них не выйдет из настоящего дряхлого своего младенчества? Тогда, Валериан Михайлович, мне бы гораздо приятнее было предупредить вашу раздражительность какими-нибудь сладкими пилюлями, нежели вытаскивать свинцовые из ваших костей.

— То-то будет золотой век для медиков!

— Золотой для медицины, а бессребреный для медиков, которые до сих пор, наравне с крапивным семенем судей, живут на счет глупости, или пороков, или бедствий человеческих!

— Почтенный доктор... — прервал речь его артиллерист, заряжая вторую пару, — решите спор наш: я говорю, что лучше уменьшить заряд по малости расстояния и для верности выстрела, а господин ротмистр желает усилить его, уверяя, что сквозные раны легче к исцелению, — это статья по вашему департаменту.

— Дайте руку, господин пушкарь в превосходной степени. Мы должны быть друзьями и соседями, не только потому, что ваше училище, где научают убивать по правилам, рядом с нашею клиникою, где учат исцелять людей, но и потому, что природа всегда подле яду помещает противуядие. Вы смеетесь, вы говорите, что это два зла вместе, — пусть так. Только увеличьте заряд, если нельзя вовсе его уничтожить. На шести шагах самый слабый выстрел пробьет ребра; и так как трудно, а часто и невозможно вынуть пули, то она и впоследствии может повредить благородные части.

— Высокоблагородные части, — сказал, улыбаясь, Гремин, — мы оба штаб-офицеры; но шутки в сторону, доктор: откуда почитаете вы всего безопаснее вынимать пулю?

— Из дула, — отвечал доктор очень важно. Все засмеялись.

— Не угодно ли будет, князь, снять эполеты? — сказал один из секундантов, укладывая пистолеты в ящик. — Золото — слишком видная цель для противника.

— Вы так строги, любезный посредник мой, что я того и жду приглашения оставить здесь и голову, потому что она еще виднейшая цель...

В это время послышался стук у двери. — Боже мой! — воскликнул артиллерист, закрывая плащом оружие. — Не дадут и подраться покойно! Кто там?

— Ездовой графини Звездич спрашивает майора Стрелинского, — произнес за порогом маркер, точно таким же голосом, как возвещает он "двадцать три и ничего!".

Стрелинский одним прыжком был уже в сенях.

— Вас просит видеть какая-то дама, — сказал Гремину трактирный мальчик, вбегая с другой стороны. Князь вышел, пожимая плечами. Но вообразите его изумление, когда стройная незнакомка отбросила вуаль с лица своего и в ней он узнал Ольгу со всеми прелестями юности, в полном вооружении невинности и собственного достоинства.

— Ольга! — воскликнул он, пораженный еще более, чем удивленный. Ольга, вы, вы здесь?

— И вы причиной тому, князь Гремин, — отвечала Ольга с гордою твердостию. — Если б я и не знала опасностей моего поступка, то одно изумление ваше открыло бы мне все... Но я все знаю и на все решилась. Пускай свет назовет меня безрассудною искательницею приключений, пускай стану я сказкою столицы, пусть эта минута бросит вечную тень на остаток моей жизни, — но не должна ли я презреть всем для спасения брата, которого хотите вы погубить! Но я не упрекать вас пришла, князь Гремин, но просить, но убеждать, умолять вас: забудьте кровожадную ссору вашу, открытую мне случаем. Заклинаю вас именем бога, которого забываете, именем человечества и разума, которые попираете вы ногами, именем прежней дружбы и вечной любви ко всему, что драгоценно для вас в этой жизни и лестно за могилой! Вы искали поединка, и от вас зависит прекратить его. Князь! Примиритесь с Валерианом! Спасите меня от горького чувства видеть убийцу в брате или от неутолимого плача по нем. Что станется тогда со мной в этом враждебном свете, без друга, без советника и покровителя? Как мало жила я и как несчастна, что дожила до ужасной поры, в которую два существа, уважаемые мной больше всего в мире, готовы растерзать друг друга!

Сначала голос Ольги был тверд и выразителен, но когда речь коснулась до братской привязанности, он стал тише и нежнее, дыхание прерывалось, замирало; тоска высоко вздымала грудь; очи ее, отягченные слезами, наконец пролили их в три ручья, и она, рыдая, опустилась на стул. Князь Гремин, энтузиаст всего высокого и благородного, тронутый до глубины души прекрасным самоотвержением Ольги, стоял в восторге, нем и неподвижен. Он поглощал взорами великодушную примирительницу. Сладостное чувство умиления проникло все его существо; одна искра чистой любви осветила всю его душу. Как молния превращает полюсы компаса, так всемогущие слезы невинности превратили в доброту все семена зла и злобы, в груди таящиеся. Он был уже счастлив, ибо высочайшее счастие есть сознание чужих совершенств, сознание высокого и прекрасного.

Ольга, однако ж, почитая безмолвие князя колебанием или отказом, гордо встала и произнесла, сверкая взором:

— Но знайте, князь Гремин, если речь правды и природы недоступна душам, воспитанным кровавыми предрассудками, то вы не иначе достигнете до брата моего, как сквозь это сердце. Не пожалев славы, я не пожалею жизни.

— Нет, нет! Существо неземное! — воскликнул Гремин, — свою жизнь, хотя бы тысячу раз обновленную, готов теперь пожертвовать я за вас, за Валериана! Ольга! ваше великодушие победило меня!

С этим словом он вошел в залу и громко сказал Валериану:

— Господин майор! я прошу у вас извинения в своей горячности; очень сожалею о том, что вчерась произошло между нами, и если вы довольны этим объяснением, то сочту большою честию возврат вашей дружбы.

Стрелинский, вовсе не ожидая такой развязки, перечитывал весело какое-то письмо, — очень вежливо, однако ж очень охотно протянул руку Гремину.

— Тому легко примирение, — сказал он, — кто сам имеет нужду в прощении, — и друзья обнялись снова друзьями.

— Господа секунданты! скажите по совести, не имеем ли мы в чем—нибудь укорять себя, как благородные люди и офицеры? — сказал Гремин.

— Никогда и никто не усомнится в вашей храбрости, — отвечал гвардеец, обнимая князя.

— Признаваться в своих ошибках есть высшее мужество, — возразил артиллерист, сжимая руку майору.

— Сделав все для света, я прошу у тебя, любезный Стрелипский, для самого себя пяти минут особенного разговора.

Рука об руку с князем вошел Валериан в другую комнату весело и беззаботно, но чело его подернулось, как заревом, когда он увидел там сестру свою!

— Что это значит?! — вскричал он грозно. Но когда сестра с радостным приветом:

— Вы не будете врагами, вы не будете стреляться! — упала к нему на грудь бесчувственна, голос его смягчился...

— Ольга! Ольга! что ты сделала? — произнес он печально. — Невинная, неопытная душа! ты погубила себя!

Тихо опустил он на софу драгоценное бремя, и невольный взор упрека пронзил сердце Гремина; между тем призванный доктор суетился около Ольги.

— Друг! друг! — сказал глубоко тронутый князь, — не уничтожай меня; я сам чувствую, сколько бед накликало мое безрассудство; подумаем лучше, как исправить ошибку. Поездка сестрицы твоей едва ли утаится от клеветы, и бог весть, какими баснями украсит ее свет! Чувствую, что я не стою этого ангела, но чувствую, что без нее нет для меня счастия на земле... И если сердце ее не занято... если... я, как старый друг твой, спрашиваю тебя, Валериан... хочешь ли ты иметь меня зятем?

Стрелинский мрачно взглянул на него...

— Князь! я откровенно скажу тебе, что прежде не желал бы лучшего мужа Ольге, но вчерашняя твоя горячность за графиню заставляет меня сомневаться в счастии сестры!

— Валериан! не разрывай могил минувшего... Кто не был молод! От сего дня я новый человек; прежняя привязанность к сестрице твоей обратилась в страсть неодолимую и неизменную.

— Верю, — сказал Валериан, пожимая руку друга, и указал на сестру, которая начинала приходить в себя. — Милая, добрая Ольга! здесь ты видишь людей, тобой примиренных и благодарных; но, кроме благодарности, здесь есть некто желающий получить награду, заслужив наказание; он уверяет, что любит тебя, клянется в верности... Доканчивайте, князь Гремин!

Гремин с пылкостию и страхом вступил в трудное объяснение.

— Я буду краток, — сказал он, приближаясь к Ольге, — как ни вредно виноватому быть им. Так, Ольга, я дерзаю искать руки вашей, хотя в глубине души сознаюсь, как недостоин я такого блаженства. Не говорю теперь о взаимности, я буду счастлив и тем, если вы меня не ненавидите, и терпеливо стану ждать чувств нежнейших, как награды.

— Теперь я не имею никакой причины ненавидеть вас; я, напротив, обязана вам благодарностию! — возразила Ольга едва внятно.

— Это лишь слабый образчик моей беспредельной покорности; имея образцом такого ангела, какое доброе качество мне недоступно? Ольга! жизнь без вас для меня пустыня, с вами рай; решите участь мою!

Ответ Ольги можно было прочесть в каждой черте лица, в трепетании каждой жилки; слезы наслаждения стояли в ресницах, румянец счастия пылал на щеках ее... Все сны, все мечты ее разгадались; она была так невинно счастлива, но ей было так ново и страшно это положение; наконец она приклонила милое лицо свое к плечу Валериана и тихо, тихо сказала:

— Братец, отвечай за меня!

— Князь Николай! вручаю тебе лучшую жемчужину моего бытия. Есть бог в небе и совесть в сердце, если ты не сделаешь мою Ольгу счастливою!

Тут положил Валериан руку сестры в руку Гремина, и седьмое небо распахнулось для влюбленного.

— Я сегодня так счастлив, что боюсь, не во сне ли вижу все это; друзья мои! вот письмо от Алины, — примолвил Валериан, отдавая для прочтения письмо Гремину. Гремин читал:

— "За свою недоверчивость, милый Валериан, ты заслужил наказание и получил его, но чего эта шутка стоила моему сердцу! Как можно было сомневаться, что, куда б ни забросила тебя судьба, куда бы ни увлекла воля, в горе и счастии я всегда с тобой неразлучна. Впрочем, эти три дня я посвятила на убеждение моих нравственных и политических опекунов; теперь все в порядке, и я могу ехать за тобой к полюсу, пе только в прекрасную деревню. Сегодня ожидаю неверующего на мир и через два месяца — о сладкая мысль! — я буду уже иметь священное право называться твоею Алиною!"

Поздравления и объятия полетели к счастливцу... Сам доктор, со слезами умиления на глазах, смотрел на небо, скинув ошибкою парик вместо колпака.

— Еще пара таких женщин, — бормотал он, — и я выброшу всех редких букашек за окно! Жаль только, что Ольга заставит меня переправить целую главу о женщинах!

Стрелипский, посадив сестру свою в карету, остановился у дверец.

— Господа! — сказал он, — милости просим ко мне откушать и запить прошедшие безрассудства. Господ же секундантов, благодаря, сверх того, за их участие, прошу сделать нам честь переменить роли секундантов на должность шаферов у меня и жениха сестры моей, князя Гремина!

Он умчался при радостных приветах.

Восхищенный князь, обнимая с радости всех .и каждого, сказал доктору, приглашая его сесть с собою в карету:

— Я надеюсь, и для вас, почтеннейший друг наш, приятнее видеть свадьбу, чем похороны.

— Я не бываю на свадьбах, чтобы не заставить краснеть других, ни на похоронах, чтобы не краснеть самому, — отвечал доктор, садясь в сани.

— Теперь, однако ж, дело идет не о проводах невест или мертвецов в новый для них мир, а только о проводах масленицы. Валериан ждет вас к дружескому обеду.

— Непременно буду, охотно буду, но теперь еще рано, я заеду к себе приписать кое-что к моей диссертации.

— Конечно, о страстях устрицы! — сказал Гремин, улыбаясь.

— Напротив, об удачных глупостях человека, — возразил доктор.

РОМАН И ОЛЬГА

Старинная повесть[23]

I

Зачем, зачем вы разорвали
Союз сердец? "Вам розно быть! — вы им сказали. —
Всему конец!" Что пользы в платье золотое
Себя рядить? Богатство на земле прямое
Одно — любить!
Жуковский

— Этому не бывать! — говорил Симеон Воеслав, именитый гость новогородский, брату своему. — Не бывать, как двум солнцам на небе. Правда, твой любимец, Роман Ясенский, хорош и пригож, служил верой и правдой Новугороду, потерпел много за Русь святую; горазд повесть слово на вечах, в беседах; удал на игрушках военных[24] и на все смышлен, ко всем приветлив... Одна беда, — примолвил Симеон, с гордостью перебирая связкою ключей на поясе, — он беден, стало быть, не видать ему за собой Ольги.

— Брат Симеон! сердце не слуга, ему не прикажешь!

— Зато можно отказать. С этого часу запрещаю Ольге и мыслить о Романе, а ему — ходить ко мне. Я хочу, чтоб она думала не иначе, как головою отца да матери: жила бы по старине, а не по своей воле, и

---

[23] Течение моей повести заключается между половинами 1396 и 1398 годов (считая год с первого марта, по тогдашнему стилю). Все исторические происшествия и лица, в ней упоминаемые, представлены с неотступною точностью, а нравы, предрассудки и обычаи изобразил я, по соображению, из преданий и оставшихся памятников. Языком старался я приблизиться к простому настоящему русскому рассказу и могу поручиться, что слова, которые многим покажутся странными, не вымышлены, а взяты мною из старинных летописей, песен и сказок. Предмет сей книги не позволяет мне умножить число пояснительных цитат, но читатели, Для проверки, могут взять 2-ю главу 5-го тома "Истории государства Российского" Карамзина, "Разговоры о древностях Новагорода" преосвященного Евгения и "Опыт о древностях русских" Успенского. (Примеч. автора.)

[24] Так назывались на Руси турниры. См. 5-й том "Ист. гос. госс." Карамзина, примеч. 251. (Примеч, автора.).

53

не подражала бы чужеземным, привозным обычаям. Правду молвить, в этом первою виной.

— Если б не торговые выгоды! — прервал Юрий, с усмешкою разглаживая усы свои.

— Да, да, если б не торговые выгоды! — отвечал Симеон, тронутый таким замечанием. — Выгоды, которые сделали меня первым гостем новогородским, а мою дочь - богатейшею невестой, у которой свахи лучших женихов обили пороги.

— И всегда и навсегда напрасно: Ольга не изберет другого, если ты не выберешь ею избранного. Брат и друг! ты хорошо знаешь свои счеты, но худо страсти людские. Ольга может в твою угоду скрыть слезы свои, но эти слезы сожгут ее сердце, и она безвременно увянет, как цвет, иссохнет, как былинка на камне. Не делай же ее несчастною, не заставь крушиться родных на твое позднее раскаяние. Послушай совета от друга и брата, чтоб после не плакаться богу; исполни мою просьбу, а молодых мольбу - отдай Ольгу Роману!..

Слово совет пробудило гордость Симеонову.

— Побереги эти советы для детей своих! — сказал он, нахмурив брови, чтобы под суровостию чела скрыть слезы, навернувшиеся на глазах от речи Юрия. — Старшему брату поздно жить умом младшего.

Долго длилось молчанье. Юрий, недовольный худым успехом сватовства, видел, что он оскорбил самолюбие брата. Симеон досадовал на него за противоречие, а на себя за помин о старшинстве. Один глядел в косящатое окошко, другой играл кистью своего узорчатого кушака; оба искали слов к разговору и не находили. Наконец нетерпеливый Юрий решился избавить себя и брата от затруднения уходом.

— Прощай братец! — тихо сказал он, снимая со стопки бобровую свою шапку.

— С богом, Юрий! Но почему ты не остаешься здесь ужинать? Я попотчую тебя стерлядью и славным випом заморским.

— У тебя ль, Симеон, нет золота? — возразил брат его, Юрий Гостиный, сотник конца Славенского. — Тебе ли желать богатого зятя, когда ты можешь устлать деньгами всю дорогу его к церкви венчальной?

— Но кто мне порука, что не деньги влекут Романа к моей дочери?

— Его чувства, Симеон, его поступки: кто бескорыстно принес в жертву родине свою кровь и молодость, кто первый запалил наследственный дом, чтоб он не достался врагам Новагорода, тот, конечно, не променяет души на приданое!

— Так не хочешь ли, братец любезный, чтоб я бросил мою лучшую, заветную жемчужину в мутный Волхов, чтоб я отдал мою дочь за человека, у которого нет три-девяти снопов для брачной постели[25], у которого и любимый конь пасется муравою приятелей! Моей ли Ольге он чета? У нее корабли в море, у него журавли в небе.

— Брат! не порочь доброго гражданина! Сердце Романово стоит твоих мешков с золотом, и в его жилах течет нехудая кровь детей боярских: племяннице моей не стыдно сложить руку с рукою правнука Твердиславова[26]

— Да будь он потомок самого Вадима, и тогда без золотого гребня не расплести ему косы моей Ольги и своей славной саблей не отворить кованого ларца с ее приданым!

— Чудный человек! ты ищешь за свое добро купить себе горе, а дочери несчастье. Ольга любит Романа; ее слезы...

— Слезы — вода, а про любовь ее, задуманную без моего согласия, не хочу я и слышать.

— Если б даже ты угостил меня княжескими павлинами, я не останусь: тоска племянницы отравит редкие твои яства и дорогую мальвазию...

— Вольному воля! — повторил раза два Симеон, провожая брата. Задумавшись, сел он под божницей, блестящей золотыми окладами и венцами старинных икон, изукрашенных камнями самоцветными. Сватовство Романа не выходило из его головы: участь дочери лежала на сердце; гордость боролась с отеческою любовью. Больше всего на свете любил Симеон Великий Новгород, но больше всего уважал богатство, и потому-то человек, не отличенный еще согражданами, не наделенный счастием, с своими заслугами и достоинствами, казался ему ничтожным. К этому присовокупилась давняя досада за противность на вече, где Роман сильно опровергал его мнения. Симеон скоро увидел истину; но старые люди редко ее прощают юношам. Расчетливость не охладила в нем чувств, но тщеславие заставило желать для дочери жениха именитого и богатого; судьба Романа решилась. Симеон не любил говорить дважды.

"Брат посердится и уймется, — думал он, — а любовь девушки — лед

---

[25] Брак сопровождаем был в старину множеством обрядов: перед выездом в церковь жених и невеста ступали на ковер, под венцом стояли на соболе, по приезде в дом жениха невесте расплетали косу, которой уже не могла она показывать. Во время пира подруги молодой пели приличные песни. При входе в спальню новобрачных осыпали хмелем и деньгами, чтоб они жили весело и богато. Постель стлалась на тридцати девяти снопах разного жита, и один из дружек, с саблею в руке, должен был разъезжать всю ночь кругом брачной клети или сенника. (Примеч. автора.).

[26] Твердислав был посадником новгородским в 1219 году. О его великодушии смотри "Ист. гос. Росс." Карамзина, том 3, стр. 172. (Примеч. автора.).

вешний: поплачет она, поскучает... и другой жених оботрет ее слезы бобровым рукавом шубы своей!"

Бледен как полотно, выслушал Роман из уст Воеслава приговор свой. Добрый Юрий был ему вместо отца родного; он старался смягчить отказ словами ласковыми, льстил надеждой далекою; но мог ли обольстить несчастливца! Сердце влюбленного чутко, взоры его необманчивы; Роман издалека прочитал беду на лице благодетеля. В исступлении немого отчаяния, вперив неподвижные взоры на дверь, долго сидел он на лавке дубовой, ничего не видя и не слыша. Горькие вздохи вздымали грудь, занимали его дыханье; наконец природа взяла верх: в два ключа брызнули слезы из очей юноши; он, рыдая, упал на грудь великодушного друга.

В те времена добрые люди не стыдились еще слез своих, не прятали сердца под приветной улыбкою: были друзьями и недругами явно. Воеслав плакал вместе с Романом, и благодарная душа его как будто утешилась росою отрады.

II

Уста раскрыв, без слез рыдая,
Сидела дева молодая;
Туманный, неподвижный взор
Безмолвный выражал укор.
        А. Пушкин

Милая Ольга не знала, не ведала о бывшем. В высоком липовом своем тереме, в кругу нянек и сенных девушек, сидела она за пяльцами, вышивая ковер шелковый, и между тем как нежная рука выводила узоры, воображение рисовало ей блестящие картины будущего. Она краснела от удовольствия при мысли, что на этот ковер, может быть, ступит она под венец с милым сердцу. Воспоминание переносило ее к первой встрече с прекрасным юношею, когда он забыл поклониться, пораженный ее красою, боясь свести глаза с Ольги пленительной. С младенческою подробностью припоминала она ту прелестную весну, когда сердце ее распустилось, как роза, под дыханием первой любви; тот незабвенный семик, когда впервые рука ее трепетала в руке Романа, когда нехотя убегала она в резвых горелках от милого незнакомца и как будто случаем с ним встречалась, с ним завивала березку и, когда Волхов умчал гадальный венок ее, в глазах Романовых хотела прочесть будущую свою участь.Припоминала места, где видались они, и тайные речи, и поступь, и одежду сердечного друга. Иногда, опустив иголку, в обмане мечты, ей казалось как наяву, будто Роман стоит перед нею в светло-синем кафтане своем, с серебряными застежками, обтянутом около стройного его стана, в зеленых сафьянных сапожках с золочеными каблуками! Казалось, она видела, как он кланяется с обычною уветливостью, как отряхает русые кудри свои, как закладывает шитые с бахромою перчатки за кушак шамаханский, и мимолетный ветер чудился ей голосом любезного. Как любила слушать она Романовы повести о дальних походах новогородцев, на поморье и на подолье, о битвах с богатырями железными, с суровыми шведами, с дикими половцами и литовцами. Она заслушивалась им, растворив окно светлицы над крыльцом отеческим, где милый воитель беседовал за стопой кипящего меду, сидя с братьями Воеславами, по субботам в час вечера, когда кончены все заботы недели, и тонкий пар встает с бань приволховских, и река кипит пловцами. С каким трепетом, с каким благоговением внимала она рассказу о недавнем нашествии Тамерлана, о промысле всемогущего, спасшего Москву от гибели верою граждан, заступлением девы пречистой, образом Владимирской богоматери[27]. С каким участием провожала Романа, плененного в Ельце, за войском монголов, гонимых мечом невидимым из России! Описание вечно цветущей Астрахани, коверчатых берегов закубанских и Кавказа, подпирающего небо шлемом снежным, оперенным тучами, и грозного величия бича вселенной-Тимура, его роскошный двор, его зверонравных подданных с их нарядами, с их обрядами и забавами привлекали внимание Ольги. "Добыча целого света, запечатленная кро вию миллионов людей, лежала горами в престольном стане Тимуровом, — говорил Роман. Цари и владельцы всей Азии служили хану рабами. Ковры персидские, украшение дворцов Багдада, стали попонами верблюдам, многоцепные пояса дев русских обратились в смычки собак; багряницы князей веяли чепраками на конях победителя. Гордые моголы, нежась на войлоках под шалевыми палатками Тибета, пили вино разграбленной Грузии из священных чаш Царя-града". Сердце ее замирало, когда она внимала ужасам, висевшим над головою Романа во время плена, и опасностям во время бегства его на родину, от берегов Черного моря.

Неустрашимость мужчины вливает в грудь девушки какое-то

---

[27] Тамерлан, или Тимур, с московского пути обратился на юг России, как пишут современники, в самый тот день (26 авг. 1395 года), когда москвитяне встретили сию чудотворную икону, нарочно из Владимира привезенную, "Ист. гос. Росс", том 5. (Примеч. автора.).

возвышенное к нему уважение. Соучастие дружит, сближает с страдальцем, и любовь, как тиховейный ветер, закрадывается в душу. Пленили Ольгу повести богатырские; но что было с нею, когда Роман садился за звонкие гусли и под говор струн запевал томную песню! Его голос казался тебе, красавица, отголоском тайных чувств твоих; твоя душа сливалась и замирала с звуками любовных припевов; ты млела в каком-то сладостном забытьи, и долго-долго слышались тебе отрадные звуки знакомого голоса, и взоры певца ласкали, проницали сердце. "Неужель все то правда, что поется в песнях?" — не раз спрашивала Ольга у добродушной няни своей.

"О, конечно! — отвечала няня. — В сказке - басня, а в песне быль".

И вслед за тем запевала она любимые песни Ольгины, сложенные Романом, и неопытная предавалась страсти злосчастной и с потворством внимала шепоту сердца, которое от часу громче твердило: "Люблю, люблю Романа!" Ты спознала, непреклонная красавица, грусть и сладкие вздохи, и неясные желания, и, в награду бессонницы, сны, украшенные образом незабвенным. Да и кто ж, коль не он, ей суженый? Разве даром ей явился Роман в зеркале, разве даром приснился о святках, накануне крещенья, и перевел, как наяву, через мост свадебный? Неужели лучший вещун - сердце ее обмануло!..

Так лелеяла надежды свои невинная Ольга; но жребий судил иначе... Вечерел ясный день рюэня[28]. Ольга задумчиво сидела под густою яблонью, в тенистом саду отеческом. Вдруг затрещал частокол высокий, кто-то спрыгнул с него; еще миг - и Роман очутился перед испуганною Ольгою.

— Не беги, не пугайся, не гневайся, милая! — говорил он, схватив ее за руку. — Выслушай твоего верного Романа. Моя жизнь, мое счастие от того зависят.

Красавица вырывалась напрасно; рассудок советовал ей: "Беги!", сердце шептало: "Останься!" "Что скажут добрые люди?" — повторял разум. "Что станется с милым, когда ты скроешься?" — замечало сердце. Еще борьба страха и стыдливости не кончилась, а Ольга нехотя, сама не зная как, сидела уже с Романом рука об руку и пленительным голосом любви упрекала любезного льстеца в безрассудстве.

— Ольга, — сказал тогда Роман, — я принес весть нерадостную: я сватался, и мне отказано! Жить без тебя я не могу, и когда твоя любовь не одни пустые речи, бежим к доброму князю Владимиру: у него найдем приют, а в сердцах своих счастье. Решайся!

Поражена, изумлена вестью и предложением Романа, безмолвна сидела

---

[28] Рюэнь - сентябрь, (Примеч. автора.).

Ольга. Все кончилось! Все мечты, любимые подруги сердца, погибли. Исчезла радость навек, будто павшая звезда, и так безнадежно, так неожиданно! Долго бушевали страсти в груди ее; долго тускнело зеркало разума под дыханием отчаяния; наконец ужасающая мысль о побеге возбудила внимание Ольги.

— Бежать, мне бежать! — воскликнула она, рыдая. — И ты, Роман, мог предложить средство, позорное для моего роду и племени, пагубное для меня самой! Нет, ты не любил Ольги, когда забыл о ее доброй славе, о чистоте ее совести. Бежать! Совершить дело неслыханное,, бросить край родимый, обесславить навек родителей, прогневать бога и святую Софию! Нет, Роман, нет, отрекаюсь любви, если она требует преступлений, и даже тебя, тебя самого.

Слезы прервали речь ее.

С нахмуренным челом, блуждая окрест сверкающими взорами, внимал вспыльчивый Роман укорам девы.

— Женщины, женщины! — произнес он с дикою усмешкою, — и вы хвалитесь любовию, постоянством, чувствительностию! Вы, жалостливые только до песен; вы, из тщеславия пленяющие легковерных! Любовь ваша — одна прихоть, болтлива и летуча как ласточка; но когда приходится доказать ее не словом, а делом, как вы обильны в извинениях, как щедры на советы, на старые басни и на упреки! И для чего ж было льстить мне коварными взорами, речами ласки и надежды? Чтобы убийственным нет оледенить сердце любовника! Не для тебя ль, непреклонная, забывал я славу, и свет, и все, меня окружающее; не замечал, как откидывались от глаз, будто ненароком, при встрече со мною, фаты первых красавиц, какие взгляды стремились ко мне из-за штофных занавесов богатейших из моих соседок? Не я ли вековал на улице, чтоб уловить небесный взор твой, услышать звук твоего голоса, шум легкой твоей походки? Не я ли посвятил тебе жизнь и счастие жизни? И ты разом все у меня похищаешь: меняешь мою руку на роскошь, хочешь, чтобы золотым обручальным кольцом приковали тебя к чугунной

цепи немилого супружества, — немилого, говорю я?.. Но ведь женская любовь — привычка; долго ль красавице позабыть прежнее!.. И может статься, если переживу я свое несчастие, Ольга захочет видеть меня дружкой своим, чтобы с саблей в руке скакал я в ночь около ее спальни и охранял покой новобрачных!..

В пылу гнева Роман не внимал умоляющему голосу Ольги, но, излив словами сердце, он увидел слезы ее; они потушили исступление. Ярость исчезла, как тающий снег на раскаленном железе.

— Неблагодарный друг! — говорила красавица. — И ты мог подумать, мог вымолвить, что я разлюбила тебя! Надеялась ли я когда-нибудь слышать упреки за справедливость? думала ли получить такую награду, когда твои вздохи волновали грудь мою, когда по целым часам я внимала взорами тайному разговору ясных очей твоих?.. А теперь!

— Прости, прости меня, бесценная!.. — повторял тронутый Роман, целуя хладную ее руку...

Невольно склонилась девица на кипящую грудь юноши; щеки обоих горели румянцем, и первый сладостный поцелуй любви запечатлел примирение.

— Жить и умереть с тобою! — тихо произнесла Ольга, и все жилки Романа затрепетали чувством неизъяснимым.

Души пылкие! вам они понятны: вы изведали сии волшебные мгновения, когда каждая мысль - радость, каждое ощущение - нега, каждое чувство - восторг!

— Через три дня, в праздник пятилетия мира с немцами, в час полуночи, я буду ждать милую Ольгу под окошком садовым; борзые кони умчат нас отсюда, суматоха праздничная поблагоприятствует побегу, и на берегу чуждой реки найдем мы покой и счастие и, может статься, дождемся благословения отеческого.

Роковое да! излетело со вздохом. Любовники поцеловались еще и еще раз. Прощальные слезы сверкнули — Роман удалился.

III

Они в ручной вступили бой,
Грудь с грудью и рука с рукой.
От вопля их дубравы воют,
Они стопами землю роют.

Дмитриев

Наступил день праздника.

Веселый звон колоколов огласил воздух, и Новгород, запестрел народом; собираются стар и мал: граждане в церковь Софийскую, немцы к св. Петру. Громогласно читают договорную мирную грамоту с рижанами и Готским берегом; молебствие отходит, и все спешат от обедни к обеду на городище. Сановники за столами браными ждут гостей, гости ожидают друг друга, И вот уже посадник приветствует купцов ревельских, любских, армянских, союзников литовцев, земляков россиян. Владыко благословляет яствы, гремит труба, и все садятся: богач подле бедного, знатный с простолюдином, иноверец рядом с православными. Всё смешано, все дышат братством и дружеством; благодатное небо раскинуто одинаково над всеми. Казалось, тогда обновился пир Изяслава, князя, любезного народу, угощавшего на этом же месте любимый народ свой.

Протекли с того дня три века; изменились князья Новагорода; зато новогородцы остались те же. Попрежнему шумны как липец, попрежнему гнев их сердец опадает как пена, и незлопамятная рука новогородца охотно покидает меч для кубка мирового, и недруги садятся друзьями за гостеприимный стол, за хлеб-соль русскую.

Текут часы, течет вино рекою, и заздравный рог кружится между гостями, и цветные наливки румянят ланиты пирующих. Смех и шум возвещают конец обеда. Встают и веселые, живые песни раздаются по берегу.

— Милости просим, алдерман Бруно, фогт фон Роденштейн, и все господа рыцари немецкие и все ясные паны Литвы! — говорил ласковый Юрий Воеслав приезжим. — Милости просим послушать песенок русских; певец Роман, верно, не откажется потешить дорогих гостей наших.

Любопытные стеснились в кружок. Роман настроил гусли, робко окинул взором собрание и запел о любви дочери Ярославовой Елисаветы к смелому Гаральду, витязю Скандинавии, изгнаннику, великодушно принятому при дворе новогородском. "Князь, — говорил ему мудрый Ярослав, — ты мил моей дочери, этого довольно — меняйтесь сердцами и кольцами, но знай, что одними песнями не купишь руки Елисаветиной, покуда слава не будет твоею свахою". "Иди и заслужи меня!" — произнесла полумертвая княжна, и Гаральд полетел в Грецию, сражался годы за св. крест, побеждал, потому что любил, и, презрев страсть императрицы Зои, с верною дружиною варягов, между тысячами опасностей, возвратился к Новугороду и корысти, и славу, и почести поверг к ногам верной Елисаветы.

Вдруг затихли живые струны, и светлая дума минувшего налетела на кругстоящих. Роман, зарумянясь будто красная девушка, внимал похвалам и плескам всеобщим. Как подстреленный орел рвется в путах, завидя добычу, так билось в груди юноши сердце, когда в княжем саду увидел он Ольгу, когда заметил на лице ее улыбку одобрения; он был счастлив!

— К играм, к играм! — прокликнул бирюч, скача на татарском коне по набережной, звуча по временам в трубу серебряную.

Расхлынули волны народа, и просторный круг образовался для борьбы и для ристания. Немцы были первыми гостями на празднике; они первые въехали за веревку. Взоры всех стремятся на оружие всадников: один из них в светлом серебряном панцире, в таких же поручах и поножах, в стальных перчатках, закрыт от золотой шпоры до золотого нашлемника, расцветшего, будто махровый мак, страусовыми перьями. Забрало опущено, черный крест украшает левую грудь; чешуйчатый прибор гремит на сером коне рыцаря. Стальной клетчатый намордник, прикрепленный к ветвистому мундштуку, охраняет конскую голову. Молодой витязь рыщет по поприщу, поднимает решетку шлема, увидя красавиц, выглядывающих сквозь ветви окружных садов, вьет пыль и окровавленною шпорою вперяет свой жар в хладнокровного бегуна фряжского. Другой тихо разъезжает кругом. Его броня чернее ночи, тяжко вооружение, и меч огромен. Голова мавра видна в золотом поле щита[29]; кудри белоснежных перьев играют с ветром. Бесстрастные глаза рыцаря едва блистают сквозь крестовидные скважины глухого его забрала. Но вот расскакались противники, летят навстречу, сердца зрителей бьются по скоку коней, удар! и копья в осколках, и кони, сгрянувшись, поверглись наземь; рыцари, запутанные, задавленные латами, лежат под своими бегунами недвижимы и невредимы.

— Прекрасны ваши брони, — говорили, поднимая их, новогородцы, — но для нас несручны: русский не согласится сидеть, будто в засаде, в таком панцире и, как в тюрьме, дышать божьим воздухом сквозь решетку!

Литовские пятигорцы[30] на резвых конях взнеслись на площадь. Их было трое; легкие кольчуги облекают стан до колена, медвежьи шкуры веют на левых плечах, орлиные крылья шумят за спиною. Бобровые прильбицы[31] надвинуты на брови; кривые сабли их бренчат; мелькают копья, увенчанные полосатыми значками; высоки сафьянные седла их, убитые золотом, увешанные корольковыми кисточками и ременными плетнями; лядунки с снарядом огнестрельным висят на правом боку; фитили курятся в жестяных трубках. Они гарцуют и с воплем скачут по полю, крутят дротиками, мечут и ловят их на полете или, покинув повода на шею послушных бегунов, берутся за едва виденные дотоле самопалы[32] и, как Перуном, разят перелетных ласточек и дивят народ своим проворством.

— Удалы наездники! — говорят про них меж собою новогородцы. — А не раз случалось нам щипать этих орлов задвинских.

Пращи свистят; русские стрелы решетят цель; юноши опережают ветр, бегая взапуски; всадники скачут, сопровождаемые восклицаниями, ожидаемые наградою у меты. Борьба, любимая забава племен славянских,

---

[29] Военно-торговое общество братьев шварценгейптеров, существовавшее в Ревеле и Риге, в гербе своем имело голову с Маврикия, который был мавр по роду и воин по званию, (Примеч. автора.).

[30] Пятигорцы - род легкой кавалерии на образец венгерских пятигорцев. См. Opis starozytny Polski przez T. Swieckiego. (Примеч. автора.).

[31] Прильбица - шлем, а иногда наличник (visiere). (Примеч. автора.).

[32] Самопалы - пищали или ружья. Витовт употреблял огнестрельное оружие при осаде Витебска в 1395 году. У нас вошло оно в употребление немного позже. (Примеч. автора.).

привлекает удальцов; кулачный бой решит победу. Уже строятся стороны: особо Софийская, особо Торговая; уже громко вызывают поединщики друг друга; двое первых бойцов выходят на средину, сбрасывают с себя кушаки, цветные кафтаны и с правых рук рукавицы, обнажают их до локтя. Айфал бьется со стороны Торговой, Буслович — от Заречья. Первый ретив, быстр, грозит взорами и словами, другой насмешливо молчалив и неподвижен. В двух шагах друг от друга колеблются они, склонясь наперед всем телом, закрыты, как щитом, левыми руками, стерегут удачного мгновенья, чтоб поразить правою: вот удар, и великан Айфал сгорел от руки Буславича; но вот и обе стены сошлись, схватились, смешались; воздух стонет от кликов, удары дождят как вдруг раздался глухой звон вечевого колокола; изумленные борцы остановились и, еще стиснув в руках противника, прислушивались к вестовому звуку. Удары повторялись за ударами, и с каждым разом росло смятение. Новгородцы забыли и бой и веселье, когда общее дело зовет их на вече. Народ потек на двор Ярослава; у каждого в глазах было написано недоумение, на всех устах летал вопрос: что значит эта неожиданность и что она сулит нам?

— Граждане! — сказал посадник Тимофей собравшемуся народу, — послы князей Василия Димитриевича и Витовта, сына Кестутиева, привезли грамоты о делах важных и неотлагаемо хотят вручить их новгородскому вечу. Когда и как дозволите вы явиться им перед собою?

— Теперь, сейчас! — воскликнули тысячи. — Допускаем их поклониться святой Софии и по старине справить свое посольство.

Послы явились. Московский боярин Константин Путный взошел на крыльцо с обнаженною головою, поклонился народу и читал:

— "Василий Димитриевич, великий князь Московский, Суздальский, Ниже- и Новгородский и всея Руси, шлет поклон своим верным людям новгородцам!.. Вложив меч в ножны, после кары строптивых городов ваших, я три года жду покорности новгородской митрополиту Москвы, — жду и не дождусь. Ужели вечно раздумье ваше? Знайте ж, что мое терпение не вечно. Это старое; желаю иного. Немцы усиливаются и богатеют в ущерб православным: обрывают соседние союзные области и из вашего железа куют стрелы на русских. Призванный на княжение по роду, я и по сердцу блюду моих подданных и обязан предупредить вас от зла, тем вреднейшего, чем более оно похоже на пользу. С тестем Витовтом мы ссудили войну Ордену меченосцев; требуем того же от Новагорода".

Еще не смолк гул изумления, когда литовец Ямонт гордою поступью вышел на средину и громко вещал:

— "Новгородцы! вас приветствует Витовт, князь Чернигова, князь Белой и Червонной Руси, земли витязей и всей Литвы. Я с вами в мире, а вы с врагами моими, рыцарями, в дружбе и совете. Принимаете и жалуете моих беглых мятежников[33]. Так ли поступают союзники? Так ли платят за ласку нового брата по вере, у которого с вами одни друзья, одни враги? Новогородцы! хочу знать решительно, меня или магистра предпочитаете? Если его, то вспомните, что Витовт не за горами и болота не щит Новугороду. Ваши леса склонятся мостом для моих бесстрашных; я пущу огнь и меч по вашей волости и подковами вытопчу нивы. Мой зять, а ваш государь седлает коня заодно со мною. Выбирайте: жду ответа!"

Невнятное жужжанье негодования пронеслось в толпе народной. Один из старших посадников[34] проводил послов до посольского дома. Граждане, по обычаю, остались судить о слышанном. Епископ, после краткой молитвы, благословил всех на правое совещанье о святом деле родины. Все сановники удалились, ибо старинный закон запрещал им присутствовать на вечах, дабы уничтожить влияние власти. Как море, шумело собрание: разногласие волновало умы; наконец огнищанин Иоанн Заверёжский, муж правдивый, но миролюбный, взошел на ступени и громко спросил позволения вымолвить слово; ему позволили, и вот что говорил он:

— Народ и граждане, вольные люди новогородцы! Вы слышали предложение князей; вы чувствуете неправоту оного, и общность угроз, и высокомерие княжее; но вы знаете меру сил своих, и теперь благоразумие должно начертать ответ наш. Дело состоит в разрыве с лифляндцами или в войне с могучими князьями, и мое мнение — избрать меньшее, первое зло из двух необходимых. Правда, от Ганзы получаем мы все прихотные товары, но жизненные потребности в руках Василия: он может пересечь нам и путь к Каменному Поясу, а без соболей что будет с нашей заморскою торговлею? Это еще не все: немцы - приятели нам только в гостином дворе и злодеи в поле; набеги их на границы наши от Невы и Великой тому порукою; за них ли, чужеземцев, прольем кровь братьев, наведем беды на отечество? И без

---

[33] Здесь Витовт говорит о Василии Иоанновиче, князе Смоленском (который, видя свое владение изменою захваченное, Смоленск сожженный и разграбленный, бежал от братоубийцы Витовта в Новгород), и Литовском князе Патрикии, сыне Нариманта, которому новогородцы дали в управление циневские области. (Примеч. автора.).

[34] Действительный посадник назывался степенным, прежние посадники - старшими. Каждый конец, или часть города, имел своего старосту, делился на военные и торговые сотни. Первейшие местичи, или граждане, назывались огнищанами и житыми людьми. В боярское достоинство, равно как во все должности, избирал народ миром, то есть обществом; но оно не было наследственным. Простой, или черный, народ пользовался одинакими правами с прочими сословиями. Купцы, или гости, имели свою особую расправу - в думе, (Примеч. автора.).

того еще не встали из пепла села, и монастыри, и запольские[35] посады Новагорода, недавно принесенные в жертву, великодушно, но бесполезно. Прошлый раз Василий вооружил двадцать городов; теперь один Витовт приведет более, и тяжкая сила задавит волю. Не лучше ли ж до поры до времени уступить некоторые выгоды, чем вдруг потерять все?

— Правда, правда! — закричали многие. — Куда нам ведаться с двумя сильными врагами?

Тогда, кипя досадой и гордым мужеством, Роман просил слова.

— Говори! — зашумели все. Роман говорил:

— Вольные местичи вольного Новагорода! Не дивно было, когда послы князей винили и стращали нас посвоему; дивлюсь, как новогородец мог предложить меры, столь противные пользам соотечественников! Мы поклялись управляться в делах церкви своим епископом; мы целовали крест на мир с рыцарями, — ужели будем играть душою, чтобы угодить Витовту? Ужели новогородская совесть отдана в приданое за его дочерью? Недовольный клятвопреступством, он хочет и нас сделать предателями, требуя, чтоб мы выдали Василия и Патрикия на участь Скиригайла и Нариманта, им изведенных; но можем ли, захотим ли нарушить искони славное гостеприимство паше? Изменим ли заповеди евангельской, повелевающей прощать и благотворить врагам? Витовт, забрызганный кровью наших одноземцев, хвалится, что разил врагов Новагорода, пирует с зятем в Смоленске и вооружает его на немцев. Василий жалуется на них, чтоб обвинить нас, но от кого будет сам получать парчи, бархаты, сукна, оружие? Через какие ворота потекут в Русь искусства, рукоделия и все новые изобретения стран далеких? Через кого мы сами богаты и сильны? Разорвется узел торговли, и обедневший Новгород — верная добыча первому пришельцу. Вспомните, граждане, старинную пословицу: "пустой мех стоять не может!"

Громкие знаки одобрения заглушили речь Романа. Когда утихло, он продолжал:

— Говорят, что ключ от новогородской житницы в руках Василия; но разве нет хлеба за морем? Дорогою же к золотому сибирскому дну завладеть нелегко; в Двинской области у нас есть войско, которое отстоит города, примышленные копьем в поле, а не поклонами в Орде; здесь найдутся люди, чтоб их выручить. Враги наши ужасны, зато в них нет единодушия; Витовт, роскошный на обеты и угрозы, любит греться у чужого пожара и теперь, собираясь громить монголов, не завяжется в битву с соседями. Василий могущ, опасен, — тем сильнее должны ополчиться мы сами. Вам предлагают купить мир временною уступкою прав своих и вечным стыдом родины. Граждане! разве не испытали

---

[35] Запольские - загородные. (Примеч. автора.).

вы, что уступки становятся чужим правом? Разве серебряным лезвием отразили предки булат Андрея Боголюбского? Наш колокол не дает спать в Кремле Василию; заснем ли мы под грозою? Или забыли замученных торжецких братии своих[36], или нет в Новегороде сердец новгородских, иль не стало мечей, или мы разучились владеть ими? Пускай же восстают тьмы русских на своего прадеда, на великий Новгород; за нас наша мать, святая София!

IV

Ах ты, душечка, красна девица,
Не сиди в ночь до бела света,
Ты не жги свечи воску ярого,
Ты не жди к себе друга милого!
Народная песня

Стих, стемнел шумный Новгород; гасли огни в окнах граждан и чужеземцев; сон смежил очи заботы. Покойно все на берегах Волхова; только ты не спишь и не дремлешь, прелестная Ольга! И сильно бьется сердце девическое, высоко воздымается грудь твоя; ожидание, страх и раскаяние тебя терзают. Любимая няня уже распустила ей русую косу, сняла с нее праздничные ферези, прочитала молитву вечернюю, спрыснула милую барышню крещенскою водою, осенила крестом постелью, нашептала над изголовьем и с наговорами благотворными ступила правою ногою за порог спальни. Добрая старушка! для чего нет у тебя отговоров от любви-чародейки? Ты бы вылечила ими свою барышню от кручины, от горести, от истомы сердечной. Или зачем сердце твое утратило память юности? Ты бы провидела страсть милой Ольги, заглушила б ее еще в цвету советами и рассеянием. Но ты сама раздувала пламень, сама напевала ей песни Романовы, хвалила его нрав и стать. Беда юноше, когда ветреная красавица только думает, что его любит; горе девушке, если она любит неложно! В шуме боевой, походной жизни, с чужеземными красавицами, забывает молодец прежнюю милую, но в тиши девичьего терема гнездятся томительные страсти, и любовь

---

[36] Первая торговая и смертная казнь была при Димитрии Донском. Василий усугубил ее. Пленных граждан Торжка, числом семьдесят человек, терзали на площади московской. "Они исходи-дили кровию в муках; им медленно отсекали руки и ноги и твердили, что 1ак гибнут враги государя московского". "Ист, гос. Росс." Карамзина, том 5, стр. 135. (Примеч. автора.).

глубоко впивается в невинную душу. Ах, зачем, добрая няня, ты не ведаешь отговоров от любви-чародейки? Зачем старостью отуманились твои очи?

Но вот Ольга сбрасывает с себя жаркое одеяло и робкою белоснежною рукою осторожно отдергивает камчатные завесы полога прислушивается; дыхание замирает в груди, блеск лампады перед иконою обличает волненье беглянки. Трепеща, надевает она соболью шубку и, наконец, решается встать с постели; долго ищет ножкою по холодному полу туфлей сафьянных, каждый скрып половицы бросает ее в холод. Красавица отворила окно. Все было мертвенно, тихо в окрестности, и месяц плыл в зыбких осенних туманах. Изредка слышался крик перепелки в нивах соседних; изредка бренчанье цепей на собаках, стерегущих немецкий гостиный двор, раздавалось по Михайловской улице. Нигде ни души. Нет условного знака, страшного и желанного вместе. Склонясь на руку, уныло смотрела Ольга на сверкающий вдали Волхов, и тоска по родине сдавила ее сердце. Прости, в последний раз, все, что семнадцать лет меня радовало! Простите, добрые, милые родители! Ольга залилась горючими слезами, и невольно упала на колена перед спасовым образом, и в теплой молитве излила свою душу. Страсти улеглись в ней постепенно, и постепенно ярчей слышался голос раскаяния. "Где найдешь ты покой, дочь ослушная, без благословения родителей, тобою убитых? Проклятие отца отяготеет над тобою; грызение совести и общее презрение будут преследовать тебя в жизни и заградят грешнице небо; ты истаешь слезами, иссохнешь в объятиях мужа. Чуждый песок засыплет глаза твои. Твое имя надолго будет укором!" Тронутая Ольга молилась с новым благоговением, и благодать низлетела в ее сердце светлою мыслию. "Нет! не огорчу, не обесславлю побегом родителей! — сказала она с благородною твердостию. — Роман ослеплен любовью, но он меня послушает, — я упрошу или оплачу любезного. Пусть буду несчастна, зато невинна!" Победа над собою пролила небесную отраду в утомленные чувства красавицы, и ангел сна осенил ее крылом своим.

Покойся, душа непорочная! Ты не одну еще ночь встретишь тоскою бессонницы, не одно изголовье смочишь слезами, которых не осушит ни солнце, как росу, ни поцелуй сострадательной матери, ни самое время, и долго тебе ронять их на ветер, долго ждать друга милого!

V

Под звездным небом терем мой,
И первый друг мне -мрак ночной,

И мой второй товарищ ратный -
Неумолимый нож булатный;
Товарищ третий - верный конь,
Со мною в воду и в огонь;
Мои гонцы неподкупные –
Летуньи стрелы каленые.
Старинная песня

Под мраком ночи невидимкой миновал Роман Софийские ворота Новгорода и на вороном коне поскакал по дороге Московской. Быстро, не озираясь, несся он, будто русалка гналась по пятам, будто хотел умчаться от изменнической стрелы. Пал холодный туман на поляны; тяжкая грусть налегла на сердце. Ветер взвевал кудри Романа; широкие полы опашня трепетали на седле татарском, и кривая сабля гремела, ударяясь о стремена. Протяжный звон службы всенощной раздался с седой колокольни монастыря Хутынского и пробудил Романа от забытья. Взглянув на узорчатые главы оного, блистающие во тьме крестами золотыми, он вспомнил, что, выезжая в дорогу, не осенил себя крестом, и торопливо осадил опененного коня, Снял шапку и набожно прочел "Богородице дево, радуйся", и трижды склонялся к луке поклонами молитвенными.

"Мучительно оставить милую, — мыслил Роман, — когда брачный венец ожидал нас. Тяжко покинуть ее в жертву сомнений и незаслуженной тоски; но, видно, бог не хотел союза тайного, неблагословенного; да будет воля его святая!"

С думою на угрюмом челе пустился он далее. Совесть упрекает нас сильнее, когда решимость на худое дело напрасна, ибо досада неудачи ее подстрекает, - то же самое было с Романом.

Долго ехал молодец по дороге разлучнице; кручина, как ястреб, рвала его сердце. Месяц светил сквозь радужную фату облаков, на пустую тропу и на сонные дубравы. Кругом не шелохнется листок, не встрепенется птичка; только звонкий отголосок вторит мерному топоту коня или хрустят порой гнилые мостницы под его ногами. Настала полночь, час привидений, но наваждение ада бессильно против невинности, ужасной ему, как песнь петуха, по преданию. Чего ж нам страшиться за нашего витязя, когда теплая вера ему покровом!

Частой рысью спускался Роман с крутого берега Вишеры на утлый мост, через нее брошенный; громкий свист пробудил его из глубокой задумчивости, другой свисток отозвался в глуши леса. Конь вздрогнул и поднял голову, по телу всадника пробежал мороз. Узкий бревенчатый мост, опирающийся на шаткие козлы, лежал перед ним, сзади круть берега, кругом седой бор. Шатром перекачнувшиеся ели заслоняли месяц, поток невидимый журчал внизу между камешками. Рассуждать было бы напрасно; Роман выправил рукоять сабли и, озираясь, проехал до половины моста. Чуткий конь прял ушами, храпел, робко ступал, но все было тихо; Роман думал, что ему почудилось.

— Стой, или убью! — загремел неведомый голос, и пять удальцов, выскочив из-за обрушенных пней, изпод моста, заступили ему дорогу.

— Прочь, бездельники! — вскричал бесстрашный Роман, и дерзкий, схвативший под уздцы его лошадь, покатился от сабельного удара.

— Режьте его! — воскликнули разбойники, и кистени засвистали вкруг витязя. Бодро отмахивался он от наступающих; пробиться и ускакать была его единственная надежда; но бог судил иначе. Блестящий нож испугал бегуна Романова; он с маху рванулся вбок, скользнул и полетел с мосту, и там, на дне ручья, всей тяжестью тела придавил разбитого, бесчувственного всадника...

Светало.

Вкруг умирающего огонька спали нераздетые разбойники; на их бранных медью поясах сверкали длинные ножи. Самострелы, колчаны, кистени висели кругом на ветвях; три коня под седлами ели пшено вместе с Романовым. У переметных сум, полных добычею, дремал сторожевой, с свистком в руке; атаман, с завязанною головою, лежал на волчьей коже и читал какую-то грамоту; вот какое зрелище представилось изумленному Роману, когда он опамятовался.

"Где я?" — спрашивал он у самого себя. Как давно забытый, зловещий сон, мелькало в его памяти прошлое. Он смутно припоминал об условленном побеге, о вече, о любви, принесенной в жертву отечеству, о вине пути своего; наконец со страхом схватился за грудь... На ней уже не было хранительной сумки, ни данных ему наказов, ни золота, ему вверенного. Обморок снова охватил чувства Романа, испуганного сею важною потерею.

Атаман разбирал по складам письмо, сорванное с Романовой груди, и гласно повторял каждую речь. Послушаем, что в нем написано.

"Наказ тысяцкого и посадников новогородских боярскому сыну Роману Ясенскому! Добрые люди знают тебя за твою правду; мы уверены в твоей верности; мы поручаем тебе дело тайное. Правда, ты молод, но ум не ждет бороды, и нам не старого, а бывалого надо. Внимай: великий князь грозится на нас войною. Не боимся ее, но не хотим лить крови христианской, если можно того избегнуть; к этому один путь — золото. Бояре московские, сдружась теперь с баскаками, любят стольничать добром народа; собирают татарской рукою двойные подати, продают

69

правду; обманывают князей и простолюдинов. Итак, спеши в Москву; никем не знаемый, ты можешь выдать себя за иногородца и тайком склонять на нашу сторону княжих сановников. Не жалей ни казны, ни красного слова; представь им несправедливость требований, неверность счастия в битве, силу Новагорода и упорство новгородцев, Корысть и нелюбовь бояр к трудностям похода будут стоять заодно с тобою. Князь молод, и, может, ими отговоренный, он отменит гнев на милость. Однако не полагайся на обеты, на ласки придворных, — с ними дружись, а за саблю держись. Замечай сам за всеми, поверяй все собою. Спи и гляди, и чтоб первая боевая труба слышна была на Ильмене, чтоб не пал на нас князь, будто снег на голову. Крепко держи наш совет на уме, тайною запечатлей осторожность исполнения, а в остальном указ своя голова. Когда приложишь сердце к делу правому, святая София тебе поможет и государь Великий Новгород тебя не забудет. С богом!"

Атаман, прочитав грамоту, заботливо бросился к лежащему без чувств Роману, кропил его студеной водою, лил вино в посиневшие губы, - все напрасно: смертный сои оковал члены юноши. Напоследок отозвалась жизнь в Романе, мгновенный румянец, как зарница, мелькнул на щеках его, он поднял отяжелевшие веки и удивился, увидя себя на коленях разбойника, между тем как другой его окуривал жженым опереньем стрелы.

— Здравствуй, земляк! — сказал радостно атаман, смягчая грубый свой голос.

Роман привстал, чтоб удостовериться, не сон ли это, и сомнительный взор его остановился на приветствующем, — и быстрая мысль сорвала вопрос с полуоткрытых уст.

— Понимаю! — возразил, усмехаясь, атаман. — Тебе чудно, что разбойник, которому вчера разразил ты буйную голову, теперь ухаживает за тобой, как за невестой; не дивись этому: гонец новогородский всегда будет у меня гостем почетным. Пусть ржавчина съест мою игольчатую саблю, если я ведал вчера, что ты новогородец! Но, говорят, от судьбы на коне не ускачешь, и я нехотя стал твоим грабителем. Ободрись, однако, добрый молодец! Ты не в худые руки попал: я не век был разбойником.

С сими словами он помог Роману встать, подвел его к огню, тер целительною мазью его ушибы и потчевал вином кипящим.

— Благодарю! — отвечал Роман. — Я еще не пью питья хмельного; оно для меня как яд.

— Ах, кому оно полезно! — сказал атаман, вздохнувши. — Многих бы грехов не лежало на моей совести, когда бы вино не мрачило разума. Буйные страсти от него кипели гневом, и невинная кровь лилась. Ты имеешь право, юноша, глядеть на меня с ужасом и презрением; но было время, в которое и моя душа светлела, как хрустальное небо, в которое мог бы я встретить твои взоры своими, не краснея. Меня сгубила роскошная, разгульная жизнь. Одиннадцать лет тому назад весь Людинский конец пировал и бражничал за моими столами, и прозвище хлебосола Беркута гремело на Волхове. Всего было разливное море, но с ним скоро утекло наследство отеческое. Я привык жить шумно, блистательно, весело; я не мог снести бедности и правдивых укоров; ложный стыд повлек меня с вольницею новгородскою на берега Волги, нечестным копьем добывать золота[37]. Умолчу о злодейском молодечестве моих товарищей, умолчу о пылающем Ярославле, о разграбленной Костроме, о залитом кровью Новегороде Нижнем. Русские губили русских, продавали их в неволю болгарам; добром одноземцев запружали Волгу и Каму. Небесный гнев постиг святотатцев: шайка наша встретила гибель у стен астраханских. Князь монголов, Сальчей, заманил ее к себе, упоил, усыпил, и неосторожные заплатили головами за коварное угощенье. Нас двое избегли побоища, и я с раскаянной совестию спешил на родину, где ждали меня новые беды. Война с Димитрием кончилась, но не устал в новгородцах дух раздора. Посадник Иосиф раздражил народ гордостию, и три Софийские конца вооружились против концов Торговых; грозили друг другу, размётали мост волховский, разграбили, срыли под корень домы бежавшего посадника и всех его сторонников. Я был жених его внучки, и буйная толпа, предводимая моим завистным соперником, сожгла мои хоромы, провозгласила меня изменником. Я бежал. Месть глубоко заронилась в оскорбленное сердце; как лютый зверь стерег я по дебрям и оврагам своего злодея, — и он пал от моего железа, но с ним схоронилось мое счастие. Его труп лежит непреступаемым порогом между людьми и мною. Ужасная клята вяжет меня с этими преступниками, и с тех пор я напрасно хочу задушить совесть игом злодеяний великих, в крови и в вине утопить чувства человека. Мне всюду чудятся тени, и вопли, и запах тления. Солнце в день кроваво, и звезды в ночи как глаза мертвеца, и кажется, листья в лесу шепчут невнятные укоризны. Мутный сон не освежает очей моих, а палит их! О, как тяжки мучения душегубца, — он не может забыть ни былого, ни вечного будущего!

Роман прослезился, внимая раздирающему голосу преступника.

— Счастливец ты! — продолжал Беркут. — У тебя есть слезы на сострадание и печаль. Небо отказало злодеям и в этом.

---

[37] Это было в 1385 году. Привыкнув грабить области рыцарей меча, новогородская вольница отправлялась в ладьях (ушкуях) по рекам и грабила чужих и своих. (Примеч. автора.).

Он закрыл лицо руками.

В безмолвной думе пролетел час рассвета.

Встало осеннее солнце из-за влажного цветистого леса.

Конь Романа кипел под седлом;

Беркут прощался с гостем.

— Вот твои письма, — говорил он, — и твое золото; оно невредимо. Спеши, куда зовет тебя долг гражданина, и знай, что и в самом разбойнике может таиться душа новогородская. Новогородцы лишили меня счастия в жизни и спасения в небе, но я люблю их, люблю свое отечество. Прощай, Роман, не поминай нас лихом!

Роман поблагодарил атамана и, чудясь виденному и слышанному, выехал заглохшею тропою из чащи в сопровождении одного из разбойников.

VI

Ты без союзников.

— Мой меч союзник мне

— И сограждан любовь к отеческой стране.

Озеров

Три дни ждали ответа послы княжие; в четвертый позвали их на Ярославль двор. Уже вече было созвано: посадники, воеводы, тысяцкие окружали крыльцо. Бояре, люди житые, купцы и народ толпились за ними; все кипело, шумело и волновалось. Послы взошли на возвышение, поклонились на все четыре стороны, посадник Юрий дал знак, и жужжанье умолкло.

— Послы московские и литовские! по своей воле и старине мы совещались миром о предложениях государей ваших, и вот что присудило вече в ответ им.

Посадник разогнул и громко прочел грамоту:

— "Великому князю Василию Димитриевичу благословение от владыки, поклон от посадников, от огнищан, от старейших и меньших бояр, от людей торговых и ратных и всех граждан новогородских! Господин князь великий! у нас с тобою мир, с Витовтом мир и с немцами мир". Только! — примолвил Юрий, завертывая висящие печати в свиток и отдавая оный изумленному москвитянину.

— Князю Витовту тот же самый ответ от нашего государя, великого

Новагорода. Литовец получил одинаковый свиток, и раздались рукоплескания. Ямонт обратился к народу.

— Новогородцы! — сказал он. — Именем и словом Витовтовым спрашиваю еще раз: хотите ль покоя или брани?

— Хотим дружбы со всеми соседами, — воскликнули тысячи голосов, — но, имея щиты для друзей, есть у нас и мечи для недругов!

— Война, война! — воскликнул разъяренный литовец, удаляясь, — и гибель области Новогородской!

— Пусть Витовт творит что хочет; мы сделаем что должны! — говорили старейшины. Тогда посол московский начал слово к предстоящим:

— Новогородцы! Еще есть время одуматься; еще гром Василия не грянул над Новым-градом за строптивость, неправду и волжские разбои ваши. Как отец, оп ждет раскаяния сынов заблудших; как государь, накажет ослушников. Выбирайте любое: или исполнение требований моего государя, или гнев его и месть Новугороду!

Упреки Путного раздражили народ; ропот раздался в нем, как вешние воды. Прежний посадник Богдан выступил тогда на крыльце и, горя негодованием, отвечал:

— Москвитянин! вспомни, что ты говоришь не слугам князя: Новгород еще не отчина Василия. Напоминать старое напрасно: презрение людей и мщение божеское наказали расхитителей поволжских и двинских. О разрыве с немцами ты слышал ответ веча, а что им сказано, то свято.

Князь твой целовал крест, чтоб держать нас по старине и по грамоте Ярославовой; для чего ж теперь изменяет слову, требуя неправедного?

— Обидные речи! — воскликнул Путный. — Вы сторицей за них заплатите. Волхов пересохнет от пламени пожара, и казнь Торжка повторится над Новым-городом!

— Мы докажем, что не забыли ее! — зашумели все. — Но у нас не найдется, как в Нижнем, другого предателя Румянца[38]. Мы станем за свою правду, за свою старину, — а кто против бога и Великого Новагорода!

Московский посол удалился при буйных кликах народа.

VII

Где вы, отважные толпы богатырей,
Вы, дикие сыны и брани и свободы?

---

[38] Румянец, вельможа Борисов, присоветовал ему впустить Василия в Нижний и предал своего прежнего князя в руки сего последнего. (Примеч. автора.)

Возникшие в снегах, средь ужасов природы,
Средь копий, средь мечей?

Батюшков

Между тем Роман ехал далее и далее. Скоро остались за ним Торжок и Тверь, еще опаленные недавними пожарами. Дороги пустели; редкие обозы тянулись по ним, и гордый новогородец кипел в душе негодованием, видя, как смиренно сворачивали они в сторону перед каждым татарином, который, спесиво избочась, скакал на грабленом коне. Между полуразрушенными деревнями, разбросанными по два, по три двора, между заглохшими нивами возвышались невредимые монастыри и церкви; расчетливые моголы не смели касаться святынь, сего последнего убежища угнетенного ими народа, которому оставили они одно имущество - жизнь, одно оружие - терпенье, одну надежду - молитву. Развращение нравов, эта ржавчина золота, не перешло еще от бояр к бедным; в дымных, покрытых соломою хижинах находил Роман гостеприимный ночлег, и радушное добро пожаловать встречало его у порога. Хозяева угощали проезжего чем бог послал и наутро провожали его как родного, от сердца желали ему доброго пути и счастья. "Для меня нет счастья! — думал грустный Роман. – Оно поманило мне надеждой, будто песнею райской птички, и скрылось, как блеск меча во тьме ночи".

На девятый день к вечеру показались башни Кремля, золотоверхие церкви и многоглавые соборы московские; заревые тени играли на великанских стенах города; слитный шум оживлял картину, и отдаленный звон вселял какое-то благоговение! Радостна, прекрасна была погода, но Роман вспомнил о первом своем проезде через Москву белокаменную, когда он был так счастлив неопытностью, так удивлен, так занят каждою безделкой!.. А теперь, теперь!.. С тяжким вздохом проехал он сквозь ворота Тверские, и железная решетка за ним запала.

Роман в точности выполнил поручение веча. По долгу, но против сердца, казался веселым и приветливым, нашел друзей между сановниками двора, настроил многих своею мыслию, узнал мысли великого князя; они были нерадостны новогородцам. Юный Василий далеко превзошел отца своего в науке властвовать, хотя и не наследовал от героя Донского ни прямодушия, ни храбрости личной. Он не привык быть самострелом в руках вельмож: слушал их и делал посвоему. Разметная грамота была отослана к новогородцам с объявлением войны; но Роман заране предуведомил купцов новогородских, в Москве бывших, и ни один из них не впал в руки грозного князя; товары их не были разграблены. Новогородцы радовались, Василий негодовал.

Прошла зима, и нет приказа от веча; Роман тщетно ждет, с ноющим сердцем, тайного гонца с родины.

Сон, единственный друг несчастных, веял над изголовьем Романа, измученного тоскою разлуки и неизвестностью будущего. Льстивые сновидения сближали его с милою; сладко билось сердце от поцелуя мечтательного...

Вдруг, сквозь сон, слышит он скрип двери, бренчанье оружия, чувствует, кто-то схватил его руки; силится встать его вяжут, клеплют рот, обвертывают глаза, влекут, бросают в телегу и скачут; но куда? но зачем? Он приходит в себя уже в тесном, сыром подземелье. Гром запоров и звук цепей удостоверяют, что он в темнице. Тогда-то отчаяние врывается в чувства пленника, и силы души цепенеют. Все кончено. Роман узнал, позорная казнь ожидает его.

Унылый звон колоколов возвестил уже первую неделю великого поста, а позабытый Роман все еще глотал ядовитый воздух тюремный. Однажды вошел к нему боярин Евстафий Сыта, недавно бывший княжим наместником в Новегороде, и отступил от изумления.

— Тебя ли, Роман, вижу я? — воскликнул он. — Когда и как ты сюда попался?

Роман рассказал, что его схватили, как врага Москвы.

— Сожалею о твоей участи, — молвил Сыта, — но, посланный великим князем творить за него по тюрьмам милость и милостыню, я могу испросить тебе свободу перед его исповедью, — однако ж не иначе, как с условием остаться здесь навсегда. Послушай, Роман! Я знаю твои достоинства и знаю, как мало их ценят в Новегороде. Здесь не то; даю мое слово, что князь осыплет тебя дарами и почестями; сделаю больше: издавна любя тебя, отдаю за тебя свою дочь, которая хорошо знает Романа, которою не раз и Роман любовался. Я уверен, ты не отказываешь, — продолжал он, протягивая руку, — не правда ли, старый знакомец?

— Неправда! — отвечал Роман с хладнокровием. — Я не продам своей родины за все блага в мире, не хочу вести переговоров с врагами Новагорода, когда не в руках, а на руках моих гремит железо! Если б я принял твое предложение, бывши на воле, то я стал бы изменником, но теперь сделался бы презрительным трусом! Нет, Евстафий, мне, видно, одна невеста — смерть, и одной милости прошу от князя: не морить, а уморить меня поскорее.

— Ты получишь ее, упрямая голова! — с гневом сказал Сыта, хлопнув дверью.

С гордою, утешительною мыслию — умереть за любовь и отечество, ждал Роман неминуемой смерти.

VIII

Как мне слушать пересудов всех людских!
Сердце любит, не спросясь людей чужих;
Сердце любит, не спросясь меня самой.

Мерзляков

Быстро текут слова повести; не скоро делается дело. Прошла зима, лето исчезло, как утренняя тень; наступили вновь зимние вьюги, а Романа нет как нет с Ольгою. Вешнее солнце растопило синий лед на Ильмене: уже резвые ласточки, рея по воздуху, целуют пролетом поверхность Волхова; все оживает, все радуется, — одной Ольге нет радости! И кому же светел день сквозь слезы? кому не долги короткие ночи, когда измеряют их кручиною? Увядает краса милой девушки, будто радуга без дождика, и бледность изменяет тоске сердечной. Напрасно отец дарит ее соболями якутскими, убирает в жемчужные кружева, в алмазные серьги и запястья; напрасно молодые подружки забавят Ольгу играми и песнями; она дичится игр юности, и петли ее терема ржавеют мало-помалу.

С утра до позднего вечера она любит сидеть под окном светлицы и ждать, кого не надеется увидеть, кого уста ее не смеют назвать. Часто гордость красавицы пробуждалась при мысли, что Роман уехал, не простясь с нею, не сказав и слова, куда, для чего. Часто ревность возмущала душу ее и придавала возможность призракам подозрительного воображения, но скоро любовь укрощала бурю. "Нет! он не может изменить, — говорила с собою невинная, — потому что я любила его нежно и нераздельно. Кто не верит чистой любви, тот недостоин взаимности. Если б можно было скинуться птичкою, с каким бы нетерпением полетела я по свету искать милого - когда он жив, наглядеться на него; когда ж убит, умереть на его могиле".

Горько плакала тогда Ольга, склоняясь на грудь доброй матери, и редко, ей в угоду, мелькала улыбка на лице задумчивой, как блудящий огонек над кладбищем.

— Ольга! полно горевать, полно упрямиться! — не раз говорил ей Симеон.

— Слезами не наполнить моря; живым безрассудно мертвить себя для умерших; твой Роман пропал без вести навеки. Забываю все прошлое, но исполни теперь мою волю, порадуй отца на старости, ступай замуж, дитя милое, чтобы не угасла поминная свеча по мне без родном! Выбирай... женихов именитых много!.. — И Симеон нежно целовал дочь свою, и рыдания Ольги были обычным ему ответом. Растроган и раздосадован, выходил Симеон из девичьего терема.

"Это пройдет!" — думал он и обманывался, как прежде.

Наконец созрела гроза на Новгород; Андрей Албердов, воевода Василия, ворвался в Двинские области, принудил жителей задаться за великого князя и осадного воеводу края, новгородского боярина Иоанна с братьями, сделал изменниками отчизне. Послышав о том, новгородцы сзвонили вече.

— Князь идет на нас; что делать? — спросили сановники.

— Предложить мир и готовиться к битве! — воскликнули все единогласно.

— Посадник Богдан был отправлен в Москву и воротился без успеха; Василий принял их, но не хотел слушать.

— Да будет! — сказали тогда оскорбленные новгородцы. – На начинающего бог!

Обнялись как братья и под благословением епископа поклялись пасть до одного. Кликнули клич: люди житые поскакали во все пятины, вооружать, собирать, одушевлять ратников, исполчить старого и малого. Симеон вызвался поднять всю пятину Деревскую, как самую опасную по соседству с землями московскими.

В кольчатых латах зашел он проститься к жене и дочери.

— Прощай, Ольга! — сказал Воеслав решительно. — Я еду на службу Новагорода; чему быть, того не миновать, но если бог судит воротиться, мы отпируем твою свадьбу с Михаилом Болотом; он добрый слуга вечу, молод, пригож и богат, очень богат! — примолвил Симеон, глядя в сторону, как будто боясь встретиться со взором дочери. — Понравился мне — и тебе полюбится. Готовься!

Отчаяние помрачило взор Ольги; она не видела, как священник окропил отца ее святой водою, как в безмолвии все сели, встали и прощались по обряду проводов русских; не чувствовала, как Симеон прижал ее к своей груди, благословил и уехал. Бедная девушка! какая участь ждет тебя?

IX

Крепка тюрьма, но кто ей рад.
Русская пословица

— Приветствую тебя, первый гость обновленной природы, милый певец, жаворонок! Как весело вьешься ты над проталиной, как радостно звенит твоя песня в поднебесье! Странник воздушный, ты не ведаешь, как грустно невольнику глядеть на вольную птичку, как мучительно за стеной тюрьмы видеть весну и жизнь и каждый миг ожидать смерти. Слетай, жаворонок, на мою родину святую и принеси оттоль весточку о милой Ольге: любит ли она Романа попрежнему, помнит ли друга, у которого и перед смертью одна мысль об ней и об родине!

Так жаловался Роман на судьбу свою, завидя сквозь решетку окна жаворонка.

Спустилась ночь, и кто-то стукнул в косяк отдушины.

— Спишь или нет, товарищ? — шепотом спросили Романа.

Роман отозвался, и на вопрос: "кто там?" отвечали:

— В этот раз добрые люди.

— Зачем?

— Спасти тебя от плахи.

— А эта цепь, эта решетка?

— Распадутся, как соль, от нашей разрыв-травы.

И в то же мгновение, обернув кушаками железные полосы, чтобы они не гремели, принялись распиливать их. Через полчаса Роман был уже вне темницы. Два удальца разбили его рогатки; по веревке перелезли они чрез монастырскую стену, — на коней, и вот уже Москва далеко осталась за беглецами. Роман не знал, какому чуду приписать свое избавление, а его проводники скакали вперед, не говоря ни слова.

Наконец они своротили с большой дороги в лес дремучий и поехали тише. Через полчаса свисток раздался и откликнулся, и Беркут с тремя наездниками выехал к ним навстречу; загадка Романова разгадалась.

— Здравствуй, земляк! — сказал атаман. — Я рад, что удалось сослужить тебе службу, и вот каким образом: мои невидимки почуяли наживу в монастыре, куда забросил тебя Василий. Чтобы не попасть в западню, надо было ощупать все закоулки, и в одном погребе вместо бочонка с золотом нашли они тебя, невзначай, да кстати; говорю кстати, потому что через три дни (это узнал я от болтливого приворотника) твою голову расклевали бы птицы, как вишню. Медлить было некогда, и ты видишь, каково успели мои молодцы, из которых каждый стоит самой высокой виселицы. Теперь, Роман, ты волен, как рыбка; куда ж едем? Отдыхать ли в Новгород или биться к Орлецу?

— Туда, где мечи и враги! — воскликнул пылкий юноша. Они поворотили к области Двинской.

Оставя в стороне Дмитров, Бежецкий, Краснохолмский, избегая встреч с московскими кормовщиками и отсталыми, сни без всякого приключения пробрались околицею за три часа езды до Орлеца, который с самой христовской заутрени был в руках изменников-двинян, предводимых княжим наместником Федором Ростовским. Там заметили они в стороне огонек. Двадцать всадников отдыхали на поляне; к копьям привязаны были кони; одни поили их из шишаков, другие лежали вкруг огня, смеялись и пили. Все доказывало непривычку сих новобранцев к военному делу: никто не думал о страже; кольчуги развешаны были как будто сушиться, луки распущены и сабли сброшены в одно место; сам десятник вооружен был одним только огромным ключом, который висел у него на латном поясе. Роман долго не мог понять, что за остроконечная надета на нем шапка, и с трудом разглядел, что он вместо тяжелого шлема надвинул на уши бобровый колчан свой. Связанный человек лежал невдалеке. Роман слез с коня, прокрался тихонько и подслушивал их разговоры. Пленный обратил речь к десятнику:

— Скажи мне, добрый человек, куда вы меня везете? Десятник, который по праву старшинства, казалось, не упустил случая поздороваться с круговою чаркою, оборотился к нему, зевнул вслух и замолчал.

— Неужто вы, москвичи, только умеете такать? — продолжал пленник.

— Когда бы и вы, упрямые новогородцы, держали свои языки на привязи, ты, старый затейник, спокойно бы сидел дома и против воли не плясал бы по канату до Москвы.

— Что же там со мной сделают?

— Что сделают? Отправят на покой! — сказал десятник, улыбаясь и начертив пальцами букву П на воздухе.

— Беркут! — сказал Роман атаману, — спасем новогородца! Нет нужды, что их двадцать человек, а нас семеро: у страха глаза велики. Впрочем, как хочешь, я и один решаюсь на все.

Вместо ответа Беркут поднял топор и с криком: "Сюда, товарищи!" обок Романа налетел грозой на оплошных москвитян. Через мгновенье уже не было ни одного противника: самые храбрейшие разбежались, другие остались на месте от ран, от страха или хмелю. Распустив коней, переломав и побросав в огонь их оружие, Роман развязал полоненного и узнал в нем Симеона.

— Добрый, великодушный юноша! — говорил Воеслав своему избавителю, с чувством сжимая его руку, — я не стою тебя! Но пусть Ольга помирит нас и заплатит долг отцовский. Теперь время дорого: посадник Тимофей и брат Юрий собираются ударить на приступ, а между нами и Орлецом еще двадцать верст и только остаток ночи; поспешим!

Роман, с радости о битве и невесте, перецеловал всех разбойников, едва не уморил коня своего скачкою и утешал бедное животное рассказами, что он станет драться за Новгород, как будет счастлив с Ольгою.

На рассвете полки новогородские облегли ров города, остановились на перелет стрелы, и посадник в последний раз послал сказать осажденным, чтобы они сдались честью, или он возьмет город копьем.

— У этого копья еще не выросло ратовье! — отвечали с насмешкою москвитяне. — Впрочем, милости просим: мы готовы мечом охристосоваться с дорогими гостями.

— Вперед! — воскликнули воеводы, и ливнем прыснули стрелы.

Новогородцы лезли и падали в тинистый ров, зажигали деревянные стены, вонзали в них тяжкие стрикусы.[39]

— Други! — сказал Беркут разбойникам, — мы долго жили чужбиной без чести — погибнем теперь за свою родину со славою. Туда!

Он указал, на московское знамя, веющее на крепости новогородской, и ринулся по лестнице на стену, ударом топора разнес древко знамени и, поражен стрелой, мертвый опрокинулся с ним в ров. Сеча была ужасна; русские поражали и отражали русских; победа колебалась, как вдруг в дыму и в огне, будто ангел-разрушитель, явился Роман на гребне бойницы и скликал дружину свою, но подгоревшая твердыня рухнула, и витязь исчез в ее обломках...

Затихла битва. Труба новогородская прозвучала на отступленье, но осажденные уже не имели сил на новый отпор, и крепость сдалась победителю.

X

Отворяйся, божий храм!
Вы летите к небесам,
Верные обеты!
Собирайтесь, стар и млад,
Сдвинув звонки чаши, в лад
Пойте "Многи леты"!
Жуковский

В Новегороде носились печальные слухи: говорили о какой-то несчастной битве, о погибели первейших воинов, о приближении войска княжего. Народ толпился по площадям; все спрашивали, многие сомневались, никто не знал истины.

В один из сих вечеров, волнуемая страхом, Ольга молилась за спасение отца от опасностей и невольно включала в молитву свою имя любезного.

---

[39] Стрикусы, пороки — стенобитные орудия, род.

Вот слышит она бег коней по Михайловской улице; топот ближе и ближе, пронеслись мимо сада, ворота заскрыпели, и два всадника взъехали на двор, слезли с коней и, к удивлению Ольги, привязали их к почетному кольцу[40]

— Это батюшка, батюшка!

Весь дом поднялся на ноги; огни забегали по сеням, и Ольга бросилась в объятия отеческие.

— Тише, тише! — говорил Симеон ласково. — Ты задушишь меня своими поцелуями — не худо бы поберечь для твоего жениха!

Это приветствие как громом поразило Ольгу.

— Милый батюшка, — говорила она, рыдая, — не делай дочь свою несчастною, избавь от постылого замужества, я в святом монастыре окончу дни свои и, может быть, умолю бога, что прогневила родителя.

— Полно, полно, Ольга, что за черные мысли? К чему такое притворство? Я бьюсь об заклад, что не пройдет и получаса — и ты будешь кружиться и петь, словно ласточка.

— Нет, никогда, ни за что!

— Эй, дочь, не ручайся за свое сердце, — да вот, кстати, и жених; он поможет развеселить несговорчивую!

Ольга вскрикнула и закрыла лицо руками, увидя входящего юношу; но скоро любопытство преодолело: сквозь пальцы, украдкой взглянула она на приезжего.

Перед нею стоял Роман Ясенский.

— Обнимитесь, дети! — сказал Симеон, сложив руки их. — Благословляю вас на брак, живите мирно и счастливо и твердите своим детям, что бог, рано или поздно, награждает бескорыстную любовь!

Долго еще проповедовал Симеон, но влюбленные не слыхали ни слова, и долго б длился поцелуй свидания, когда бы отец не прервал их восторга и своего нравоучения.

Весь город праздновал на свадьбе Романовой, с тем большим весельем, что победы доставили новогородцам выгодный мир с Василием, на всей их воле и старине. Ольга с гордостию шла под венцом подле Романа, и взор ее, брошенный на подруг, говорил: "Оп мой!" "Как мила невеста!" — шептали мужчины. "Какая прелестная чета!" — твердили все.

Молодые жили благополучно. Симеон, часто любуясь на их согласие, за шахматной доскою проигрывал брату копей и слонов, и добрый Юрий говаривал: "брат и друг! не прав ли я в выборе?" — и Симеон, с слезами умиления на глазах, отвечал: "так, я был виноват!

---

[40] На двор именитого человека мог въезжать только ему равный или высший, если верить песням. В коновязном столбе бывали всегда три кольца: одно железное, другое серебряное, третье золотое. (Примеч. автора.).

ЗАМОК НЕЙГАУЗЕН

Рыцарская повесть[41]

I

Летний день западал, и прощальные лучи солнца.бросали уже волнистые тени на круглые стены замка Нейгаузеиа. Туман подернул поверхность речки, обтекающей кругом холма, на котором воздымаются твердыни, и она, гремя, бежала вдаль сереброчешуйною змейкою. Ворота замка были отворены, и сквозь них, среди широкого двора, виделись терема рыцарские. Остроконечные их кровли пестрели разноцветною черепицею; все углы обозначались стрелками, и на многих висели башенки. Неровной величины окна, с чудными изображениями, были разбросаны в стенах без всякого порядка, и контра—форсы, упираясь широкою пятою в землю, поддерживали громаду здания. Казалось, оно не было древним; но молодой мох лепился уже по стенам, из неровного плитняка сложенным, и местами зеленил мрачную их наружность. Двухъярусные переходы вокруг бойниц амфитеатром замыкали окружность, и на них грудами лежали каменья, бревна, станки для огромных самострелов, тяжелые топоры, даже стенные пищали, тогда весьма редкие и столь же опасные своим, как врагам; словом, все доказывало близость опасного соседа и возможность внезапной осады. Часовые в шишаках, однако ж без лат, бродили по гребню, и в замке было так тихо, что слышалось пенье кузнечика. Направо от ворот щипал мураву статный конь; влеве тянулись полосатые гряды огорода. Между ими, опершись на заступ, стоял садовник Конрад и с высоты любовался на закат солнца. Он не заметил, когда подошел к нему рыцарь в бархатной, сереброшвейной мантии и в весьма коротком полукафтанье малинового цвета. Лицо его было нахмурено, и руки, сложенные на груди, закрывали

---

[41] Эпохою своей повести избрал я 1334 год, заметный в летописях Ливонии взятием Риги герм. Эбергардом фон Монгеймом у епископа Иоанна II; он привел ее в совершенное подданство, взял с жителей дань и письмо покорности (Sonebref), разломал стену и через нее въехал в город. Весьма естественно, что беспрестанные раздоры рыцарей с епископами и неудачи сих последних должны были произвести в партии рижской желание обессилить врагов потаенными средствами. (Примеч. автора.).

Посвящена д. В. Давыдову

до половины осьмиконечный мальтийский крест. Тщательно завитые волосы и вообще щеголеватость в одежде показывали, что он чужеземец, ибо тогда ливонские рыцари не пышно рядились.

— Пусть крапива забьет твои гряды! — сказал он мимоходом Конраду, и Конрад, почтительно бросив свою шапку на землю, отвечал:

— Благодарю за желание, благородный рыцарь; но у меня и без того плохо идет работа. Здешнее солнце светит только по праздникам, а эти башни и совсем не пускают его заглянуть в огород...

— Старый дурак! Когда строят корабль, думают ли о приволье мышам?

— Преумно и премилостиво, благородный рыцарь. Но вы, кажется, рассержены; смею ли я, старый слуга ваш, спросить о причине?

— Бесстрастное творенье! разве не понимаешь ты, что нежданный возврат барона разрушает все мои надежды: теперь Эмма станет еще неприступнее. Впрочем, я на все решился, Конрад! Меняй свой заступ опять на кинжал, поедем лучше галерою бороздить море. Право, доходнее резать турецкие головы, чем сажать турецкие огурцы.

— Я всегда в вашей воле, рыцарь!

— Если б ты к моей воле прилагал и свою, — эта честолюбивая женщина не ускользнула бы из рук моих!

— Пусть каждый шиллинг, от вас полученный, прожжет мой карман, если я даром брал награды. Всякий раз, когда госпожа приходила сюда учиться заморскому садоводству, я издалека заводил речь о вашей славе, о вашем богатстве, потом о вашей красоте... Потом намекал о вашей любви, о вашей страсти, рыцарь! Вы сами знаете, что есть вещи, о которых молчать невыгодно, а самому их высказать нельзя... и эти-то   вещи были все рассказаны мною, — похвалы сыпались у меня, как чечевица.

— И просыпались мимо. Нет, ты не умел, Конрад, посеять в ее сердце ко мне соучастия и взаимности.

— Благородный рыцарь! любовь растет скоро, как кресс-салат, но она все-таки не огородный овощ. Ее зародить в баронессе было ваше, а не мое дело. Впрочем -терпение!

— Терпение — добродетель верблюдов, а не людей.

— Может быть, не таких, как вы, благородный рыцарь; но вы сами видите, как наш русский пленник Всеслав своею терпеливостью отбивает у поспешных прекрасную Эмму. Ну, право, на него глядя, можно подумать, что он вырос в школе странствующих миннезингеров: только и дела, что вздыхает, — а между тем баронесса поглядывает на него очень умильно.

— Проклятый утешитель! Ты раздираешь мне сердце намеками, которые давно мне кажутся истиною. Любовь палит меня, но еще более ревность грызет душу. Так, я уже решился на все. Я хочу, я жажду удалить и мужа и этого воздыхателя-новогородца, чтобы самому сблизиться с нею.

Ты знаешь, Конрад, что я говорю не с ветра и не на ветер; теперь требую твоего совета.

— Мое мнение, рыцарь, начать с гостя; то есть намекнуть барону о склонности его супруги к Всеславу — и русский соперник ваш уберется восвояси.

— Ты прав, Конрад; ты стоишь золотой петли за эту богатую выдумку. Так, я неприметно волью в его чувства отраву, которая льется в моих жилах; передам ему все затейливые подозрения ревности и с ним разделю ненависть к общему сопернику, а потом найдем средство удалить и ненавистного супруга. О! я уже предвкушаю торжество мое: мои арабские бегуны умчат пас за тридевять земель. Для Эммы сброшу я эту командорскую мантию, забуду почести Ордепа и славу света, чтобы в забытом углу его найти с нею счастие!..

— Скорее ваш меч разрастется в ножнах, нежели Эмма согласится бежать...

— Но скорее рука моя будет вращать веретено вместо копья, чем я откажусь от своего намерения. Для моей воли нет завета, ни препон — кроме гибели. Пусть Эмма добродетельна, верна, - но ведь она женщина; она прекрасна и, следовательно, тщеславна. Одним словом, Копрад, я истощу весь арсенал обольщений: буду нежен как дамская перчатка, гибок как страусовое перо; стану звенеть золотом и железом, пролью слезы и кровь, и волею или неволею, но Эмма будет в моих объятиях — или Ромуальд фон Мей в когтях демона. Что же до самого барона...

Конрад прервал его запальчивость, показав на часового, который приближался к ним по зубчатой, стене. Рыцарь понизил голос, но по его движениям, по его сверкающим взорам видно было, что дело шло о чем— то важном. Конрад сомнительно покачал головою, и два злодея расстались.

II

Круглая зала Нейгаузена освещена была двумя большими свечами из желтого воска, воткнутыми в двурогий железный светец. Пламя их веяло по воле ветра, проникающего в неровный свинцовый переплет готических окон, но блеск не достигал под вершину остроконечных сводов, зачерненных дыханием времени, и только изредка отсвечивались по стенам щиты и кирасы и двойная тень мелькала от оленьих рогов, между ими прибитых. Две тяжелые печи, испещренные муравлеными украшениями, стояли друг против друга. Дебелый дубовый стол занимал средину комнаты. За ним сидел рыцарь Ромуальд фон Мей и беспечно стучал шашкою по доске... Игра была не кончена, стаканы опрокинуты, и владетель замка Эвальд фон Нордек ходил быстрыми шагами по зале. По неровному звуку его шпор, по волнению в груди заметно было, что он вне себя; его лицо пылало гневом, и кровавые глаза разбежались.

— Да, да, — вскричал он, остановившись против Мея, — теперь вижу, что был до сих пор слепцом, был игрушкою жены своей. И я был так прост, что доверился этому русскому варвару, оставил волка в овчарне. Теперь не дивлюсь, что жена моя... что Эмма, хотел я сказать, так нежно ухаживала за его ранами, так жаловала его песни и разговоры. Теперь понятно мне, отчего шепчут рыцари, когда я вхожу в их общество, отчего дамы так часто спрашивают об ее здоровье. Лицемерная, неблагодарная женщина! Не я ли презрел для нее все обычаи предков и все толки дворян — извел ее из пыли ничтожества и из безродной сироты сделал владетельницей Нейгаузена; но что более всего: не я ли любил ее так нежно, так пламенно! О, какое яркое пятно положила ты на славное имя Нордеков! Что сказал бы теперь дед мой, гермейстер Ордена, если бы такие обиды могли воскрешать мертвых, как они умерщвляют живых!

— Думаю, — сказал Мей двусмысленным голосом и пожимая плечами, — он сказал бы то же самое, что и я повторяю: что люди завистливы и, статься может, слухи об этой связи пустые.

— Нет, друг Ромуальд, не утешай меня, как ребенка; я знаю, что подобные вести позже всех доходят до ушей мужа, и, верно, уже они имеют вес, когда ты, чужеземец, их знаешь...

Ромуальд встал, чтобы скрыть волнение души, и как будто нечаянно подошел к окну.

— Они еще не едут с охоты, — сказал он притворно равнодушным голосом.

— Не едут — и, поверь мне, еще долго не будут, — отвечал Эвальд нетвердым тоном презрительного бесстрастия. — Они не ждут меня из похода, а часы летят для них так скоро, что они и не думают о возврате... Или, — что я говорю, — может, они нарочно ждут вечера... Лес широк, тропинки излучисты... Мудрено ли заблудиться!

— Какие черные мысли, Эвальд; разве не могло, в самом деле, случиться, что их соколы разлетелись.

— Я скличу их завтра на тело Всеслава! — Едут, едут! — раздалось по замку.

Топот коней и восклицания охотников огласили окружность; оконницы, дребезжа, отозвались на звук вестового рога с башни, и сердце барона оледенело... Он бросился в широкие кресла и закрыл глаза рукою. Кто-то бежал по лестнице, дверь скрыпнула, Эвальд вскочил; яростным взором встретил он входящего, — и напрасно: это был паж баронессы.

— Скажи госпоже твоей, — крикнул он, — чтобы она дожидалась

меня в своих покоях, но чтобы она не входила сюда... Это моя воля, мое приказание; слышишь ли: мое приказание!

Изумленный паж удалился с трепетом, — и опять мертвая тишина в зале. Ромуальд молчал; Нордек не мог говорить. Наконец с шумом вбежал Всеслав в комнату. На нем был красный кафтан, на полах вышитый золотом. За кушаком татарский кинжал, на руке шелковая плетка, и красные каблуки его сапогов пестрели разноцветною строчкою; яхонтовая запонка и жемчужная пронизь на косом воротнике доказывали, что Всеслав не простого происхождения; но смелая, развязная поступи, открытое лицо и быстрые взоры еще более заверяли в его благородстве. С радостным челом, с дружеским приветом кинулся он обнять Эвальда, но Эвальд яростно оттолкнул его.

— Прочь, изменник! — воскликнул он. — Прочь! Не пятнай меня своим иудиным лобзаньем...

— Что это значит, Эвальд? — произнес Всеслав, пораженный видом и выраженьем барона.

— Ты слишком хорошо знаешь, об чем говорю я; но притворство ни к чему не послужит... Признайся!

— Ты потерял рассудок, Эвальд!

— О, как бы желал я потерять его, но к яесчастию, он теперь яснее, нежели когда-нибудь. Я теперь вижу, чем ты заплатил за мое гостеприимство, как ты отвечал на мою доверенность. Я с тобой, со врагом, поступил как с братом, а ты обольститель, ты с другом поступил будто со злейшим неприятелем.

Лицо Всеслава загорелось негодованием.

— Эвальд! — вскричал он, — не для того ли ты возвратил мне жизнь, чтоб отнять честь? не для того ль почтил пленника гостеприимством, чтобы сильнее оскорбить гостя клеветою?

— Это правда, это ужасная правда! И... не заставь меня употребить силу... Если ты в ней не сознаешься, то, богом клянусь, Всеслав, тем богом, которого ты забыл, — волки и вороны будут праздновать мой гнев твоим трупом.

Всеслав, внимая этим угрозам, гордо сел в кресла и спокойным голосом отвечал:

— Рыцарь фон Нордек, я пленник твой; делай что хочешь. Но ты видел под Вейзенштейном, когда рубился я с твоими латниками, пугала ли меня смерть! Ужели думаешь теперь застращать ею? Поверь, Эвальд, мне легче будет умирать безвинному, чем тебе жить после злодейства. Впервые вижу я такое утончение злобы: зачем было не умертвить меня на поле битвы, чтобы здесь выхолить на убой!

— Затем, что ты был тогда лишь неприятелем Ордена, а теперь стал моим личным врагом, моим кровным злодеем, похитив любовь легковерной Эммы!

— Рыцарь! Именем чести и доброй славы невинной супруги твоей требую доказательств!

— Невинной?.. Давно ли волки проповедуют невинность лисиц? Давно ли русские говорят о чести?

— Русские всегда ее чувствуют. Вы, германцы, ее пишете на гербах, а мы храним в сердце.

— В твоем черном сердце — не бывало искры других чувств, кроме неблагодарности, обмана и обольщения!

— Слушай, рыцарь, — вскричал Всеслав, вскакнув, — низко и в поле ругаться над безоружным, но еще ниже обижать в своем доме. Я бы умел тебе заплатить за обиду, если бы моя свобода и сабля были со мною!

— Ты будешь иметь их на свою пагубу, — отвечал в бешенстве Эвальд, — и суд божий поразит вероломца!

— Когда ж и где мы увидимся? — спросил Всеслав.

— Как можно скорее и как можно ближе. Я удостои—ваю тебя поединка, чтобы иметь забаву самому излить твою кровь и ею смыть пятно со щита моих предков. Оружие зависит от твоего выбора. Я готов драться пеший и конный, с мечом и с копьем, в латах или без оных. Бросаю тебе перчатку не на жизнь, а на смерть.

Всеслав хладнокровно поднял перчатку.

— Итак, на рассвете, — сказал он, — с мечами, пешие и без лат. У меня нет товарища, а потому и Нордека прошу не брать свидетелей. Место назначаю отсюда в полумиле, но дороге к Веро, под большим дубом. Там я жду обидчика для свиданья, чтобы сказать ему вечное прости.

— Но куда ж спешите вы, благородный русский? — спросил Мей с тайною радостию, подозревая, что Всеслав сбирается скрыться.

— Куда глаза глядят, — отвечал Всеслав, снимая со стены свою саблю и шлем, висевшие в числе трофеев. — Чистая совесть постелет мне ложе в лесу дремучем, и мне не будет там душно, как в этом замке, где меня берегли, чтобы чувствительнее обидеть.

Он вышел из замка, со вздохом взглянул на окно Эммы и побрел в темноте по сыпучему песку.

III

Светло и радостно встало утро над замком, но в замке все было угрюмо и печально. Старик Отто, отец Эвальда, в беличьем полукафтанье, сидел в своей комнате у окна; подле него лежала Библия, но он уже не мог читать ее, он с беспокойством глядел в поле сквозь цветные стекла. Эмма, заливаясь слезами, молилась перед распятием, и бледное лицо ее и белокурые волосы, разметанные по плечам, ярко отделялись от черного камлотового, опушенного горностаями платья, которое длинными складками упадало на пол.

— Не плачь, не крушись, моя милая, добрая Эмма, — с нежностию сказал старый барон; но голос его доказывал, как трудно было исполнять ему совет свой. — Прости моему Эвальду и надейся на всевышнего, может, все кончится счастливо. Злые наветы заставили моего вспыльчивого сына обидеть безвинного человека... Но ведь не каждая рана смертельна, — а, помоему, лучше носить язву на теле, чем убийство на совести. Солнце уже высоко, и он, верно, скоро воротится. Рыцарь Мей с капелланом давно поехали на место поединка узнать, чем он кончился... Но вот пылят но дороге...

Сердце в Эмме забилось часто и сильно, голова кружилась, дыханье занялось в груди... Она не смела ни взглянуть в окно, ни услышать может быть радостной, может быть смертельной вести.

— Это они, это точно они, — воскликнул Отто. — Уже я распознаю жеребца Ромуальдова, вот и капеллан... вот и пегий бегун Эвальда... но... боже мой!.. он убит!

— Кто убит, батюшка? кто?

— Он, Эвальд! Эмма! у тебя нет более супруга. Бедный Отто! у тебя нет уже сына. Он, единственный мой Эвальд, убит, убит.

С воплем опустился Отто в кресла и потерял чувства. Эмма вскочила, шатнулась и едва могла удержаться о распятие. Взоры ее померкли, голос замер, и голова скатилась на грудь. Это зрелище представилось Рому— альду и Всеславу, когда они, запыленные, вошли в комнату.

— Где, где он? — вскричала Эмма, которой приход их Еозвратил жизнь. Отдайте мне моего Эвальда!

— Его нет, — сурово отвечал Мей.

— Рыцарь, не обманывайте меня... Впервые прошу вас, Ромуальд, скажите мне всю правду. Где муж мой?

— Я не лгу, баронесса, он пропал без вести.

— Скажите лучше — без возврата.

Рыдания Эммы раздули искру жизни в старом Отто, и тот же вопрос был повторен Мею.

— Мы искали его везде, — отвечал Мей, — обскакали кругом на милю, перешарили все кустарники, — и следу нет. Вероятно, разбойники или наездники русские, — примолвил он, взглянув подозрительно на Всеслава, схватили и увезли его за свой рубеж.

Казалось, внезапный луч осветил мысли Эммы. Все и всё обвиняло Всеслава. В самом деле, для чего избрал он такой уединенный час поединка и место на границе русской? Для чего желал видеть противника без лат, без свидетелей? О, это верно, это несомненно. Удар наемного кинжала есть скорейшее средство избавиться сильного неприятеля. Эмма как помешанная бросилась к Всеславу, который, опершись на окно, с глубокой тоскою смотрел на нее.

— Кровопийца, — вскричала она, — разве недоволен ты, лишив меня доверия и любви моего супруга, когда теперь потаенно убил его? Признайся в своем злодействе. Отвечай, где совершил ты преступление? Куда бросил его тело? Скажи, чья кровь дымится на руках твоих?..

Эмма не могла продолжать.

— Эмма, Эмма! — с укором возразил до глубины души огорченный Всеслав, — и ты могла подумать, что я способен на такое низкое дело! Неужели все, кого так искренно любил я, кого так беспредельно уважал, сговорились подозревать, обвинять меня в гнуснейшем вероломстве и преступлении, едва вероятном для самых закоснелых злодеев!

Слезы навернулись на глазах Всеслава. Все умолкли, наблюдая друг друга. Какое-то злобно—радостное чувство просвечивало сквозь угрюмую физиономию Мея, по его взор выражал то сожаление к Эмме, то ненависть к обвиненному. Отто отирал серебряными волосами глаза свои, но ни одна слеза не выкатилась, чтобы облегчить растерзанное сердце отеческое. С живым участием, но с мучительною тоскою обвиненного человека, который жаждет и не может утешить своих обвинителей, боясь упрека в ласкательстве, стоял Всеслав между ими, но его взгляд был горд и покоен. Эмма в забытьи, с бродящими окрест взорами, опиралась на плечо Отто. Все беды, все горести слились для нее в одно тяжкое ощущение, в чувство хладного и немого отчаяния. Картина была ужасна.

Молчание прервано было криком Сигфрида, щитоносца Эвальдова.

— Беда, беда... — вопиял он, вбегая в залу. — Горе и смерть нашему бедному господину; он схвачен тайным судом; вассалы видели, как утром провезли его связанного, и три зарубки на воротах это доказывают!

— Все погибло! — диким голосом воскликнула Эмма и как труп упала к ногам Оттовым.

IV

В глухую полночь тайное Аренсбургское судилище[42] собралось под

---

[42] Тайное судилище (Freigerichte, Femegerichte, Heimliche Gerichte), это пугалище средних веков, из Германии с рыцарством перешло и в Ливонию. Заседания их (Freistuhl) были в замках Арраше и Аренсбурге, где доселе находится множество

открытым небом в дремучем сосновом лесу, осенявшем некогда берега Эзеля, собралось, чтобы судить привезенного рыцаря.

Нордеку развязали глаза, и он с изумлением увидел себя на поляне, перед камнем судным. На средине его иссечен был крест; на нем лежали кинжал и книга. Четыре факела, вонзенные в землю, проливали какой-то зеленоватый свет на грозные лица присутствующих, и при каждом колебании пламени тени дерев, как привидения, перебегали через поляну. Члены, опершись на длинные мечи свои, закутавшись в мантии, сидели недвижны, вперив на обвиненного тусклые очи. Черно было небо, гробовые ели шептались с ветром, и когда стихал их говор, порой слышался плеск волн между камней прибрежных.

— Твое имя, рыцарь? — спросил председатель.

Нордек величаво стоял между стражей, закинув за плечо цепь и накрест сложив руки.

— Мое имя? — повторил он, озирая с любопытством заседание. — Странный вопрос, ежели ты судья, и бесполезный, когда разбойник. Зачем же лишили меня свободы, как преступника, еще не зная, кто я таков?

— Такова форма суда. Кто ты, рыцарь?

— Меня должен знать каждый, кто не бегал, а дрался лицом к лицу. Впрочем, я, не краснея, могу высказать свое имя и достоинство; я рыцарь Эвальд фон Нордек, владетель Нейгаузена и ротмистр Монгеймовых латников.

— Рыцарь Эвальд фон Нордек! Ты предстоишь священному тайному суду Аренсбургскому, судящему на земле и водах преступников совести и чести. Итак, именем сего суда объявляем тебе: я, Оттокар фон Оснабрюк, фрейграф Аренсбурга, брат Эзельского епископа Германа III, и мы все, духовные и рыцари Тевтонского ордена, что ты обвинен в зажигательстве и в измене Ордену по сношениям с врагами его, русскими. Оправдывайся, если можешь!

— Скажи лучше — если захочу; а я не могу и не должен хотеть этого. Я не признаю другой расправы, кроме орденской.

— Здесь ты видишь многих собратий своих.

— Собратий по епанче, не по мечу — потому что вы воюете веревкой и кинжалом, не по кресту — вы изменили ему, преступив клятву

костей, в стену закладенных. Позывы свои оно делало и посредством зарубок на воротах или на деревах. Впоследствии гроссмейстер Эр-пингсгаузен запретил особым декретом повиноваться сему суду, основанному вначале для удержания насилий самоеудных баронов и впоследствии превратившемуся в скопище разбойников, влекомых корыстью или мщением. Слово Femegerichte происходит от старинного саксонского слова verfemmen - проклясть, осудить, лишить убежища законов (vogelfrei). (Примеч. автора.).

повиноваться одному гермейстеру. И, значит, вы враги Ордена, когда обвиняете за то же самое, за что славил меня гермейстер: за верное исполнепие воинской должности.

— Но ты забыл тогда долг человека.

— Фрейграф!.. Пролитая кровь, пожары и расхищепья святыни и все злодейства, необходимые спутники войны, лежат на ответе епископа Иоанна и гермейстера Монгейма, а я был только орудием высшей воли. Монастырь Дюнамюнда вредил нам при осаде Риги, как крепость, и я взял его приступом, как солдат, а следствия упрямого отпора известны. Но там духовные сражались и гибли, как рыцари, — а вы, рыцари, судите за военное дело, будто за святотатство.

— Вольные члены! В первом обвинении фон Нордек призпается.

— Я горжусь тем, как воин, но сожалею о том, как человек. Об остальном же нелепом и низком обвинении скажу, что настоящие сыны Ордена не подражают примеру вашего Фехтена[43] и не братаются с язычниками-литовцами для грабежа братних имений. Впрочем, как можете вы вступаться за Орден, когда сами его первым случаем вините? Разве можно быть вдруг и за епископа и за гермейстера?

— Истина не принадлежит пи к какой стороне, и правосудие казнит без лицеприятия!

— Истина не имеет нужды пресмыкаться во мраке и тайне; правосудие обвиняет гласно и казнит всенародно, а не уязвляет, как змея в пятку, не поражает, подобно бандиту, из-за угла. Еще раз спрашиваю: какое право имеете вы судить меня?

— Рыцарь! Ты должен здесь только отвечать; можешь только просить, а не спрашивать.

— Мне просить! Вас просить! Ты смешишь меня, фрейграф! Послушайте вы, господа самозваные судьи мои, я знаю, что здесь обвинение есть уже смертный приговор и что вы привлекли меня в этот вертеп не для того, чтоб судить, но осудить; со всем тем не надейтесь, чтобы страх смерти заставил меня в жизни унизиться. Знайте, что я всегда ненавидел вас и даже теперь презираю, что я умру в сладостной уверенности на отмщение вам моего друга Монгейма, и верьте, что каждый волосок, каждый сустав мой выкупится сотнями черепов безземельных ваших рыцарей, белое знамя гермейстерское очервленится вашею кровью и огонь очистит землю от трупов злодейских. Таково будет наказание от человека, господа судьи... Я уже не говорю о воздаянии всевышнего судии! Ваша совесть вам скажет о нем перед смертным часом, -и не будет вам отрады, ни прощения.

---

[43] Рижский епископ Фехтен, воюя против герм. Думпесгагена в 1286 г. соединился с литовским князем Витовтом. (Примеч. автора.).

— Нордек! Ты напрасно расточаешь брань и угрозы. Тайный суд бесстрастен, как провидение, и неумолим, как судьба.

— Но кто дал вам, безумные люди, взор провидения, кто вручил вам меч судьбы? Разум, дар неба, и земная власть гроссмейстера отвергают суд ваш. Я не признаю его определений!

— Так испытаешь его силу, — с злобною усмешкою отвечал Оттокар. Господа вольные члены тайного Аренебургского суда, по статутам и законам нашим, клянитесь за мною судить обвиненного по совести и чести!

Все склонили колена и подняли правые руки... Эвальд услышал следующую клятву:

— Клянусь стоять за тайный суд против отца и матери, против жены и детей, против друзей и кровных, против ветра и огня, противу всего, что солнце греет и дождь кропит, противу всего, что между землею и небом находится; и пусть на душу мою обратится проклятие, а на мою голову казнь, присужденная преступнику, если не выполню я судного приговора.

Как злые духи, встали и уселись опять члены суда, бренча оружием. Фрейграф продолжал:

— Итак, вольные сочлены мои, перед вами стоит рыцарь фон Нордек, уличенный в святотатстве; измена же его против Ордена, тайная связь с русскими, которым хотел он предать пограничный свой замок Нейгаузен, доказана еще в прошедшем заседании клятвенными показаниями известного вам сочлена. Братья и члены! что присудите вы за такие ужасные злодейства?

Молчание.

— Гельмольд фон Лоде, твой приговор?

— Рыцарь Эвальд фон Нордек осужден!

— Verfemt![44] — раздалось со всех сторон.

— Verfemt! — радостно повторил фрейграф. — Лишен покрова всех законов и обречен на смерть. Секретарь, занеси в книгу его имя и преступление. Стражи!

Фрейграф махнул рукою, и несчастного увлекли.

— Рыцарь Ромуальд фон Мей, член тайного суда Вестфальского, ты был обвинителем Нордека, — вручаю тебе кинжал для его казни. Еще сутки будет он жить, чтобы выведать из него тайны гермейстерские, потому что он был во всем правою рукою Монгейма; но потом соверши что начал и объяви главному суду Красной земли[45], как подвизается здешний, для общей пользы и славы.

---

[44] Осужден! (нем.).

[45] Rotes Land - так называли в старину Вестфалию, где находился главный тайный суд, который уже заведовал всеми. (Примеч. автора.).

Ромуальд безмолвно встал, склонил голову в знак согласия и, взяв кинжал, хладнокровно пробовал его остроту... но взоры предателя сверкали злобно, как глаза волка на добычу. Члены попарно медленным шагом скрывались в мраке и чаще леса.

V

Видали ль вы восход солнца из-за синего моря? Уже холодеет раннее утро, и заря зарумянилась на небе. Легкие туманы улетают к ней навстречу, и пролетом их едва тускнеет стеклянная поверхность морская, подобно зеркалу, тускнеющему под дыханьем красавицы. Дальний берег, мнится, висит в воздухе и зеленою стрелкою исчезает в небосклоне. Все тихо; только изредка клик плещущихся вдали лебедей по заре раздается, и нетерпеливый ветерок порой заигрывает с звонкими камышами. И вот вспыхнул восток, и золотая к нему тропа пересекла воды: солнце в лоне туманов, без блистания, как бы в раздумье, стоит на краю небосклона и, вдруг воспрянув от вод, величественно устремляется по небу.

Такое утро сияло над диким берегом Ливонии, когда человек двадцать русских гостей любовались им. Две большие высокогрудые их лодии стояли близ утеса. Невдалеке светлели высокие башни замка Пернау, недавно отстроенного гермейстером Иокке. Двое, в кольчугах, с секирами, стояли на страже. Другие лежали беспечно, раскинувшись вкруг огонька, лишь по дыму заметного против солнца. Ото были товарищи молодого и богатого гостя Андрея Гремича. В то время все новогородцы вырастали в море и в воде и зЕание купца было неразлучно с достоинством воина. Случалось нередко, что торговцы, отправляясь в чужбину за мирными прибылями, возвращались с добычею битвы. Каждый своевольно, когда пробуждался в нем боевой дух или корысть к себе манила, вооружался и разгуливал по Варяжскому морю и озеру Ладожскому, на страх немцам и шведам. К такому же разряду, казалось, принадлежала дружина Андреева. Тяжелое их оружие не могло принадлежать людям, непривычным к битве, и жилистые их руки были способнее наносить раны, чем нарезывать бирки[46] или выкладывать на счетах.

— Эй, земляки! — раздалось над их головою, и русские увидели на утесе рыцаря в вороненых латах, на гнедом мекленбургском коне.

---

[46] Бирки и доныне употребляются русскими подрядчиками в виде векселей. Это не что иное, как лучинки, из которых нарезываются кресты и палочки, означающие количество. Потом эта лучинка раскалывается надвое, и половинки хранятся у отдатчика и приемщика до расчета, (Примеч. автора.).

— Мы все земляки, все из земли сделаны, — грубо отвечал ему один из гостей, зажигая фитиль самопала.

— Что тебе надобно, рыцарь?

— Узнать, где можно безопаснее к вам спуститься, — отвечал тот.

— Пусть молния опалит мне бороду, если я не спущу тебя вниз одним прыжком! — возразил Илья, прикладываясь; но рыцарь мелькнул и исчез.

— К ружью! — закричал Андрей, хватаясь за меч.

Русские повскакали и приготовились принять незваного гостя. Между тем незнакомец показался опять, тихо съезжая к ним по узкой тропинке.

— Бьюсь об заклад, — сказал Илья, — что это пере—довщик какой-нибудь ватаги бродящих немецких рыцарей. Ну уж народец! С ними не плошай ни в торгу, ни в мире. Как ворон крови, так они жаждут золота, и хоть деньги ничем не пахнут, но они чутьем своим как раз спроведают, где есть пожива. Сказывали, они еще недавно разграбили наших купцов в самом Юрьеве. Проклятые язычники!

— Они, кажется, христиане, — важно заметил один из гостей.

— Да, да, христиане!..

Рыцарь приблизился, слез с коня, вонзил копье в землю и смело пошел в середину русских. Бесстрашный Андрей вышел к нему навстречу; они сошлись.

— Андрей! — воскликнул рыцарь... и с поднятым наличником кинулся обнимать его.

— Брат Всеслав, ты жив еще!

Сладостно было свидание братьев. Они плакали и усмехались, прерывистые восклицания и безответные вопросы летели. Умиленные новогородцы столпились вкруг своих начальников, кланялись, жали руку Всеславу, целовали и обнимали его, как воскресшего: на родине его давно считали убитым.

— Полпо, полно, — сказал Андрей, вырываясь из объятий братних, — ты сломал мне грудь своими латами; но скажи, пожалуй, зачем ты променял свою серебряную кольчугу на этот кирас, в котором гуляешь словно черепаха?

— Затем, чтобы безопаснее проехать по Ливонии, — но, брат и друг, мне надо освежить свою душу рассказом...

Братья удалились к стороне: сели под иву, которая шатром развесилась над берегом, и, рука в руке, взоры в глазах друг друга, разговаривали они об родных и родине, и все чувства души и все страсти сердца мгновенно отсвечивались на прозрачном облике Всеслава, и он жадно ловил рассказы о подвигах соотечественников, о их славе. Он забыл о себе, внимая о Новегороде... Ах! кто пе заслушается вестью об родине, как пением райской птички!

— А я, — сказал, наконец, Всеслав на повторенный вопрос брата, — как ты знаешь, пал окровавленный, избитый и израненный на полях Вейзепштейна, куда удальство завлекло меня с горстью бесстрашных. Я не знал, где я очувствовался. Прошлое для меня исчезло; память истощилась с кровью, и все, что тогда увидел я наяву, мне чудилось будто во сне. Надо мною вздымались плитные своды, как в могильном погребе; на мне, каг саван, белое покрывало, и тусклая лампада едва освещала окружность. Я ужаснулся; мне представилось, будто я погребен заживо! Холодный пот проступил на лице... Приподнимаю голову, озираюсь... У моего изголовья сидела прелестная, как ангел, женщина... Признаюсь тебе, я обомлел; суеверное воображение представило мне, что в ней вижу я свою душу, которая, перед отлетом на небо, прощается с бренным своим жилищем. Брат! это была супруга рыцаря фон Нордека, великодушного моего победителя.

— Нордека! — воскликнул пылкий Андрей. — Этого рыцаря словом и делом, который первый под градом камней и проклятий влез на стены дюнамюндские, которого рижане страшатся, как божьего гнева! Я недавно видел его, когда он обок гермейстера въезжал в пролом покорившейся им Риги, в пролом, который был для них победными воротами. Этот Нордек ехал так горд, глядел так смело всем в глаза... что... признаюсь, меня взяла охота померять с ним силы, он должен быть славный человек.

— Он в самом деле таков, — продолжал Всеслав. — Вспыльчив до бешенства и неустрашим до безрассудства, зато как добр и радушен! Теперь буду говорить о себе. Между тем как медленно возвращались мои силы, раздоры Ордена с Новым-городом продолжались, и мне невозможно было в целые полгода дать весточки, нельзя было спроведать о родимых. О, как часто, друг, у меня было тяжко на сердце! И некому было открыть тоски своей, не с кем погоревать вместе. Часто, каждый день глядел я с башни Нейгаузена на Псковскую дорогу, которая вилась и скрывалась в лесу; иногда скакал по ней русский всадник, и надежда моя воскресала, сердце билось крепко; но мнимый вестник скрывался — и вновь оно ныло и замирало. Только с Эммою находил я отраду; и благодарность за ее нежные попечения об раненом превратилась во мне в какую-то неизъяснимо тихую к ней привязанность.

— Неизъяснимую? — перебил, грозя пальцем, Андрей. — Для меня это очень понятно: ты влюбился в нее...

— Нст, Андрей, нет; это не была та бурная любовь, которую судьба судила мне испытывать. В этом неприхотливом чувстве пет волнений, нет бешеной веселости без причины, нет отчаяния от безделиц; огонь не снедал моего сердца, и ревность не раскаляла его. Только, не знаю отчего, при ней я дышал свободнее, с нею был веселее, но совесть моя была светла, как клинок твоей сабли. Мы почти не разлучались — все трое езжали на охоту, на прогулку, утром учили друг друга родным языкам своим, а вечером рассказывали повести. Добрый Эвальд радовался, что пленнику не скучно; гостеприимство и доверенность царствовали в доме, время мчалось, и пагубная минута пробила. К Эвальду приехал погостить старинный друг его, вестфалец фон Мей, мальтийский рыцарь, который в числе воинов прусского графа Аренсбурга помогал гер—мейстеру на русских. В его душе сходились все знойные страсти Востока с необузданною волею, которая всего желала и все могла. Он вспыхнул страстию к прекрасной Эмме и употребил все средства опытного волокитства, все тонкости тщеславия, все обольщения богатства, чтобы преклонить ее на любовь. Гордая невинностию Эмма не хотела даже приметить этого, и ее презрение возбудило в развратном его сердце злобу. Он оклеветал ее в глазах мужа, заставил меня взяться за оружие, чтобы отвечать на обидный вызов Эвальда, и, должно подозревать, обвинил его перед тайным судом, потому что Эвальда схватили и увезли на Эзель. И что сказать тебе еще о злодействах этого разбойника? Он, пользуясь смятением, похитил Эмму, туда же увез сестру мою, нашу Эмму, — и, может быть... — как еще кровь не брызжет из жил моих! — она поругана, обесчещена! Что же ты смотришь на меня с таким изумлением? Да, там я нашел сестру, ту самую Марфу, которая еще двухлетняя похищена была у родителей наших при набеге рыцарей на предместье Пскова. Отто, отец Эвальда, сжалился над погибающей малюткой — привез домой и воспитал как дочь, под именем дальней родственницы, не открывая никому тайны ее рода, ибо он знал, как ненавидят германцы все русское племя. Я узнал о том нечаянно, перед ее похищением, когда Отто хотел благословить меня крестом русским для поиска об Эвальде. Брат! вот он, вот семейный наш крест, вот и половина кольца с перста чудотворной великомученицы Варвары, которым нас, близнецов, с Марфою благословил архиепископ, разломив на полы. Подобный крест и полкольца уверили Эмму, — и я прижал к груди моей погибшую сестру, я нашел ее, — и мы потеряли ее, может быть навсегда. О брат, брат, мы ее потеряли!

— Чего же медлим, — воскликнул Андрей, — для чего ж волочим время в рассказах, когда наш зять теряет, может быть, жизнь, а сестра честь свою! О, как бы обрадовались наши старики такою находкою; а чего не сделаю я, чтобы их обрадовать? В поход, товарищи!.. Мечите в море лишний груз надобно жертвовать драгоценным благороднейшему. На Эзель, в Аренсбург! в этот притоп тайного суда, об котором довольно наслышался я, в это гнездо плутов, которые во зло употребляют слово правосудие и льют кровь невинных.

— На Эзель, в Аренсбург! — восклицал Всеслав, вскакивая в ладью. —

И дай мне руку, брат, на смерть безза-конникам, если казнь уже постигла благородного Эвальда. Я подкрадусь туда, как тать, и зарежу их, как разбойник; в крови отцов утоплю детей, дымом пожара задушу все племя злодейское, и пламень — знамя истребления разовьется над главами башен.

Якорь был уже поднят, когда Андрей послал одного из своих на берег.

— Возьми братнину лошадь, — говорил он ему, — и скачи по берегу, ищи русских, расскажи им дело и сбери удалых в Ревеле. Там господами датчане, и они будут с нами заодно. Если чрез два дни нет вести, то спешите на Эзель и совершайте по нас поминки как знаете. Прощай!

Паруса размахнулись, и ладья, разбрызгивая волны, полетела по морю.

"Счастливого пути вам, други! — думал оставшийся новогородец на берегу. — Спешите: ветер изменчив, и злодейство не теряет минут. Кто знает, на избавление или на бесплодную месть вы спешите".

VI

Скован, как злодей, осужден, как преступник, лежал Эвальд на полу в одной из башен аренсбургских. Неумолкающая тоска грызла его сердце, и все насмешливые воспоминания счастия и все жестокие ощущения души будто нарочно роились в воображении, чтобы отравить последние минуты жизни. Пять дней тому назад он был счастливейшим человеком в свете. Увенчан молвою, отличен гермейстером, почтен равными себе, спешил Эвальд в объятия прелестной супруги и друзей, ему обязанных. А теперь... о боже мой, боже мой! Кто испытал вдруг столько душевных и вещественных несчастий! Обманут другом, изменен женою, безвозвратно оклеветан, очернен пред рыцарством, перед потомками, осужден беззаконно и безвинно на гибель, на смерть, на казнь!..

"Умереть легко, — думал он, — но умереть на поле чести или на ложе предков, не на плахе потаенного палача, на которой не застыла еще кровь какого-нибудь бездельника. Погибнуть столь внезапно, оставить без награды лучших друзей, без отмщения злейших врагов!.. Умереть так темно, что ни один наследник, даже для виду, не придет поплакать на прах мой... Его развеет ветр, размоют волны и хищные птицы разнесут по лесам и болотам... О, это ужасно, это нестерпимо!"

В отчаянии грыз Эвальд оковы, и слезы ужаса бесчестной смерти замерли в очах его. К счастию человечества, сильные удары страстей непродолжительны. Выстрел потрясает твердь, но исчезает мгновенно; так и отчаянье Эвальда утихло, как стихает ниспавшая волна водопада.

Казалось, разум сжалился над несчастным и отлетел прочь. Настоящее, прошлое и будущее смешались для него в хаос. Мечты, будто сонные видения, проходили, кружились, сталкивались в воображении; но тусклое понятие не могло схватить ни одной черты, ни одной мысли, — все было мрачно, как могила, и безначально, как вечность. Наконец звук цепей извлек Эвальда из его ничтожественного забытья.

"Может быть, — подумал он с горьким вздохом, — эти цепи заржавлены слезами других обвиненных, до меня здесь погибших... Может быть, и они были так же невинны, так же несчастны, как я!.. Их уже нет... Скоро и меня не станет, и поздний потомок найдет наши имена, записанные в кровавой книге преступлений!.. Худая слава живет долее доброй, и, статься может, имя Нордека, которым гордились доселе рыцари ливонские, предастся на поругание в веках грядущих. Так! Благодетели людей тлеют в гробах, наравне с теми, кому благотворили они, а ненависть переживает поколения. Знаменитые подвиги умышленно забываются завистью, неодолимые замки исчезают под бороною, славные удары могучих снедают время и ржавчина, с сокрушенными от них бронями, а между тем низкая клевета таится в архивах, и предатель—пергамин, чрез сотни лет, выдаст сказки за истину, обесславит добрых и возвеличит ничтожных злодеев!.. Но разве нет вечного судии, чтобы творить награду и суд независимо от прихотей случая и обманчивых понятий человека? Разве нет другой жизни, где все истина и все благость?.."

Сердце Эвальда смягчилось, общая судьба людей примирила его со своею судьбою, и какой-то внутренний голос вопиял ему: "молись!" И Эвальд молился. Правда, он часто забывал молитву в боях и на пирах, но теперь, на пороге смерти, он молится, и молится не от страха, но от умиления сердца. Часто забывают смерть в припадках чести на поединках, ее не замечают в блестящей мантии славы на сражениях; но не тогда, как она является во всей своей наготе, со всеми ужасами неизбежной казни. Эвальд молился чистосердечно, искренно... и час его пробил. Визгнули тяжкие засовы; скрипя, отворилась дверь на пятах, и убийца с фонарем и кинжалом предстал осужденному.

VII

— Куда вы везете меня? — говорила умоляющим голосом Эмма, в эстонской ладье, своим бесчувственным похитителям; говорила, и буйный ночной ветер развевал ее волосы, уносил ее слова.

— Конрад! Конрад! Сжалься хоть ты надо мною, вспомни мои

всегдашние к тебе милости... Злой человек, чем заслужила я от тебя такую измену!.. Любезный Конрад, скажи, куда и зачем везут меня?

— На Эзель, сударыня, на славный остров Эзель, в гости к прекрасному господину моему, рыцарю фон Мею.

— Но увижу ль я там моего Эвальда?

— О, конечно; он, верно, дожидается вас на первом дереве, а не на виселице, — в этом я уверен, и это же самое докажет вам, что г. Эвальд осужден не гражданским, а тайным судом. Да, впрочем, вам, высокорожденная баронесса, печалиться не о чем. Такая красавица, как вы, в женихах нужды иметь не будет. Ромуальд вас повезет с собою в Вестфалию, а там не то, что ваша Ливония, где не найдешь, прости господи, кочна цветной капусты; там, сударыня, шпанских вишен куры не клюют, а винограду больше, чем здесь рябины; а рейнвейн-то, рейнвейн! О, да вы будете жить припеваючи. Правда, ему нельзя явно жениться на вас; так что ж? Вы обвенчаетесь с левой руки, а ведь с левой руки и сердце!

— Святая Мария! подкрепи меня, — воскликнула Эмма, рыдая, — до чего я дожила: последний вассал смеет надо мною насмехаться. О злодей Ромуальд, я проклинаю тебя!

— Ведь я говорил, что напрасно снимать повязку со рта баронессы: она может простудиться, говоря так много. Ух! как качает, как плещет! Не правда ли, сударыня баронесса, что ветер здесь немножко посильнее, чем ветер от вашего опахала? Не поблагодарите ли вы меня за эту прогулку по морю! Могу похвастаться, что я избавил всех от погони; это была мастерская штука; я каждой лошади вколотил в ногу по гвоздику. Ба, да вот и огни в Аренсбурге; посвищи, друг Рамеко, чтобы еще крепче задул ветер. Скоро, скоро мы выйдем на берег, скоро вино польется в горло и деньги в карманы.

Вдруг взглянул Конрад в сторону: огромная ладья на всех парусах с наветра катилась к ним наперерез.

— Кто едет?! — оробев, закричал Конрад. — Кто, друзья или неприятели?

— Это он, это изменник Конрад! — заревел в ответ громовой голос, и вмиг русская ладья врезалась к ним в бок.

Ужас охватил сердце Эммы... Она слышит треск досок, хлопанье парусов, крики битвы и клятвы умирающих. Мечи скрестились, искры сверкают по шлемам, и вот несколько выстрелов, и опять сеча, и, наконец, вопли о пощаде...

— Нет пощады, топите разбойников! — раздалось, и вмиг ярящиеся волны заплескались над тонущими и залили их пронзительные голоса.

Конрад схватился было за край, но мольбы злодея были бесплодны, и он, проклиная себя, с обрубленными руками опустился на дно морское.

Какой переход от отчаяния к надежде, от чувства страха к нежным ощущениям. Спасенная Эмма опамятовалась в объятиях братьев!

— Слушай, Рамеко, — говорил Всеслав избегшему от смерти кормщику эстонской ладьи, — дарую тебе жизнь и свободу, но веди нас мимо камней, прямо к Аренсбургу, прямо к той башне, где заключен пленный рыцарь. Ты сегодня оттуда, следовательно должен все знать. Веди — или я познакомлю тебя с рыбами!

Эстонец повиновался охотно, ибо он ненавидел владельцев своих столько же, сколько их страшился.

Между тем буря свирепела от часу более; дождь лил ливмя, и только блеск молний показывал близость замка.

— Смотри, — говорил Всеслав брату, — как дождь гасит ложный маяк, сложенный из бревен разбитого корабля, чтобы приманить другие к погибели. Смотри, как вьется молния вкруг шпицев замка, воздвигнутого на костях несчастных пловцов, и не для защиты, а для угнетенья людей; но минута карающего гнева приспеет, и гроза небес испепелит грозу земли.

— Сюда, сюда, — тихо говорил кормчий, устремляя бег ладьи на высокую стену. — Опустите паруса, снимите мачты, склонитесь сами: мы проедем сквозь низкий свод, оставленный для протока воды по рвам, к самому подножию башни.

Не без трепета и сомнения пустились русские под свод, где измена и гибель могли встретить их.

Страшно плескали волны залива в стену и, отраженные, стекали из—под свода, журча между расселинами камней; но там все было тихо и каждый шорох вторился многократно. Чрез минуту они уже были во рву между башнею и стеною.

— Вот окно заключенника, — сказал проводник, и русские остановились в недоумении: окно было по крайней мере четыре сажени от земли.

— Wer da?[47] — закричал часовой, беспечно прохаживаясь по стене, и завернулся в плащ, в полной уверенности, что над ним потешаются злые духи.

— Я укорочу тебе язык, зловещая птица, — тихо сказал Гедеон; стрела взвилась, и часовой полетел в воду.

— Счастливый путь, товарищ! Спасибо, что ты открыл нам дорогу наверх... Посмотри, брат Всеслав, его плащ зацепился за зубец и раскинулся по стене... Помогите мне, друзья, достать кончик; так, теперь крепко, не сорвется. Тише, тише... Я уже наверху, а отсюда не более полуторы сажени до окошка. И ты уже здесь, брат Всеслав, это славно!

---

[47] Кто там? (нем.).

Теперь, товарищи, вырвите из частокола бревно и подайте его сюда, оно послужит нам вместо лестницы и тарана.

Чрез четверть часа десять удальцов были на гребне стены и по приставленному бревну, скользя и обрываясь, лезли к башне. К счастию, подле рокового окна выдавалась над рвом висячая стрельница, и с нее-то Всеслав достиг до него. Приложив ухо к решетке, ему послышался голос, но это не был голос Эвальда! Неужели же все труды напрасны, неужели его обманули?

VIII

Всеслав приник внимательнее к решетке, не смея, однако ж, заглянуть в нее... Гневные слова раздавались в башне: то говорил Ромуальд.

— Вероломец, изменник, предатель, говоришь ты; такие названия мне сладостны из уст моей жертвы. Так, я изменил дружбе, я скрывал свои чувства, я предал тебя сторонникам Иоанна, чтобы удовлетворить свои страсти, а мщение есть первейшая моя страсть. Помнишь ли, Эвальд, турнир в Кенигсберге, помнишь ли тот удар копья, которым ты выбил меня из седла; это еще я мог простить тебе: тут была обижена только гордость; но помнишь ли, что вместе с призом ты похитил у меня и сердце ветреной Аделаиды, — этого я не мог простить и никогда не прощу тебе, и с той же минуты погибель твоя была решена. Ревность заставила меня облечься в эту мантию и загнала на скалы Африки, но месть привела сюда. Ты видел, умел ли я притворяться. Теперь узнай еще, что я оклеветал твою Эмму и очернил Всеслава, чтобы заставить тебя их обидеть. Этого еще мало, Эвальд: недовольный, что я поругал твое имя, что вонзил в твое сердце муки совести, я похитил твою Эмму, — теперь она уже в руках моих, и, вышед отсюда, зарезав тебя, я осушу ее слезы поцелуями. Эмма — женщина: я ручаюсь, что через два дни она будет уже играть этим кинжалом, который напьется кровью ее супруга.

— Изверг природы! — воскликнул Эвальд, всплеснув руками, — человек ли ты?

— О, конечно, не ангел, — злобно отвечал Мей, — по какие существа мне не позавидуют: я наслаждаюсь мучениями моего врага... Ну... полно тебе жить, Эвальд, теперь я хочу жить за тебя.

Ромуальд взмахнул кинжал, но вдруг сбитая решетка, гремя, ринулась к ногам его. Убийца оцепенел - и Всеслав, как ангел мщенья, ворвался в темницу и одним ударом меча обезоружил Ромуальда.

— Полно тебе злодействовать, Мей! — загремел ои. — Твой час

пробил. Выкиньте этого тигра в окно, — сказал он своим, — чтобы он не заражал воздуха своим дыханием!

Новогородцам не нужно было повторять приказа; Ромуальда схватили, раскачали и вышвырнули в окно с башни.

— Бездельник не утонет, — сказал Гедеон с насмешкою, прислушиваясь к падению Мея, — у него препустая голова; слышишь ли, как звенит она, стукаясь о камни?

— Его и дребезгов не останется, — отвечал Илья, — прежде нежели долетит он до низу: все стены утыканы частоколом.

— По делам вору и мука, — примолвил Гедеон, — он был великий злодей.

В одно мгновение разбил Всеслав рукоятью меча цепи Эвальдовы, и Нордек склонил перед ним колено.

— Склоняюсь перед невинно обиженным мною, — воскликнул он, — и объемлю моего великодушного избавителя!

Они взирали друг на друга с чувством безмолвного восторга, и горячие слезы удивления и раскаяния смешались.

— Спеши к Эмме, — сказал Всеслав, — она невинна и добра, как прежде, она здесь внизу...

С криком безумной радости спрыгнул Эвальд на стену, с нее в ладью, и счастливый, прощенный супруг упал в объятия восхищенной супруги. Для таких сцен есть чувства и нет слов.

Гроза стихала, и наши пловцы выбирались из-под свода, когда чей-то стон привлек их внимание. Всеслав выпрыгнул на каменья, чтобы посмотреть, кто это, и ужаснейшее зрелище поразило его взоры: Ромуальд, изможденный, проткнутый насквозь заостренным бревном, висел головою вниз и затекал кровью; руки замирали с судорожным движением, уста произносили невнятные проклятия.

— Чудовище, — сказал Эвальд, содрогаясь от ужаса, — ты жаждал чужой крови и теперь задыхаешься своею.

Зажав уши, отвратив глаза, бежал он прочь. Но долго после того ему слышалось, впросонках, смертное хрипение Мея, и картина его казни представлялась как живая.

Ладья летела будто окрыленная, и новые родные уже беззаботно предались излиянью чувств и рассказам.

— Посмотри, брат, — сказал Андрей Всеславу, — как расцветает над замком зарево, — это мое дело; я вместо тебя распустил на башне огненное знамя истребления и позаботился, чтобы нам было светло в дороге. Огонь горячо принялся за наше дело, да и ветер раздувает его так усердно, будто приверженец гермейстера. Послушайте, как кричат они, как стелется дым и кидает уголья во все стороны. О, это утешно, это будет памятная отплата господам тайным судьям за явные их проказы. Однако ж посоветуй зятю Эвальду не выезжать вперед без свиты. У него не две головы, и мщенье не обманывается дважды.

Спешите к берегу, молодые счастливцы! Там встретит вас дружба и под щитом своим проведет на родину. Спешите! В Нейгаузене ждет вас радость и ликованье; гостеприимство и приветы найденных родителей ждут вас в Новегороде.

Я видел живописный Нейгаузен, и в нем не раздавался уже звук стаканов, ни гром оружия. Верхом въехал я в круглую залу пиршества, — там одно запустение и молчанье. Этот замок, построенный Вальтером фон Нордеком в 1277 году и наступивший пятою на границу России, доказывал некогда могущество Ордена; теперь доказывает он силу времени. Лишь одна круглая башня, прекрасной готической архитектуры, устояла; остальное распалось. По карнизам стелется плющ, деревья венчают зубчатые стены; из бойниц, откуда летали некогда меткие стрелы, выпархивает теперь мирная ласточка, и ручей, пробираясь между развалин, омывает главы обрушенных башен, которые когда-то гляделись с высоты в его поверхность.

РЕВЕЛЬСКИЙ ТУРНИР

I

«Вы привыкли видеть рыцарей сквозь цветные стекла их замков, сквозь туман старины и поэзии. — Теперь я отворю вам дверь в их жилища, я покажу их вблизи и по правде».

Звон колоколов с Олая[48] великого звал прихожан к вечерней проповеди, а еще в Ревеле все шумело, будто в праздничный полдень. Окна блистали огнями, улицы кипели народом, колесницы и всадники не разъезжались.

В это время рыцарь Бернгард фон Буртнек спокойно сидел под окном в ревельском доме своем, за кружкою пива, рассуждая о завтрашнем турнире и любуясь сквозь цветное окно на толпу народа, которая притекала и утекала по улице, только именем широкой. Судя по бороде, по собственному его выражению, с серебряною насечкой, то есть с сединою, Буртнек был человек лет пятидесяти, высокого и когда-то статного роста. Черты его открытого лица показывали вместе и доброту и страсти, не знавшие ни узды, ни шпоры, природное воображение и приобретенное невежество.

Зала, в которой сидел он, обшита была дубовыми досками, на коих время и червяки вывели предивные узоры. По углам, со всех панелей развевались фестонами кружева Арахны[49]. Печка, подобие рыцарского замка, смиренно стояла в углу, на двенадцати ножках своих. Налево дверь, завешенная ковром, вела на женскую половину через трехступенный порог. На правой стене, в замену фамильных портретов, висел огромный родословный лист, на котором родоначальник Буртнеков, простертый на земле, любовался исходящим из своего лона деревом с разноцветными яблоками. Верхнее яблоко, украшенное именем Бернгарда Буртнека, остального представителя своей фамилии, дородностию своею, в отношении к прочим, величалось как месяц перед звездами. Подле него, в левую сторону вниз, спускался коронованный кружок с именем Минны фон... Бесцветность будущего скрывала остальное, а раззолоченные гербы

---

[48]Звон колоколов с Олая... — Церковь св. Олая является памятником древнегерманского зодчества в Прибалтике. Впервые упоминается в 1267 г.

[49] ...кружева Арахны — то есть паутина. В «Метаморфозах» Овидия упоминается героиня Арахнея, искусная рукодельница, дерзнувшая вызвать Афину на состязание в ткачестве и превращенная ею за это в паука.

и арабески, наподобие тех, коими блестят наши вяземские пряники, окружали дерево поколений.

— Нагулялся ли ты, любезный доктор? — спросил Буртнек входящего в комнату любчанина Лонциуса, который приехал на север попытать счастья в России и остался в Ревеле, отчасти напуганный рассказами о жестокости московцев, отчасти задержанный городскою думою, которая не любила пропускать на враждебную Русь ни лекарей, ни просветителей. Надо примолвить, что он своим плавким нравом и забавным умом сделался необходимым человеком в доме Буртнека. Никто лучше его не разнимал индейки за обедом, никто лучше не откупоривал бутылки рейнвейна, и барон только от одного Лонциуса слушал правду не взбесившись. Ребят забавлял он, представляя на тени пальцами разные штучки и делая зайца из платка. Старой тетушке щупал пульс и хвалил старину, а племянницу заставлял краснеть от удовольствия, подшучивая насчет кого-то милого.

— Нагулялся ли ты? — повторил барон, отирая с усов своих пену.

— Не пользою нагулялся, барон, — отвечал весельчак доктор, выгружая из карманов своих, будто из теплиц, разнородные растения. — Вот целые пучки лекарственных кореньев, собранных мною, и где бы вы думали?.. на вышегородских укреплениях!.. Эту полынь, например, целительную в виде желудочных настоек, сорвал я в трещине главной башни; эту ромашку выдернул из затравки одного ржавого орудия, и я, конечно бы, собрал на стене гораздо более трав, если бы комендантские коровы не сделали там прежде меня ботанических исследований.

— Ну, каковы же тебе кажутся наши неприступные, грозные бойницы?

— Ваши грязные бойницы, барон, мне кажутся неприступными для самого гарнизона, потому что все всходы обрушены, а грозны они только издали; половина пушек отдыхает на земле, на валах цветет салат, а в башнях я, право, больше видел запасенного картофелю, нежели картечей.

— Да, да… это сказать — так стыд, а утаить — так грех! Хорошо еще, что такая оплошность со стороны моря. Ведь сколько раз говорил я гермейстеру, чтобы поставить все пушки на дыбы и не давать растаскивать ядер на поварни.

— Славно сказано, барон; еще лучше, когда б это исполнилось. Тогда перестали бы ревельцы потчевать приятелей, как их потчуют русские, калеными ядрами в виде пирожков. Не далее как вчерась я насилу залил пожар моего желудка, вспыхнувшего от подобного брандскугеля[50].

— И заливал, конечно, не водою, доктор?

— Без сомнения, мальвазиею, господин барон. Неужели вы не знаете,

---

[50] Брандскугель (нем.) — зажигательное ядро.

что многие вещества от воды разгораются еще сильнее? А ваш дикий перец, конечно, стоит греческого огня[51].

Барон имел похвальную привычку соглашаться с тем, чего не знал. И потому он с важною улыбкою одобрения отвечал доктору: «Знаю… знаю»; но между прочим, не желая обжечься этим греческим огнем, он подвинул к Лонциусу кружку с пивом и предложил ему потушить остатки вчерашнего пожара.

— Тебе завтра будет вдоволь работы, — продолжал он, сводя разговор на турнир.

— Работы, барон? Разве я кузнец? — отвечал доктор, выменивая каждое слово на глоток пива. — Зачем вам хирурга, когда вы ломаете не ребра, а латы! С тех пор как выдуманы эти проклятые сплошные кирасы[52], нашему брату приходится вспоминать о своих опытах, словно сказку о семи Семионах. Велика очень храбрость залезть в железную скорлупу, да и стоять в битве наковальней! Право, от вашего вооружения более терпят кони, чем неприятели!..

— Полно, полно, Густав, хулить наши брони за то, что они берегут нас от вражьих мечей и твоих ланцетов. Спросика лучше у русских, любы ли они им? Наши латники гоняют кольчужников тысячами.

— Для того-то русские и не ждут ваших конных бойниц, а любят заставать вас по домашнему — в замше. Сказывают, в Новгороде очень дешевы из нее перчатки!..

Оно и не мудрено: отнятое хоть грошем, но дешевле купленного.

— Вздор, Густав, небылица! Клянусь своими шпорами, что если бы русские увезли у меня хоть уздечку, я бы нагнал удальцов и выкроил бы из их кож себе подпруги…

— У других с уздечками они уводят и коней, а ни у одного еще рыцаря не видать подпруг из такого сафьяна.

— У прочих… у других!.. Другие мне не указ. Я уверен, что русские не забудут встречи со мною под Магольмом, под Псковом… под Нарвою![53]

— Это и я помню наизусть. Но к чему толковать нам о прошлых сражениях, когда речь завелась о наступающем турнире? Не приготовить ли мне перевязку для почтенного моего хозяина? Я бы от чистого сердца желал, барон, чтобы благодетельный удар вышиб вас из седла или чтобы конь ваш, ревнуя к славе хирургии, сломал бы вам руку или ногу. Вы

---

[51] Греческий огонь — зажигательные снаряды.

[52] Кираса (фр.) — металлические латы, надевавшиеся на спину и грудь для защиты от ударов холодным оружием.

[53] …под Магольмом, под Псковом… под Нарвою! — Имеются в виду сражения с русскими войсками в 1501—1502 гг.

увидели бы тогда искусство Лонциуса… и хотя бы кости ваши прыгали, как игральные косточки в стакане, я ручаюсь, что через месяц вы бы могли сами поднести ко рту кубок за мое здоровье.

— Я постараюсь лучше сохранить свое. Нет, милый мой Лонциус, Буртнеку не бросать больше из седел противников! Некстати ему мерять плечо с мальчиками. Притом же и лета отяготили броню мою, а сила руки улетела с ее ударами. Нет, я не поеду туда, откуда не уверен выехать. Не заманили бы меня и на эту пирушку, если бы не просьбы дочери и не дело с бароном Унгерном. Гермейстер обещал его на днях окончить.

— Только обещал? Это не много. Оп два месяца обещает мне пропуск в Москву и до сих пор не дает его, хотя я вовсе не прошу господина гермейстера заботиться о здоровье моей головы, которая, по его словам, может простудиться от обычая снимать там шапки за версту до княжеского дворца, а у забывчивых будто прибивают их гвоздями, чтобы не снесло ветром. Если он и для одноземцев так же приветлив, как для заезжих, то вы смело можете надеяться, что, явясь сюда с первыми жаворонками, воротитесь домой позднее той поры, когда кулики полетят на теплые воды.

— Может ли это статься! Мое дело так ясно, как мой палаш, так право, как эта правая рука.

— Зато барон Унгерн хоть левою, но крепко держится за гермейстера; говорят, он ему сродни…

— А я с ним разве не брат по Ордену? Нет, доктор, о правосудии не сомневаюсь; но желал бы поскорее убраться из Ревеля. Здесь не то, что в деревне… пиры да обеды, от гостей да в гости, — а, смотришь, деньги улетают как время, и долги налегают на шею гирями!.. Золотыми шпорами своими клянусь, мне скоро нечем будет клясться, потому что придется заложить их. Нет ли у тебя, доктор, какого заморского лекарства от денежной чахотки?

— Если б оно и было, барон, то без употребления бы осталось; у кого есть деньги, тому не нужно лекарства, а у кого их нет, тому не на что купить его. По умственной алхимии дознался я, что орвиетан[54] от болезней карманного рода есть умеренность.

За этим словом, не знаю, с умыслом или ненарочно, доктор так громко брякнул стопою об стол, что яркий звон ее будто выговорил: «Я пуста».

— Понимаю, — сказал с улыбкою рыцарь, — понимаю это нравоучение; но, судя по нашей природе, оно останется без действия, точно так же, как и твои пилюли. Между прочим, любезный доктор, не выпить ли нам бутылочку рейнвейну, хоть это и противно нашему

---

[54] Орвиетан — особый эликсир от всех болезней, названный по имени лекаря Фероата из Орвието; впоследствии — название всякого шарлатанского лекарства.

обряду? Говорят, каждая в пору выпитая рюмка рейнвейну отнимает по талеру у лекаря.

— Зато каждая бутылка дает ему по два. У вас очень старое вино, барон?

— Немного моложе потопа, господин доктор; но ты увидишь, что оно совсем не водяно.

Бернгард свистнул, и в ту же минуту вбежал не красивенький паж, как это водилось у французских рыцарей, не оруженосец, как это бывало у германских паладинов[55], а просто слуга-эстонец, в серой куртке, в лосиных панталонах, с распущенными но плечам волосами, вбежал и смирно остановился у притолки с раболепно-вопросительным лицом.

— Друмме! — сказал ему Бернгард, — скажи ключнице Каролине, чтобы она достала из погреба одну из плоских склянок за зеленою печатью. Я уверен, что она обросла мохом и пустила корни в песок, — продолжал он, обращаясь к Лонциусу (который уже заранее восхищался видом рейнской бутылки, любимой им, по его словам, только за то, что она весьма похожа на реторту), — и мы докажем доктору, как старое вино молодит людей. Да убери эту стопу, Друмме, — слышишь ли, глупец?

Друмме, трепеща, покрался к столу и так бережно взялся за стопу, как будто боясь пролить из нее воздух.

— Чего ты боишься, истукан! — грозно закричал рыцарь. — Кружка эта пуста, как твоя голова… Куда, нечесаное животное, куда?.. Чего ты ждешь, что ты смотришь на доктора? Я и без него тебе предскажу березовую лихорадку за твои глупости. Проклятый народ! — продолжал Бернгард, провожая Друмме взором презрения. — Скорее медведя выучишь плясать, чем эстонца держаться по людски. Еще-таки в замке они туда и сюда, а в городе — из рук вон; особенно с тех пор, как здешняя дума дерзнула отрубить голову рыцарю Икскулю[56] за то, что он в стенах ревельских повесил часа на два своего вассала.

— Признаться, я не думал, чтобы у ратсгеров[57] ваших стало довольно ума, чтоб выдумать, и довольно решимости, чтоб выполнить такой закон.

— Не мое ремесло рассуждать, глупо это или умно; я знаю только, что оно бесполезно. Ну что мне закон, когда я палашом могу отразить обвинение или смыть кровью свой же проступок! Притом без золотых очков у закона глаз нет; повешенный молчит, а живой сам петли боится[58]. Поэтому-то мы отправляем вассалов своих точно так же, как вы больных,

---

[55] Паладин (фр.) — в средние века — рыцарь из свиты короля.

[56] Рыцарь Икскуль — владетель поместья Резенберга; за жестокость со своими вассалами и убийство одного из них был казнен жителями Ревеля в 1535 г.

[57] Ратсгер (нем.) — член совета магистрата.

[58]Прошу читателя вспомнить о феодальных правах. — Примеч. автора.

— безответно. За здоровье рыцарей меча и рыцарей ланцета! Каково винцо, доктор?..

— Гораздо лучше ваших обычаев. Еще слово, барон: для чего же вы иногда прибегаете к суду в своих обидах?

— О, конечно не по уважению к законам, а оттого, что сила не берет управиться иначе. Оттого-то и я замарал пальцы чернилами в деле с Унгерном.

— И, по всей вероятности, напрасно.

— Всетаки вероятность лучше невозможности. Да полно об этом; я терпеть не могу рассуждать головою, а не руками, и всякий раз, когда мне случится подумать, у меня так болит голова, будто с двух стоп русского меду. Сыграемка лучше партию-другую в пилькентафель[59]: это разгуляет твою заморскую ученость и повеселит мое рыцарское сердце.

— И даст движение, очень полезное для здоровья. Об этой игре смело можно сказать с Горацием: utile dulci[60].

— Пощади, сделай милость, пощади меня от этого язычества; со мною ты смело можешь вешать его на гвоздик, потому что изо всей латыни я только помню и люблю слово vale[61].

Так говоря, они вышли из залы.

II

На радуге воображенья
Воздушный замок строит он;
Его любви лелеет сон…
Но бьет минута пробужденья!

Угадываю любопытство многих моих читателей, не о яблоке познания добра и зла, но о яблоке родословном, именем Минны украшенном, и спешу удовлетворить его, во-первых, потому, что я хочу нравиться моим читателям, во-вторых: не таюсь люблю поговорить о прекрасных, хотя не умею говорить с ними. Послушайте.

Минна, единственная дочь рыцаря Буртнека, была прелестнейшая девушка. В ее время Ливония более нынешнего изобиловала красотами, но на светлокудрых сих красавицах лежала печать бесстрастия. В тени своих девичьих они расцветали, как пышные тюльпаны, блестя, но не благоухая.

---

[59] Род бильярда. — Примеч. автора.

[60] Полезное с приятным — лат.

[61] Прощай — лат.

Удаленные не обычаем, но привычкою от мужчин, потому что им нечего было говорить друг другу, их занятием были одни пересуды; все их тщеславие ограничивалось нарядами, все честолюбие не стремилось выше верхнего конца за столом или красного стула на вечеринках. Сердце было у них пятое колесо в колеснице; ум - такая монета, которую никто не мог оценить, ни разменять; а потому эпохи жизни своей они считали от балу до балу и приятные воспоминания поверяли по расходной книжке. Таковы были почти все красавицы ливонские, но не такова была Минна. Природа, по словам отца ее, не тростниковый клинок одела в такие красивые ножны. Это «не знаю — что-то милое» одушевляло черты ее лица, давало величавость ее поступи, ловкость приемам, сладость речам. Из голубых ее очей, из под длинных ресниц, скользили взоры... но какие взоры! От них вспыхнул бы и лед. Коротко сказать, Минна была из числа тех красавиц, которые поражают красотою и вместе пленяют прелестью. Она рано потеряла мать, но мать-природа о ней заботилась. Чтение не просветило ее, но книга света была перед нею, и какое-то понятие, заменяющее девицам опытность, спасло невинную от приманок богатства и обольщения лести. Минна скоро приметила, что ее не понимали, что ее любили не так, как хотелось ее возвышенному сердцу, осужденному биться без ответа; и это невольно уединенное чувство вовлекло ее в мечтательность. Воображение Минны вырывалось из скучного круга разряженных кукол, из шумных бесед рыцарских и рисовало ей светлейшие картины счастия; ее сердце вздыхало о каком-то неясном, но прелестном идеале; а сердце в восемнадцать лет порох, одна смелая искра и прощай спокойствие.

Между тем как барон с доктором спорят, кто из них в лучшем ударе, сбивая городки пилькентафеля, Минна в ближайшей комнате готовила наряды к завтрему. В углу за занавесом, вокруг длинного стола, сидели и что-то шили три эстонские девушки с бисерными повязками на голове, с серебряными бляхами на груди. Старая тетушка Минны дремала в другом углу под тению крылатого чепчика, устав бранить новые моды и неуменье племянницы по ее одеваться. Перед Минною стоял белокурый статный юноша, сын одного из богатейших купцов в Ревеле: он принес ей вчера заказанную богатую цепочку. Синий бархатный шпензер[62] его вышит был золотою битью; частые сквозные пуговицы висели, как ягоды, по полам, золотая бахрома украшала цветные отвороты замшевых сапожков, и только недостаток шпор показывал, что он не рыцарь; хотя смелая осанка и умное лицо его давали ему над многими из них преимущество.

— Так вам нравится лиловый цвет, любезный Эдвин? — сказала

---

[62] Шпензер (нем.) — род одежды.

Минна, повертываясь перед зеркалом. — И вы думаете, что это платье будет мне к лицу?

Прилагательное любезный и тогда уже не было лестным, относясь к низшему; оно и Эдвину напоминало о его состоянии, но сладостно было для его сердца. Однако ж он молчал, погруженный в мечтательное любование красотою Минны.

— Пробудитесь, Эдвин, — сказала она вполовину тронутым, вполовину ласковым голосом.

— Так, я грезил, фрейлейн Минна; простите меня или, лучше, самую себя в том вините. От звука вашего голоса теряешь ум прежде, чем слова дойдут до него.

— Мы, кажется, говорили о цветах, а не о звуках, Эдвин!

— Еще раз виноват, фрейлейн Минна, — я и забыл, что дамы более любят пестроту, чем гармонию. На вопрос ваш, впрочем, буду отвечать тоже вопросом… Какой наряд не пристанет к стройному вашему стану, какой цвет, какое украшение может возвысить или изменить прелестное ваше лицо?

Эдвин договорил это приветствие трепещущим голосом, но был доволен, что сказал его, конечно, более читателя, которого я прошу, хоть для меня, простить моего героя: во-первых, потому, что он не читал ни одного французского словаря комплиментов, а во-вторых, стоял пред прекрасною девушкою, к которой был очень неравнодушен. Ах! кто из нас не казался порой учеником пред светскими красавицами? кто не говорил им неловких похвал? Бог знает почему: когда разыграется сердце, остроумие прячется так далеко, что его не выманишь ни мольбами, ни угрозами. И что пи говори, я не верю многословной любви в романах.

— Лесть — поддельное золото, Эдвин; я не беру ее на свой счет, — сказала Минна.

— Лесть, но не искренность, Минна! Не то ли же самое я сказал вам, в чем уверяет вас ваше верное зеркало, в чем (вы видите, что я умею говорить правду) вы и сами не сомневаетесь?

— Поэтому вы считаете меня тщеславною, самолюбивою?

— Я знаю только, что скромность не мешает ни зрению, ни слуху… Завтра тысячи голосов скажут вам в миллион раз более моего.

— Кто завтра вздумает обо мне, когда сюда съехались все красавицы, которыми славится Ливония и блестит Ревель!

— И недаром блестит, фрейлейн Минна. Особенно теперь мы вправе гордиться: первая из них украсит завтрашний турнир своим присутствием и одушевит всех своим взором.

— Кто же эта первая? — спросила Минна нетвердым голосом. — И для всех или только для вас она кажется такою? Не подкуплены ли глаза ваши сердцем?..

— Я думаю наоборот, фрейлейн Минна: глаза ее очаровали мое сердце.

— Вы рассказываете про свои чувства, а мне бы хотелось знать ее имя, — сказала Минна холоднее. — Могу ли услышать его, не трогая вашей скромности?

— Ах, Минна, вы тронули нежную струну!.. Со всем тем я бы решился сказать, кто она, если б не одно любопытство участвовало в вашем вопросе.

Между тем он так нежно глядел на Минну, что, казалось, щеки ее зажглись от пламени его взоров. Краснея, она опустила свои и молчала, зато сердце говорило тем громче. Эдвин был развязен, пылок, умей, Минна — чувствительна и прелестна. Он умел и мечтать и чувствовать, а рыцари ливонские могли только смешить и редко-редко забавлять. Она любила — он возбуждал мысли высокие, говорил с жаром, если не с красноречием, и увлекал, если не убеждал. Разъезжая два года по Европе, он навык приличиям светским и образованностию, ловкостью далеко превосходил рыцарей Ливонии, которые росли на охоте, а мужали в разбоях, рыцарей, неприветливых с дамами, гордых ко всем, заносчивых между собою, предпочитающих напиваться за здоровье красавиц в своем кругу, чем проводить время в их беседе. Они думали пленить Минну рассказами о своей любви, своей верности, Эдвин говорил ей о ней самой. Те считали головы убитых ими зверей и неприятелей, он напоминал о плененных ею сердцах; они заглядывались на ее алмазные серьги, он любовался ее очами. Следствие угадать нетрудно, ибо состояния выдуманы не для любовников и любовь, как иной цвет на бесплодном утесе, растет и в безнадежности. Лавка отца Эдвинова была первая по городу, и, как на беду, против окон Буртнекова дома. Там находились все дорогие ткани, все искусственные изделия, жемчуг и ценные камни. Девушки того века любили рядиться не менее наших столичных, и лавка прекрасного Эдвина всегда была полна посетителями. Нужно ли сказывать, что Минна ходила туда часто? И хотя лавка сия служила для Ревеля вместо нашего английского магазина (то есть местом свидания молодежи), ее влекла туда не одна страсть к уборам, не одно желание всем нравиться там удерживало. То надобно прикупить бархату, то переделать по-новому ожерелье, то распаялось кольцо, то из-за моря привезли что-то чудное. И каждый раз приветливый Эдвин спешил к ним навстречу, развертывал перед тетушкой штофы, сверкал племяннице алмазами и глазами. Рассказывал ей про чужбину, слушал ее с восхищением; и обыкновенно горький вздох развевал его блестящие замки, и он со слезами на глазах провожал взорами свою любезную, не сводил их с ее окна и в молчании изнывал, как былинка. Тяжко любить без надежды на счастие, тяжело без надежды взаимности; но беспримерно тяжелее видеть себя любимым и не сметь словом любви вызвать признания, жаждать его, как отрады небесной, и бежать, как преступления чести; не иметь права на ревность и таять от страха измены; винить свой холод в ее огорчениях, множить собственные муки то упреками против любви, то против долга!.. Тогда-то страсти из кипящего сердца черными парами налетают на разум и ядовитое отчаяние вгрызается в душу!.. О други, други! Пожалейте того, кто любил подобным образом.

— И вы могли сказать, что одно любопытство внушило мне вопрос мой, — наконец произнесла Минна, подняв голубые очи свои с таким нежно-укорительным взором, что суровое выражение лица Эдвиыова смешалось в одно мгновение с умилительным, голос замер, сердце как будто пронзилось, но это ощущение было сладостно, как первый вздох наяву после страшного сна. Души их слились в один выразительный, но невыразимый взгляд.

Минна пришла в себя.

— Итак, любезный Эдвин, если б вы были рыцарем, какой цвет избрали бы вы на завтрашний турнир?

— Навеки, навсегда, фрейлейн Минна, я бы избрал цвет первой красавицы; цвет, составленный из небесно-голубого и украшенья земли — розового; я бы избрал, — продолжал он пламенно, схватив ее руку, — прелестный, несравненный лиловый цвет, ваш цвет, Минна!

Рука Минны пылала и трепетала; голова ее невольно склонилась на плечо Эдвиново…

— Ах! зачем вы не рыцарь! — прошептала она. Воздушный замок Эдвина разлетелся.

— Ах! зачем я не рыцарь! — вскричал он вне себя. — Зачем я злосчастен своим благополучием!

И в одно время на руке Минны напечатлелись жаркий поцелуй восторга и охладевшая слеза безнадежности.

— Минна, Минна! — закричал отец из другой комнаты.

— Минна! — повторила впросонках ее тетушка.

III

В любви, добыче и утрате
Мои права — в моем булате.

Кто не читывал рыцарских романов, кто не знает обычая избирать для раздачи наград на турнирах красавицу, которой давали титло царицы любви и красоты? Разве в чем другом, а в тщеславии лифляндские рыцари не уступали никаким в свете и всегда — худо ли, хорошо ль — передразнивали этикет германский. Турниру без царицы быть не можно — это аксиома: вот и сошлись избранные судьи турнира в риттергауз[63]. Поставили, как водится, на стол чернильницу и бутылки, перебрали все писанные и устные предания о способе избрания, пошумели, поспорили, кого избрать, и когда от кружения козьей ноги[64] у них закружились головы и отнялись ноги, они согласились (к чести их вкуса или вина, право, не знаю) избрать Минну фон Буртнек царицею.

Минна, слыша зов отца своего, оправила волосы и, подняв фрез[65], чтобы скрыть в нем пылание щек своих, вышла в залу.

За нею последовал Эдвин.

— Благодари господ совета за честь, милая Минна. Ты избрана на завтра царицею... — сказал барон, потирая от удовольствия руки. — Благодари; я за себя и за тебя дал слово...

Один из герольдов[66] в вышитом гербами далматике[67] преклонил колено и подал ей на бархатной подушке золотую из трефов коронку, и смущенная нечаянностию Минна взяла ее, лепеча что-то в ответ на пышно-бестолковое приветствие герольдов.

— Я не поздравляю вас, — тихо сказал Эдвин, положа руку на сердце, — вы и без короны владели сердцами.

Минна покраснела и молчала.

Герольды встретились в дверях с рыцарем Доннербацем, одним из самых страшных бойцов и самых ревностных искателей Минны.

— Поздравляю барона и целую ручку у царицы моей, — сказал он, неловко кланяясь и звеня за каждым словом шпорами, будто напоминая тем (и только тем), что он рыцарь... — Соколом моим, фрейлейн Минна, клянусь, что завтра за каждую искру ваших глазок так полетят искры от лат, что небу станет жарко. Вы увидите, как я перед вами отличусь; конь у меня загляденье: пляшет по нитке и курцгалопом на талере вольты делает. Сделайте милость, фрейлейн Минна, позвольте мне надеть лиловый шарф, — у меня уж и чепрак лиловый заказан.

— Много чести... благодарю вас за внимание... но я так часто меняю цвета свои, что вы безошибочно можете опоясаться радугою.

---

[63] Риттергауз (нем.) — рыцарский дом в Ревеле (Таллине) на Вышхоре; перед ним в старину происходили рыцарские турниры.

[64] Кубки в виде ноги дикой козы были в большой моде у ревельских рыцарей — в честь Ревеля, которого имя производят они от слова Ree-fall — падение серны, — примеч. автора.

[65]Фрез (фр.) — высокий плотный воротник.

[66] Герольд (нем.) — вестник, глашатай; распорядитель на рыцарских турнирах.

[67] Далматика — род мантии или накидки.

— И быть полосатым шутом, — тихо примолвил доктор.

— Знатная мысль! — воскликнул Доннербац, хлопая в ладоши. — Вот, что называется, соглашаться, не сказав «да». Зато лиловую полосу я сделаю шире остальных вместе.

— Милости прошу присесть, господа, — говорил Буртнек Доннербацу и Эдвину, которого он ласкал по сердцу и по золоту. — Вас, рыцарь, на сегодняшний вечер я жалую министром ее красивого величества - моей дочери; растолкуйте ей должность царскую, а ты, милый Эдвин, постарайся, чтобы царица не забыла нас, простых людей. Мне надо поговорить о деле.

Молодежь уселась в одном углу близ тетушки без речей, а доктор и Буртнек в другом присели к столику.

— Добро пожаловать, старая кукушка, — сказал барон входящему Фрейлиху, рассыльщику гермейстера, — добро пожаловать, если твое явление не предвещает худа!

— И, батюшка, ваша высокобаронская милость! Что вздумали, — отвечал коротенький рассыльщик, закладывая перчатки за украшенный бляхою пояс и бич за раструб сапога. — Я ведь как деревянная кукушка, что над часами в ратуше, так же часто и так же верно вещую на прибыль, как и на убыль.

— Что же нового, Фрейлих?

— Чему быть новому на этом старом свете, г. барон? — продолжал словоохотливый немец, развязывая сумку. — У меня даже для завтрашнего праздника и новой шапки нет, даром что старую износил я, усердно кланяясь господам рыцарям.

— Не только нам, ты и всем стенам хмельной кланяешься. Однако вот тебе два крейцера в обмен за труды.

— Благодарю покорно, благородный рыцарь. За каждый крестик на этих монетах я положу по десяти за вашу душу.

— Не лучше ли выпить за мое здоровье? — сказал, усмехаясь, барон, принимая бумаги. — Конечно, повестки от гермейстера?

— Приказы, благородный рыцарь.

— Приказы?.. Да что он смеет мне приказывать?..

— Где нам это знать, г. барон, — стать ли нам соваться не в свое дело! На печати стоит часовой; да, впрочем, если б письмо было прозрачнее киршвассеру[68], я, безграмотный, и тогда бы узнал не больше теперешнего.

— Правда, правда, — ворчал про себя Буртнек, — ты столько же можешь судить о содержании писем, как моя легавая собака о вкусе перепелки, которую приносит. Ступай себе, Фрейлих.

(Читает.)

---

[68] Киршвассер (нем.) — вишневая водка.

— «Ба… ба… барону… Бур… Бур…» Провал возьми неучтивость сочинителя и почерк писца; это так связно, как венгерская цифровка; по крайней мере титул—то мой мог бы он написать большими ломаными буквами![69].

— О! конечно, — сказал, не слушая его, рыцарь Доннербац.

— Без сомнения, — прибавила из другого угла тетушка, пересчитывая на иглы петли полосатого чулка, который она вязала.

— Это еще учтивее, — примолвил с усмешкою доктор, — письмо написано ломаным языком.

— У тебя оп очень гибок на споры, — возразил Буртнек, — посмотрим-ка его рысь на деле… прочти, пожалуй… У меня глаза слабы, не могу разобрать: буквы мелки, как маковые зернышки, и меня недаром берет дремота с одной строчки.

— Дай бог, чтобы вы могли спокойно заснуть от них, — сказал доктор, пробегая бумагу глазами. — От гермейстера Ливонского ордена Рейхарда фон Бруггенея пре… при…

— Возьми очки, — сказал барон.

— Возьмите терпенье… — возразил доктор. — Ваши титулы так темны и долги, как сентябрьская ночь.

— Далее, далее?

— Не далее, а назад, барон! Мы, словно пилигримы по обещанию, ступаем три шага вперед, а два обратно. Итак: «Гермейстер Бруггеней, благородному рыцарю Ливонского ордена рыцарей креста барону Эммануилу Христофору Конраду… фон Буртнеку, урожденному…»

— Ты рехнулся, доктор…

— Виноват, зачитался. Я уж так привык писать рецепты спесивым вашим барыням, что у меня беспрестанно звенят в ухе их титулы. Поверите ли, что фрейгерша Книпс-Кнопс при смерти не хотела принять лекарства за то, что я не выставил на рецепте: для урожденной такой—то…

— Какая мне надобность до ее рожденья и смерти и твоей смертной охоты приплетать свои сказки к чужому делу! Ни дать ни взять, ты словно мой конюх Дитрих, который любил, бывало, вплетать ленточки в гриву моей лошади, когда уже трубят сбор…

— Вы взобрались на своего конька, барон, а ведь пеший конному не товарищ. Впрочем, мы близки к концу. Приказ, кажется, дан в придачу титулам; он и весь в четырех словах: «исправьте ваш мост через болото Вайде, что на большой дороге в Дерпт».

---

[69] Fraktur-Buchstaben. — Примеч. автора.

— Пусть он сам его перемащивает своим пергамином[70], а мне, право, не для чего; в ту сторону я никогда в гости не езжу.

— Не ездите, так и незачем. Жаль только бедных путешественников по нужде, они не журавли: не перелетят чрез болото.

— Это уж их дело, а не мое.

— Но ведь большая дорога — вещь мирская; а как она идет через ваше владение…

— Поэтому я имею право делать в нем, что мне угодно, а тем более ничего не делать.

— Это значит, что где многие делают все, что хотят, там все терпят то, чего не хотят.

— Другую, другую, доктор…

— Разве третью, — сказал Лонциус, наливая стопу.

— Я говорю про бумагу, — с досадой произнес Буртнек.

— А я думал, про стопу, — отвечал Лонциус с притворным простосердечием, снимая со свечи.

(Читает.)

— «Гермейстер…» и тому подобное… «По жалобе рыцаря барона фон Буртнека на фрейгера Унгерна о земле, прилежащей к замку Альтгофену и смежной с соседственными угодьями сказанного Унгерна, якобы захваченной им у первого бесправно и беззаконно, наездом и вооруженною рукою и насилием и грабежом, с угрозами повторения оных впредь, я с фогтами и командорами Ордена[71], рассмотрев сие дело, нашли…» Ошибка против грамматики! — вскричал доктор, останавливаясь.

— Скажи лучше, против правды, — возразил Буртнек. — Гермейстер только праздничает с фогтами, а судит и рядит своей головой…

— «…рассмотрев, нашел, по справкам и показаниям свидетелей, что сказанная земля (опись на обороте) была прежде захвачена у отца фрейгера Унгерна в разные времена и различными неправдами; а потому объявляем всем и каждому, что фрейгер Унгерн был вправе употребить для возвращения собственности силу, не видя удовлетворения на полюбовные сделки и многократные свои требования, и что мы признаем его законным владельцем сказанного участка; а рыцарю барону фон Буртнеку приказываем немедленно и беспрекословно уступить Унгерну Милькенталь со всеми выгонами, прогонами, загонами, луговыми и

---

[70] Пергамин (пергамент) — кожа животных, особым образом обработанная и служащая для написания документов и писем.

[71] …с фогтами и командорами Ордена… — Командоры и фогты — высшие чины Ливонского ордена, назначавшиеся магистром Ордена, ведали надзором и управлением округа.

лесными дачами, нивами и покосами, стоячими и живыми водами, со всеми угодьями и привольями без изъятия и положить новую границу от ручья Куремсе до озерка Пигуса, до заводи, где коней купают, оттуда налево мимо красной сосны, что молнией обожжена, до Юмаловой пожни, а оттуда на перестрел к новой Пойгиной бане, а оттуда...»

— Оттуда пусть он убирается к черту! — вскричал барон, вскакнув со стула... и гнев его, поджигаемый каждым словом, наконец лопнул, как фейерверочный бурак[72], и бранные шутихи полетели во все стороны... — Вот правосудие! Вот законы!.. Когда я был силен и удал, когда мои шпоры звенели громче других на пирушках и палаш мой реже целовался с ножнами, тогда ни одна параграфская душа не смела показать ко мне носа и все эти толстые фогты фон так кланялись через улицу. Бывало, хоть на епископской полосе воткну свое копье вместо гранного столба, никто и пикнуть не смеет, — а теперь, смотри, пожалуй! Эти ходячие чернильницы, эти черепокожные писаря вздумали притиснуть границу к самому рву замка, так что Унгерн, того гляди, будет с меня требовать платы за тень башен, которая ляжет на его землю, за каждый стакан воды из ручья, — и какой воды!

— Без воды обойтиться можно, — возразил доктор, возвыся голос, чтобы заставить барона дослушать определение. — «Вследствие чего нарядится вскоре чиновник для введения помянутого фрейгера Унгерна во владение...»

— Пусть только явится ко мне... Пусть только приедет... Я его под бичами заставлю вертеться кубарем... я его попрошу отведать спорной воды в озере!..

— «И тогда, по обычаю собрав из соседних деревень обоих противников здоровых мальчиков, высечь их на каждом заметном месте новой разгранички, чтобы они ее памятовали и в могущих случиться впредь спорах могли служить очевидными свидетелями...»

— Этому не бывать... шпорами клянусь, не бывать!.. Всякий знает, что я для правого дела не пожалел бы вассалов своих... но в этом случае разве я злодей, чтобы согласиться обратить их спины памятною книжкою для безголовых судей?..

— А что скажет на это гермейстер?

— То, чего я не послушаюсь... Что мне дорожить его благосклонностью, его флюгерною дружбой? Я хочу лучше иметь перед собою двух открытых врагов, чем за спиной одного такого приятеля! Унгерну же не видать обетованной земли, как вчерашнего дня; коли на то пошло, не поживится он ею без боя, даже для цветочного горшка. Буквы не солдаты, а у меня для встречи незваного гостя найдется живой

---

[72] Фейерверочный бурак — гильза с порохом, выбрасывающая огненный фонтан.

частокол с железными маковками и пе одна пара сильных рук указать ему дорогу восвояси.

Так восклицал раздраженный барон, топая ногами, и громче и громче раздавался голос его, до того, что стаканы и кубки, стоящие в старинном шкафу, зазвенели друг об друга.

Старуху тетушку ураган сей застал на половине зевка и превратил его в знак удивления. Рыцарь Доннербац, который для комплимента пил за здоровье Минны, не донес кубка до губ, и кубок, склонясь на полдороге, точил понемножку на пол драгоценную влагу. Только Эдвин и Минна встали, движимые участием.

Добрый Лонциус, сбросив с лица шутливое выражение, беспокойно слушал барона и следил взорами его движения.

— Да, да, — продолжал Буртнек, — я докажу и Унгерну и гермейстеру… что Буртнек прожил и умрет не без друзей.

— Честию клянусь, — вскричал Эдвин от души. — Вы их имеете, Буртнек!.. Мое золото — ваше.

— Располагайте, — сказал, пошатываясь, Донпербац, — мною каждый день до обеда, а удальцами моими всегда.

— Благодарю… сердечно благодарю… — отвечал умиленный барон, подавая им руки. — Но утро мудренее вечера, и мы завтра потолкуем об деле… Боже мой!.. Завтра турнир, и Унгерн, наверно, попрежнему сорвет награду, и моя дочь должна будет увенчать моего злодея!.. Проклятое слово… отказаться нельзя, а вытерпеть этого я не могу… Я не переживу насмешек грабителя над этими седыми волосами, и где же? Перед целым Ревелем, перед всем дворянством и рыцарством? Друзья!.. Друг Доннербац! ты один можешь спасти старика от позора; ты силен и огромен и сломишь Унгерна как тростинку. Одна только лень мешала тебе помериться с ним доселе… Но теперь… Послушай, Доннербац, я знаю, что моя Минна тебе нравится… но лишь победитель Унгерна будет ее мужем… Вот моя рука, мое рыцарское слово, что друг или недруг, кто бы ни выбил Унгерна из седла, — я отдаю ему мою дочь и свою вечную признательность.

— Руку и слово, барон, — вскричал радостно Доннербац, ударяя рукою в руку, — и пусть ведьмы всех цветов сдслают из мсня своего конька, если в Унгерне оставлю я хоть каплю души, как в этом кубке, если не так же сомну его!

С сим словом серебряный кубок, смятый в комок, полетел на пол.

— Батюшка, милый батюшка! — воскликнула испуганная Минна.

— Минна… Я не люблю повторений и противоречия. Мой приказ должен быть твоею волею, а моя воля — твоим желаньем: что сказано, то свято. Победитель Унгерна будет тебе хорошим мужем и мне добрым защитником.

119

Минна, бледнея, опустилась на стул. Сверкая взорами, стоял Эдвин посреди комнаты; грудь его волновалась, правая рука будто стискивала рукоять меча, и вдруг, как лев, он гордо встряхнул кудрями… и скрылся.

— Куда, куда, любезный Эдвин? — кричал вслед ему Буртнек; но ответа не было. — Чудак!.. а славный малый, — примолвил он, — скажи слово, и Эдвин отдает все без росту и закладу.

— Молодец, — повторил Доннербац, — даром что не рыцарь, а его не проведешь на зубах конских.

— Преумница, — прибавил доктор, — хоть и спорит со мной о жизненной эссенции, зато одной веры, что мир родился из яйца…

«Прекрасный юноша, бесценный человек!» — думала полумертвая Минна, но она не сказала этого вслух.

IV

…I write in haste, and if a stain
Be on this sheet 'tis not what it appears,
My eyeballs burn and throb, but have no tears.

Byron[73]

Как бешеный вбежал Эдвин домой.

Плащ слетел на пол. Двери спальни от удара ноги разлетелись вдребезги, и он с сердцем вырвал свечу из рук старшего служителя…

— Кончено… Решено… — говорил он, скрежеща зубами. — Турнир и Минна — люди, люди!.. Поклонники предрассудков!.. О, для чего не могу я стать с копьем у ее порога и вызвать на бой каждого дерзкого, кто захочет ее руки! Герман! я еду, — вскричал он слуге своему.

— Куда? — спросил тот с изумлением.

— Кто смеет спрашивать куда? Я еду, и этого довольно; ветер хорош; кораблей много: готовься.

Жарка первая любовь юноши; зато как горька первая потеря!

Долго сидел Эдвин, облокотясь на стол и закрыв обеими руками горящее лицо. В его груди буревали страсти, и, наконец, они излились в беспорядочном письме; вот оно:

«Для меня все решилось. Пишу к вам оттого, что говорить с вами завтра я бы не мог, а писать после турнира мне не должно, — тогда уже рука

---

[73] Я пишу второпях, и если на этой странице встретится пятно, то это не то, что кажется: мои глаза горят и трепещут, но в них нет слез. Байрон (англ.).

ваша принадлежать будет другому; другой… Безумец я, безумец! Из какой надежды, по какому праву смел ты возвысить свои взоры на лучший цвет Ливонии!.. Или ты думал, что пылкое, верное сердце стоит рыцарского герба? Ты думал… Нет, я ничего не думал, я мог только чувствовать, только любить. Минутный сон счастья! Я дорого плачу за тебя наяву… Вы знаете ли, прелестная Минна, что такое яд ревности, испытали ли вы муки безнадежной, отчаянной любви? Молю бога, чтобы вы никогда ее не чувствовали!.. Отчаяние давно ли посетило меня, и кажется, все часы, все дни, потерянные в рассеянности, промелькнувшие в восторге, склубились теперь в минуты, в бесконечные минуты!.. За каждым биением сердца, для вас только бьющегося, тысячи досадных мыслей одна по другой, одна другой чернее, успевают уже терзать мою душу, и каждая капля крови медленно вливает отраву в мои жилы. Чувствую, что я пишу вздор… Простите моему безумию и дерзости, что я пишу к вам, добрая, милая Минна; или нет, прошу вас, умоляю вас, рассердитесь на меня, излейте на виновного справедливый гнев свой: тогда мне легче будет оставить вас, разлучиться с обожаемою Минною, бежать той родины, где мне запрещено заслужить мечом любезную, которой взаимность заслужил я сердцем. Будьте гневны и неумолимы, иначе кроткий взор небесных очей ваших обратит в дым мою решимость, еще один взор, как сегодня… и я причарован, — и что тогда? Мое мщение может быть столь же чрезмерно, как безмерна моя страсть. Спасите меня своим негодованием, несравненная! Я только дождусь турнира, лишь узнаю счастливца, которому выпадет мое счастие, ив ту же минуту корабль умчит меня, куда повеет ветер, и тем лучше, чем далее… Буду скитаться по свету, чтобы забыться, не для того, чтобы забыть вас… Нет! я бы не мог исполнить этого, хотя бы желал. Воспоминания и горе прежней любви будут мне отрадою… буду жить ими, покуда от них не умру. Будьте счастливы, милая Минна, и верьте сердечному, хотя не рыцарскому слову, что никто искреннее меня не может пожелать вам этого, как никто не мог любить чище и пламеннее. Прощайте, Минна! Более ничего ни от меня, ни обо мне вы не услышите. Эдвин».

Холодный ветер взвивал кудрями Эдвина, который, прислонясь к косяку отворенного окна, в горькой задумчивости глядел на окна Минны. Сквозь стекла и занавес мерцал там луч тусклой лампады, и воображение населяло темноту призраками воспоминаний; но они тянулись как погребальное шествие. Два раза поднимал Эдвин руку, чтобы перекинуть прощальное письмо, и медлил в нерешимости… Наконец, замирая сердцем, метнул он через улицу яблоко, к которому было привязано письмо, и оно с звоном разбитого стекла упало на пол Минниной спальни.

«Amour aux dames, honneur aux braves!»[74]

Летит как вихорь, как огонь
Пред недвижимым строем;
И пышет златогривый конь
Под будущим героем.

Это было в мае месяце; яркое солнце катилось к полудню в прозрачном эфире, и только вдали сребристооблачной бахромой касался воде полог небосклона. Светлые спицы колоколен ревельских горели по заливу, и серые бойницы Вышгорода, опершись на утес, казалось, росли в небо и, будто опрокинутые, вонзались в глубь зеркальных вод. Резвые голуби, возбужденные шумом и звоном колоколов, кружились над крутыми кровлями; все было оживлено, все дышало радостию, все праздновало возвращение весны, воскресение природы.

С зарею Ланг и Брейтштрассе - две дороги, ведущие к Домплацу в Вышгороде, - заперлись толпами народа. Эстонцы и немецкие рукодельники, слуги и мещане спешили занять место, чтобы посмотреть на турнир рыцарский; однако ж немногие добились этой чести. Небольшая площадь едва давала простор поединщикам, а вкруг домов сделаны были места для людей почетных. Все окна были отворены, уложены подушками, увешаны коврами. Ленты и разноцветные ткани веяли отовсюду; пестрота домов, нарядов и украшений представляла глазам странное, но приятное зрелище. Наконец, за час до полудня, трубы зазвучали по городу, и в одну минуту окна закипели зрительницами, амфитеатр наполнился лучшими купцами и старыми рыцарями.

Под балдахином сидел гермейстер, в белой бархатной мантии с черным на левом плече крестом, в полукафтанье с разрезами, унизанными застежками, в сапогах, на которые спускались от колен кружевные напуски. Золотом шитый воротник рубашки городками лежал на железном оплечье, которое носили тогда рыцари, чтобы и в домашнем платье видно было их звание. Подбой платья, раструбов сапогов и перчаток был малинового цвета. Золотая цепь с орденским крестом показывала его достоинства, и два пера гордо возвышались над его головою, как он над головами прочих. На рукояти меча висели гранатовые четки, как будто эмблемою сочетания духовной и военной власти, ибо тогда сила епископов была уже уничтожена. По левую его руку сидела

---

[74] Любовь — дамам, почет — храбрецам! (фр.)

царица праздника, Минна, в токе, в лиловом платье со сборами, с золотыми кружевами, в косынке, вышитой шелками, унизанной жемчугом, и крупные кудри рассыпались по плечам ее, перевитые с дымковым покрывалом. Робко поводила она взорами, и томная грусть видна была на ее лице, как будто однодневная царица красоты чувствовала, что служит живым изображеньем кратковременного владычества прелести!

Между тем как зрители чинно усаживались по лавкам, споря за почетность мест более, чем за их удобность, Лонциус и Эдвин стояли у въезда, откуда им видна была вся окружность, и от доброты сердца перебирали соседей и соседок. Часто душевное горе, раздраженное общим весельем, в котором не можем участвовать, изливается горькими насмешками; это же самое случилось и с Эдвином: желчь его испарялась злословием, и, как водится в подобных обстоятельствах, колким, но редко остроумным.

— Мне жаль бедную Минну, — сказал доктор, которому все казалось в забавном виде. — Гермейстер ваш, который так величается гербами своими, право очень похожими на булочную вывеску, боится потерять свою симметрическую посадку, а ей не с кем пересудить соседок: заметить, что у той-то худо накрахмален воротник, что у того-то растрепаны перья или чересчур нафабрены усы. Какое противоречие — гермейстер и Минна!

— Тут не противоречие, а доказательство, что радость и скука — самые близкие соседи, — отвечал Эдвин. — Но, доктор, вы просили меня показать вам кое-кого из женщин и мужчин ревельских, — следуйте же своими взглядами за моими. Вот эта разряженная дама, например, очень похожая на корабельную статуйку, — жена ратсгера Клауса; она, говорят, в самом деле ворочает рулем нашей думы и не раз сажала наш курс на мель. Подле нее примерная чета: бургомистр[75] Фегезак с дражайшей своей половиной; они горят одною страстью к стеклу, то есть он к стакану, а она к зеркалу. Эта карманная дамочка, которая, говоря без умолку, вешается на шею толстому своему мужу, будто колокольчик на шею к волу, — дворянка Зегефельс. Он, сказывают, взял маленькую жену для того, чтобы она не достала водить его за нос, зато теперь ушам больно достается. Кстати об ушах… Тот молодчик, кажется, прячет их длину в высокий фрез свой, — это ландрат[76] Эзелькранц; за ним сидит певица фрейлейн Лилиендорф; знатоки говорят, что голос ее есть смешение соловьиного с совиным; а воздушная соседка ее, у которой лицо и платье расцвело радугою, — баронесса Герцфиш. Ей бы давно пора с нашего неба. Далее

---

[75] Бургомистр — здесь: старший член магистрата.
[76] Ландрат — член королевского или земского совета.

видна любовница командора Цангейма... Не дивитесь, что она сидит выше его жены: это у нас не редкость. Там две сестрицы...

— По́лно, по́лно, Эдвин, о женщинах. Я знаю, что о скромных сказать нечего, о хорошеньких не для чего говорить, а прочие мне наскучили. Теперь очередь до господ. Кому, например, принадлежит эта головка, лежащая на огромном испанском фрезе, как на блюде яблоко?

— Всем, кому угодно, доктор!.. Он отдает ее на подержание за сходную цену. Это промотавшийся дворянин Люфт; он сочиняет надгробные надписи и свадебные песни, проекты рыцарям для впадения в землю неприятелей и для свидания с женами приятелей; смотрит в зубы лошадям, сводит купцов и лечит охотничьих собак... Это самая светлая голова изо всего Ревеля.

— Недаром же вокруг нее коленкоровое сияние. Но кто этот в пух разубранный рыцарь... с соколом на руке, обвешанный лентами и пуговицами, как свадебный конь?

— Это мученик и образец щегольства... Фогт фон Тулейн... В гардеробе своем он, кажется, не советовался с указом Плеттенберга[77]: шейная цепочка его весит ровно в тридцать фунтов, и посмотрите, в какие перстни закованы его пальцы! Он имеет вес между рыцарями.

— Ну, а тот, с бекасиною фигурою, низень

— И низкий человек? Это продажная душа, вицбетрейбер[78] Рабешнтраль. Но вот въезжают и рыцари. В голове их командор Везенберга Гарткнох: он прост как страус, которого перьями так хвалится; подле него на готической лошади галопирует дерптский фогт Цвибель; сквозь его прозрачность[79] можно видеть звезды на небе и на щите его, только не в голове. Сзади их толстый фрейгер Фрессер на такой тощей лошади, что на костях можно шляпу повесить и принять ее за тень седока... Он заложил женино ожерелье, чтобы сделать своему коню серебряные подковы... Далее...

Эдвин бы не кончил биографической своей сатиры, если бы рыцарь Буртнек не разлучил его с доктором, позвав того к себе.

Рыцари, при звуке труб и литавр, по двое въезжали за решетку, крутили тяжелых коней своих, кланялись дамам, склоняли копья перед гермейстером. Кирасы их не отличались приятностью рисунка; щиты и нашлемники и длинные попоны коней украшены были такими

---

[77] Гер. Плеттенберг в 1503 году издал, для удержания роскоши, указ, в коем предписал простоту в платье и уборах всех сословий; но это осталось без действия. — Примеч. автора.

[78] Вицбетрейбер (нем.) — шут, острослов.

[79] Seine Durchlaucht. Его светлость, его прозрачность — немецкий титул. — Примеч. автора.

геральдическими птицами, зверями и травами, что свели бы с ума всех натуралистов мира. Но все это блистание лат, пестрота перьев и шарфов, шитье чепраков и попон, ржание коней, бренчание сбруи и плески и разнообразие кругом — все изумляло странностию, было дико, но пленительно.

И вот герольды прочли уставы турнира, и рыцари выскакали вон, оставя место для бою. Снова звучит труба, и уже копья ломаются на груди противников, и выбитые рыцари ползают в пыли от тяжести лат более, чем от силы ударов. Часто своевольные кони разносят их, и копья поражают воздух; часто, стукнувшись лбами, они путаются в сбруе другого и, как петухи, ловят промах врага. Вот уже рижский рыцарь Гротенгельм дважды остался победителем и взял в приз золотой шарф из рук царицы красоты. Трубы прогремели ему туш, — народ приветствовал кликами. Тогда только выехал гордый Унгерн, который будто презирал легкие победы и ждал, чтобы другой увенчался ими для украшения его триумфа. Они слетелись, сшиблись, и Гротенгельм покатился через голову с копьем своим. Забавнее всего был удар копья Унгернова: он повернул шлем Гротенгельма налево кругом, и тот, вскочив на ноги, долго не мог из него высвободиться, задыхаясь и ничего не видя. Смех и рукоплескания полетели со всех сторон. Унгерн остался, ожидая противников.

Бросив повода и опершись на копье, величаво стоял он среди площади. Трубы гремели, герольды вызывали охотников, но сила рыцаря ужасала, — никто не являлся.

Все дамы, все зрители восклицали: «Отдать Унгерну награду, отдать лучшему, храбрейшему!»

— Отворите! — закричал неизвестный рыцарь, приближаясь, — и в то же мгновение, не дожидаясь, покуда отворят решетку, он сжал в шпорах коня и стрелой перелетел через нее.

Хвост разом осаженного коня лег на землю, но рыцарь не шевельнулся в седле, только перья со шлема раскатились по плечам и снова вспрянули от удара. Минуту стоял он как вкопанный, слегка поигрывая поводами, как будто желая осмотреться и дать разглядеть себя, и потом тихо, манежным шагом поехал кругом ристалища, приветствуя собрание склонением головы. Наличник его был опущен, щит без герба, латы вороненые с золотою насечкою. Огненный цветом и ходом конь его храпел и фыркал и весь был на ветре, как будто ступал по облаку пыли, взвеваемой его ногами.

— Какой статный мужчина! — сказала, прищуриваясь, фрейлейн Луиза фон Клокен брату своему, когда неизвестный проезжал мимо.

— Какой жеребец! — воскликнул ее брат, — во всех статях, — даже и хвост трубою. Это картина — не конь. Крестец — хоть спи на нем, ноги

125

тоньше, нежели у италиянца Бренчелли... и пусть меня расстреляют горохом, если он танцует не лучше фогта Тулейна... только что не говорит.

— Эту привилегию имеют только ослы, — с досадою подхватил Тулейн, который по случаю сидел сзади.

— Это я вижу теперь, — смеючись отвечал фон Клокен. — Но кто этот неизвестный удалец?

— Это Доннербац! — отвечали многие голоса.

— Неужели он так скоро успел просушить свою голову? Я оставил его за шестою бутылкою венгерского на завтраке у ратсгера Лида.

Между тем рыцарь подъехал к гермейстеру, склонил копье, низко-низко поклонился Минне — и вдруг поднял на дыбы коня своего, метнул его вправо и во весь опор поскакал к Унгерну. Все ахнули, боясь удара, но он сразу и так близко осадил коня, что мундштук звукнул о мундштук...

— Что это значит? — с досадою произнес Унгерн, изумленный такою дерзостью.

— Если рыцарь хочет взять у меня урок в геральдике, — насмешливо отвечал неизвестный, — то брошенная перчатка значит вызов на бой.

— Рыцарь, я уже давно этою указкою выездил шпоры, и от ней не один терял стремена!

— Унгерн! мы съехались не хвалиться подвигами, а их совершать. Я вызываю тебя на смертный поединок.

— Ха! ха! ха! Ты меня вызываешь на смертный бой... Нет, брат, это уж чересчур потешно!

— Чему ты смеешься, гордец? Я тебя не щекотал еще копьем своим; берегись, чтобы за твой смех по тебе не заплакали.

— Ах ты, безымянный хвастун! Ты стоишь быть стоптан подковами моего коня.

— Наглец и пустослов! Поднимай перчатку или убирайся вон из турнира.

— Я выгоню тебя вон из света, безумец! — вскричал раздраженный Унгерн, вонзая копье в перчатку противника. — И также воткну на копье твою голову.

— Пощупай лучше, крепко ли своя привинчена. На жизнь и смерть, Унгерн!

— Это твой приговор... Поклонись в последний раз петуху на олаевской колокольне, — вы уж больше не свидитесь...

— А ты приготовь поздравительную речь сатане...

— Посмотрим, какого цвета кровь, двигающая этот дерзкий язык!

— Поглядим, какая подкладка у этого надутого сердца, — говорили рыцари, разъезжаясь.

И вот герольды разделили им пополам свет и ветер, сравняли копья, и

126

труба приложена к устам для вести битвы. Привстав, склонясь вперед, все чуть дышат, чуть поводят глазами. Сердца дам бьются от страха, сердца мужчин от любопытства; взоры всех изощрены вниманием. Унгерн сбирает, горячит коня своего, чтобы сорвать с места мгновенно; садится в седло, крутит копьем. Незнакомец стоит недвижно, солнце не играет по латам, ни волос гривы его коня не шевелится…

Труба гремит.

Вихрем понеслись противники друг на друга — раз, два, и копьев как не было, но удар был столь силен, что незнакомец зашатался, упал на шею коня, и перья шлема смешались с султаном конским, и бегун понес его кругом ристалища. Громкие плески огласили воздух, дамы завеяли платками в одобрение Унгерна.

Таковы-то люди, Таковы-то женщины: они всегда на стороне победителя.

— Славно, славно, земляк! — кричали ему ревельцы. — Ты так крепко сидишь в седле, будто вылит из одного куска с лошадью.

— Едва ли это неправда, — примолвил Лонциус Буртнеку, который ни жив ни мертв ждал развязки боя.

— Теперь он знает, каково рвать незабудки с копья Унгернова, — прибавил другой.

— Я чай, у него в глазах сверкают такие звезды, что и во сне не увидишь, — сказал третий.

— Распечатай его наличник! — кричали многие.

Но рыцарь очнулся, и насмешки возбудили в нем новые силы. Так дымится и кипит вода от капли кислоты, — так вспыхивает умирающее пламя от немногих зерен пороху.

Снова, с новыми копьями, устремились рыцари навстречу: один с уверенностью в победе, другой с злобою мщения… Сразились, и Унгерн пал.

Разгорячен, спрыгнул с коня незнакомец и, наступив ногой на грудь полумертвого Унгерна, простертого в пыли, поднял его оплечье острием меча, направил меч в грудь и оперся на него.

— Ну, Унгерн, кто победитель?

— Судьба, — отвечал тот едва внятно.

— И смерть, если ты не сознаешься; кто победил тебя?

— Ты, ты! — отвечал Унгерн, скрежеща зубами.

— Этого мало. Ты отнял неправдою землю у Буртнека. Откажись от ней, или через минуту тебе довольно будет и той земли, которую теперь закрываешь телом. Да или нет?..

— Я на все согласен!

— Слышите ли, герольды и рыцари! Я лишь на этом условии дарю ему жизнь.

127

Подобно электрическому удару, восторг обуял зрителей, доселе безмолвных, то от страха за Унгерна, то из участия к незнакомцу.

— Слава великодушному, награда и честь победителю! — раздалось в громе рукоплесканий. — Ему, ему награду! — восклицали все.

— Неизвестный рыцарь выиграл золотой кубок! — решили судьи турнира, и герольды провозгласили то.

Величаво кланяясь на все стороны, приблизился рыцарь к возвышению, где сидел гермейстер с царицею красоты; поклонился им и в безмолвии оперся на меч.

— Благородный рыцарь, — сказал гермейстер Бруггеней, стоя, — ты, оказал свою силу, свое искусство и великодушие; покажи нам победное лицо свое для принятия награды!

— Уважаемый гермейстер! важные причины запрещают мне удовлетворить ваше любопытство.

— Таковы уставы турнира.

— В таком случае я отказываюсь от прав своих и сердечно благодарю судей за честь, которою не могу воспользоваться.

Сказав это, неизвестный с поклоном отворотился от гермейстера…

— Храбрый паладин! — сказала тогда трепещущая судьбы своей Минна, наполняя кубок вином венгерским. — Неужели откажетесь вы ответствовать на мой привет за здоровье победителя?.. Как царица праздника, я требую повиновения, как дама,, прошу вас…

Она отпила и поднесла кубок к незнакомцу.

— Нет, нет! — говорил тот, отводя рукою бокал; видно было, что страсти сражались в нем, — он колебался. — Минна! — воскликнул он наконец, хватая кубок, — да будет!.. Я выпил бы смерть из чаши, которой коснулись вы устами… Вожди и рыцари! За здравие и счастье царицы красоты!

При громе труб незнакомец поднял наличник…

VI

Не встанешь ты из векового праха,
Ты не блеснешь под знаменем креста.
Тяжелый меч наследников Рорбаха[80],
Ливонии прекрасной красота.
                                        Н. Языков[81]

---

[80] Рорбах был первым магистром Ордена лифляндских меченосцев (Schwert-Brüder). — Примеч. автора.

Происшествие, которое представляю теперь, было в 1538 году, то есть лет пятнадцать спустя после введения лютеранской веры.

Орден крестоносцев ливонских недавно потерял тогда главу свою в прусском Ордене, преданном Сигизмунду[82], и уже дряхлел в грозном одиночестве. Долгий мир с Россиею ржавил меч, страшный для ней в руке Плеттенберга. Рыцари, вдавшись в роскошь, только и знали, что полевать[83] да праздничать, и лишь редкие стычки с новогородскими наездниками и варягами шведскими поддерживали в них дух воинственный. Впрочем, если они не наследовали мужества предков, зато гордость их росла с каждым годом выше и выше. Дух того века разделил самые металлы на благородные и неблагородные; мудрено ли ж, что, уверяя других, рыцари и сами, от чистой души, уверились, что они сделаны по крайней мере из благородной фарфоровой глины. Надо примолвить, что дворянство, образовавшееся тогда из владельцев земель, много тому способствовало. Оно доискивалось слиться с рыцарством, следовательно, возбуждало в оном желание исключительно удержать за собою выгоды, которые, бог знает почему, называло правами, и нравственно унизить новых соперников. Между тем купцы, вообще класс самый деятельный, честный и полезный изо всех обитателей Ливонии, льстимые легкостию стать дворянами через покупку недвижимостей или подстрекаемые затмить дворян пышностию, кидались в роскошь. Дворяне, чтобы ые уступить им и сравниться с рыцарями, истощали недавно приобретенные поместья. Рыцари, в борьбе с ними обоими, закладывали замки, разоряли вконец своих вассалов… и гибельное следствие такого неестественного надмения сословий было неизбежно и недалеко. Раздор царствовал повсюду; слабые подкапывали сильных, а богатые им завидовали. Военно-торговое общество Черноголовых[84] (Schwarzen—Häupter), как градское ополчение Ревеля, пользовалось почти рыцарскими преимуществами, следовательно, было ненавидимо рыцарями. Час перелома близился: Ливония походила на пустыню, — но города и замки ее блистали яркими красками изобилия, как осенний лист перед паденьем. Везде гремели пиры; турниры сзывали всю молодежь, всех

---

[81] Эпиграф взят из стихотворения Н. М. Языкова «Ливония» (1824).

[82] …в прусском Ордене, преданном Сигизмунду… — Сигизмунд I Старый (1467—1548), польский король, в 1525 г. согласился преобразовать духовно-рыцарский Тевтонский орден в герцогство Пруссия.

[83] Полевать — ездить в поле для военных действий.

[84] Общество Черноголовых — военно-торговое братство, основанное в XIV в. в Ревеле для обороны города; имело большое влияние на политическую жизнь Ревеля и всего Балтийского побережья.

красавиц воедино, и Орден шумно отживал свою славу, богатство и самое бытие. На чем бишь мы остановились?

VII

Что будет, то будет, что будет, то будет, а будет то, что Бог даст.

Богдан Хмельницкий

Медленно открыл незнакомый рыцарь бледное лицо свое и пал без чувств к ногам изумленной Минны, пал от изнеможения и первого удара.

— Эдвин! — воскликнула Минна.

— Купец! — закричали дамы и рыцари, и ропотное волнение разлилось по собранию.

— Такая наглость стоит наказания... Эта обида заслуживает месть! — раздавалось отовсюду, и рыцари, дворяне, шварценгейптеры хлынули на ристалище.

— Выбросьте вон, прибейте, убейте этого самозванца! — кричали рыцари.

— Он не наш.

— Он будет наш! — возражали шварценгейптеры, стеснясь в кружок около бесчувственного Эдвина. — Мы не дадим тронуть его волоском...

— Кто не даст? Кто не позволит? Кто? Не по нашей ли милости впущены вы в круг рыцарский? — шумели дворяне.

— Не из милости, а по праву.

— Кто дал права, тот может и взять их.

— Вы их продали нам, а не дарили. Мы такие же господа, как и вы, в Ревеле, который не раз уже выкупали своим золотом и спасали своею кровью.

— Старые песни, старые сказки!.. Храбрость ваша качается на весовой стрелке, а честь, как обстриженный червонец, очень упала в цене...

— Гром и буря! Мы напечатаем на лбах ваших такие монеты, что век не износите штемпеля...

— Аршинники, разбойники! — летело навстречу друг другу, и обе стороны пышали боем, когда венденский фогт фон Дельвиг вскочил на перила и громовым голосом говорил:

— Дворяне и рыцари! вот следствие пашей доброты! Когда бы не позволили мы шварценгейптерам и первым гражданам мешаться с нами, этот купчишка не стоптал бы нашего собрата и преимуществ Ордена, не обидел бы в лице Унгерна нас всех. Но пусть прошлое будет нам уроком для переду. Да будет же отныне и навсегда запрещено всем без изъятия, не носящим звания рыцаря или дворянина, въезжать за турнирную решетку.

— Да будет, да будет, — загремели дворяне и рыцари, и герольды под звуком труб возгласили, что никто, кроме дворян и рыцарей, не может отныне ломать с ними копья в турнире.

— Так мы сломим их в битве! — зашумели обиженные таким исключением шварценгейптеры, обнажая мечи.

— А! коли так, бейте черноголовых! — закричали рыцари.

— Рубите пустоголовых! — восклицали шварценгейптеры, кидаясь к ним навстречу, и вмиг мечи запрыгали по латам и бой завязался.

Вопли женщин, клятвы противников, громы оружия огласили воздух. Теснота умножала тревогу, конные и пешие, латники и невооруженные, бойцы и миротворцы смешались, и все орудия от рук до копий были в деле. Обиженное самолюбие и неуклонная гордость подстрекали сражающихся, вино и гнев ослепляли всех, ожесточение росло. Напрасно гермейстер просил, уговаривал, повелевал; напрасно, крича и топая ногами, бросил свой жезл, даже шляпу и мантию на ристалище в знак закрытия турнира, — никто не слушал, никто не замечал его. Наконец усталость сделала то, чего не могли совершить ни моления жен, ни приказы старших. Обе стороны склонились на увещания доброго бургомистра Фегезака, и противники разошлись, грозя друг другу мечами и взорами. Опустелое побоище усеяно было перьями и шпорами, рыцарскими и дамскими украшениями. К счастью, теснота помешала дальнему убийству, ибо сражение превратилось в борьбу; говорят, немногие заплатили жизнию за эту игрушку.

Эдвин все еще лежал в смертном обмороке от сильного ушиба и бури чувств. Подле него на коленях стояла прелестная Минна, забыв весь мир для любезного и ничему не внимая, кроме чуть слышного биения его пульса; Лонциус, ухаживая на Эдвином, уговаривал беснующегося Буртнека, который всем тогда известным светом клялся, что он не отдаст Эдвину дочери, хотя он и остался победителем.

— Но ваше слово, барон, ваше рыцарское слово!

— Но мои предки, г. доктор, мои предки! Лучше не сдержать слова, чтобы поддержать имя. Коротко сказать, Эдвин очень высоко задумал; я вовек не выдам Минны за человека без славного имени.

— Зато с доброю славою.

— За человека, у которого родословная в счетной книге, у которого нет герба.

— У него их тысячи, барон, и все на золотом поле.

— Хоть весь он рассыпься червонцами, — я не соглашусь раздвоить[85] свой щит с вывескою.

— Вспомните, барон, что Эдвин кровью выручил вам отнятое Унгерном, неужели за великодушие заплатите вы неблагодарностию?

— Добродетель — не титул…

— Мы производим его в командоры шварценгейптеров! — гордо возразили старшины сего сословия. — Он заслужил это достоинство храбростию.

— Слышите ли?.. — сказал доктор. — Это почти рыцарское достоинство!

— Батюшка, — вскричала, наконец, Минна, будто вдохновенная, — он оживает, мой Эдвин оживает. Простите, — продолжала она, обливая грудь отца горькими слезами, — я люблю Эдвина, я не могу жить без него… В руке моей вольны вы, но мое сердце навечно принадлежит Эдвину.

Казалось, она истощила все силы души и тела, чтобы выговорить слова сии, и, сказав их, как лилия, поникла головою и без чувств опустилась на плечо отца.

Это тронуло Буртнека более всех доводов. В гербе его не было сердца, но оно билось в груди отеческой. С нежною заботливостью поддерживая дочь левою рукою, он веял над ней перьями шляпы, хотел поцелуем призвать в нее жизнь, и даже слеза блеснула на непривычной к тому реснице.

Между тем добрый Лонциус наступал на него сильнее и сильнее:

— Он богат, прекрасен, командор и храбр; это пресечет злые языки… Неужели вы хотите уморить дочь и лишить счастья друга, изменив слову? Притом же любовь дочери вашей известна всему городу…

— Дай мне подумать хоть день, хоть час…

— Вы никогда не выдумаете лучше того, что говорит вам сердце… Итак, Эдвин зять ваш?

— Зять и сын… Эдвин и Минна, милые дети мои, пробудитесь для новой жизни!

Светел и радостен скакал с турнира Эдвин подле колесницы невесты своей, не сводя с нее глаз и поминутно целуя ее руку.

Спускаясь с Блоксберга, им встретился Доннербац в полном вооружении и с копьем в руке…

— Куда едешь, любезный Доннербац? — спросил Буртнек.

— На турнир, — отвечал тот, протирая глаза.

— Ты проспал его… Поедем-ка лучше ко мне на свадьбу, — с усмешкою сказал Эдвин.

---

[85] Ecarteler — геральдическое выражение. — Примеч. автора.

— На твою свадьбу, — неужели с фрейлейн Минною?.. Не сон ли это?

— Дай бог не просыпаться от такого счастливого сна!

Шумно промчался поезд мимо, — и Доннербац долго стоял на улице с отверстым ртом от удивления.

ЛЕЙТЕНАНТ БЕЛОЗОР

ГЛАВА I

Прощай, прекрасная стихия!
В последний раз передо мной
Ты катишь волны голубые
С неподражаемой красой!
                А. Пушкин

В то время, когда полчища Наполеоновы праздновали в Москве собственную тризну, русский флот, соединенный с великобританским, под командою английского адмирала, блокировал при голландских берегах флот французский, запертый во Флессингене. В самое бурное время года, в открытом море, на ужасной глубине, лежал он на якорях в беспрестанной борьбе со стихиями и каждый час готовясь на бой с неприятелем. За ним была пустыня океана, кругом подводные скалы, впереди грозные батареи; но он, словно крепость, воздвигшаяся со дна, стоял неподвижно, — и неслыханная дотоле блокада сия доказала свету, что русские и англичане умеют торжествовать не только над гением человека, но и над всеми силами природы.

В октябре месяце бури были ужасны и продолжительны; кто терпел их в море под парусами, тот может судить, каковы они для флота на якорной стоянке, где каждый вал, встречая неподвижную громаду, поражает ее всею силою и обрушивается на нее всею толщею своею. Корабль стонет и дрожит тогда, как прикованный великан, бессильный убежать от валов или всплыть на них. Продолжительный, тяжкий скрип расходящихся членов, оглушающий рев всплесков, свист ветра в блоки и шум ударяющихся снастей - наводят тоску на сердце. Везде вы видите угрюмые лица; все как будто ждут чего-то рокового, и только изредка слышится голос вахтенного лейтенанта, словно голос духа, повелителя стихий; пронзительные свистки отвечают на призыв его: море бушует.

Ураган, свирепствовавший с 16 на 17 число октября, сокрушил на берегах Англии и Голландии множество судов. Ночь эта была страшна для осаждающих; вся опытность моряков истощилась, чтоб устоять на якорях или, в случае обрыва, вступить под паруса для избежания неминуемого кораблекрушения при берегах. Посреди мрака и воя ветра повременно сверкали пушечные выстрелы, возвещая "бедствую!", фальшфейеры искрились, как блудячие огоньки над могилами, — корабли ежеминутно были в опасности свалиться.

Рассвет оказал всю бедственность их положения: линия была расстроена, корабли дрейфовали с двух якорей; на многих переломаны были стеньги и реи; иные, сорванные со стопоров, высучили канаты и под штормовыми парусами боролись вдали с вихрями; почти у всех изорванные и спутанные снасти висели в беспорядке, отопленные накрест нижние реи придавали еще более дикости виду их; волненье ходило горами. Картина была ужасная!

На русском корабле "Не тронь меня!" оказалась сильная течь; он замыкал линию слева, почти опираясь на каменную гряду подводных камней, которая на полмили простиралась в море параллельно с берегом. Прибой к ней, производящий неправильное волнение, называемое моряками толчея, всего более раскачал связь уже не нового корабля. Поставили запасные помпы, вооружили цепные; матросы работали неутомимо, но погибель была недалеко: вода лилась в расходящиеся пазы, и как ни равняли канаты, но то один, то другой вытягивался в струну, готовясь лопнуть; офицеры с недоверчивостью поглядывали на третий. К счастью, с рассветом шквалы затихли, и хотя ветер дул еще сильный, но волнение и качка стали правильнее. Мало-помалу все начало приходить в порядок: выстроили линию, убрались с повреждениями. Веселость возвратилась к усталым пловцам, лишняя чарка водки — и все забыто.

В четыре часа, то есть в восемь склянок, при смене вахт, вступающий в должность лейтенант, осмотрев все работы, подошел к капитану, ходившему по своей стороне шканцев, для рапорта о состоянии корабля.

— Господин капитан, — сказал он, приподняв свою круглую шляпу, — вахта принята благополучно, ветер сильный норд-норд-вест, глубина по лоту семьдесят восемь сажен, канатов на битенге по сто девяносто первой, воды в льяле...

— А что помпы — помпы, Николай Алексеич? — прервал его капитан, беспокоясь о течи.

— Все исправны; мы их держим на храпу, — отвечал лейтенант. — Не будет ли каких приказаний, капитан?

— Покуда никаких, Николай Алексеич, кроме благодарности вам за то, что вчерась заранее успели спустить марсареи. Опоздай вы часом, наверно бы не удержались на якоре, да не мудрено потерять бы и рангоут, а без него плохая шутка: разом повиснешь на какой-нибудь скале устрицею или пойдешь на дно хватать морские звезды!

Лейтенант был настоящий моряк, доброго, но сурового лица, загоревший от солнца всех климатов и несколько сутуловатый от привычки ходить под палубами. Шляпа его была надвинута на самые уши; пестрый шотландский плащ играл около его тела; в руках держал он лакированный жестяной рупор (разговорную трубу). На слова капитана он улыбнулся с довольным видом.

— Это игрушка, — отвечал он, — когда мы хозяйничали с Сенявиным в Адриатике, так, бывало, и стеньги спускали в четверть часа.

— Ныне это признано вредным, Николай Алексеич, — возразил капитан, пускаясь опять ходить, — снасти и ванты, спутанные на эзельгофте, представляют ветру большую площадь, нежели на выстроенной стеньге.

— Хорошо, что здесь нет осенью тифонов, — продолжал лейтенант, обращаясь к лейтенанту Белозору, у которого снял он должность, — а то поневоле бы стали делать все по нашему. Бывало, эти смерчи, как бесы перед заутреней, вьются около носу; но если страшно попасть к ним в передел, зато весело глядеть, как они образуются и рушатся попеременно. Черное облако вдруг, как ворон, слетает на море, свертывается воронкой, то вытягивается ниткою на вихре, то бежит столбом, и между тем как молния обвивает его и море кипит, словно котел, видно, как смерч пьет воду. . .

— Плохой же он моряк, Николай Алексеич, — отвечал шутя Белозор, статный молодой человек, на котором из под распахнутой шинели виден был аксельбант. На русском флоте адъютанты многих адмиралов поступают для кампаний в флотские должности по чинам, — Белозор был из числа их. – Я уверен, что наши балтийские тифоны, — примолвил он, — бывают опаснее для пуншевых стаканов, чем для заливов и проливов соленой воды.

— Конечно, так, моя невская яхточка, — ему бы следовало поучиться у нашего брата, старого моряка. Вода создана для рыб и раков, вино — для женщин и детей, мадера — для мужей и воинов, но ром и водка — для одних героев.

— Следственно, бессмертие для меня закупорено навеки: я не могу равнодушно глядеть на бутылку с ромом.

— И я тоже, любезнейший, и я тоже; у меня сердце бьет рынду, когда я завижу ее. Послужи с мое да испытай столько же бурь, тогда уверишься, что добрый стакан грогу лучше всех непромокаемых шинелей и всех противопростудных лекарств; как цапнешь темную, так два ума в голове; на валы смотришь, как на стадо барашков, и стеньги хоть в лучок гнутся – и горюшка нет!

— А какова была прошлая ночь? Если б не темнота, и на твоем лице, Николай Алексеич, полюбовались бы мы миловидною бледностью.

— Черт вытрави мою душу, если мое лицо не столь же мало сделано

136

для румянца, как и для бледности. Буря — моя стихия. Подавай нам почаще таких ночей, по крайней мере не заржавеем; а то скука возьмет, стоя на якоре до того, что он пустит корни, как пульс, ощупывать канаты и сквозь сон покрикивать: "заложить сейтали, — не зевать на стопорах!" То ли дело шторм? Уму, и рукам, и горлу раздолье; вся природа пляшет тогда по дудке твоей!

— Слуга покорный за ваше раздолье... Вчерась я промок до самой души, проголодался, как морская собака, и должен был холоден и голоден отправиться спать, потому что нельзя было развести огня ни под котлом, ни в камине. К довершению удовольствия, меня дважды выкинуло качкой из койки, на которую сквозь палубу, как в решето, лилась вода струями.

— Ах ты, пряничная рыбка, любезный мой Виктор Ильич! Тебе бы хотелось небось, чтобы корабли плавали в розовом масле, ветер только целовал паруса, выкроенные из дамских платьев, и лейтенанты танцевали бы только по-вахтенно с красавицами!

— Без всякого сомнения, не отказался бы я погреть теперь сердечко подле какой-нибудь леди в Плимуте или дремать в тамошней опере после сытного обеда, чем слушать медвежий концерт ветров и всякую минуту ждать отправления в безызвестную экспедицию.

— По мне, на берегу в тысячу раз больше всяких опасностей, того и гляди, что спроворят кошелек или сердце. Когда ты обманом прибуксировал меня в доме Стефенсов, я не знал, в которую сторону обрасопить нос... Пол в гостиной, казалось мне, волнуется, и я обходил каждую фарфоровую вазу, как подводный камень. А пуще всего, эта проклятая мисс Фанни навела на меня зажигательные свои глазки так метко, что я готов был бежать от нее по пятнадцати узлов в час... Да ты не слушаешь меня, рассеянная голова!

В самом деле, Белозор, стоя на пушке, уже стремился взорами к берегам Голландии, как скоро мысль его попала на проторенную дорожку — на женщин. Подобно голубю, отпущенному с ковчега, она летела в край неведомый и возвратилась с веткою маслины. Заветный берег казался ему раем: там живут добрые, умные люди, там цветут красавицы, и в них, может быть, бьются сердца, готовые любить и достойные любви!.. Двадцать пять лет – опасный возраст, милостивые государи, особенно для людей, заключенных в плавучем монастыре, и Белозор, волнуемый болезнию, которую мы привыкли называть молодостью, воспламенился пред неясною, неопределенною мечтою своего создания. Он так нежно, так страстно глядел на Голландию, как будто в ней зарыли клад его счастья, невозможность подстрекала еще больше его любопытство побывать там, и он, любуясь на плотины, о которые оперлось море и из-за коих виднелись только мачты кораблей, как подводный лес, да там и сям крылья мельниц и стрелы колоколен, хотя и не выронил слезы, которая бы очень романически сорвана была вихрями и слилась с бездной океана, но вздохнул, и вздохнул очень глубоко. Не могу скрыть этого важного обстоятельства, как верный историк и покорный слуга истине.

Уже начинало смеркаться. Ветер засвежел снова и скоро обратился в шторм; но как все предосторожности были приняты, экипаж с уверенностию ожидал ночи. В это время в тесном горизонте показались паруса трехмачтового корабля, идущего с океана. Гонимый бурею, он быстро приближался к флоту под рифмарселями. Скоро разглядели, что это военный английский корабль, красный флаг его сверкал как молния в тучах. Все трубы, все глаза обратились на пришельца.

— Посмотрим, каково этот джентльмен ляжет на якорь в такую бурю! — сказал лейтенант Белозор.

— Он просто сумасброд, — прибавил вахтенный лейтенант, — форсирует парусами, входя в линию, когда в одпи снасти дует так, что нельзя справиться. Посмотри, как гнутся его стеньги, мне кажется, я слышу, как трещат они. Или у него в кармане есть запасные мачты, или черти вместо матросов.

Опознательный флаг взлетел на адмиральском корабле и повторился на репетичном фрегате, который нарочно стоял на виду за линией, но приближающийся корабль бежал вперед, не отвечая.

— Что это значит?! — вскричали многие с изумлением. — Нет ответа!

— Он держит прямо на каменную гряду, — с беспокойством сказал вахтенный лейтенант. — Смотреть хорошенько сигналы.

Три флага вместе мелькнули на адмиральской грот-стеньге.

— Нумер сто сорок три! — закричал штурманский ученик. Лейтенант развернул сигнальную книгу.

"Идущему с моря кораблю войти в линию и лечь на якоре подле флагманского, слева".

— Есть ли ответ? — с нетерпением спросил вахтенный лейтенант.

— Никак нету-с, — отвечал штурманский ученик. Недоумение и страх всех возрастали с каждой минутою.

Тот же сигнал повторился, но с выговорной пушкою, — корабль, как будто не обраща на то внимания, катился прямо на роковую банку. Напрасно адмирал поднимал остерегательные сигналы за сигналами, он не убавлял парусов, не переменял направления; все с замиранием сердца смотрели, как он несся к верной гибели.

— Он не понимает наших сигналов, — вскричал вахтенный лейтенант, — он, верно, идет не из Англии для освежения наших кораблей, а с океана; только неужто незнакома ему эта гряда? Она означена на всех картах!

— Он погибнет, — произнес Белозор, — если сию же минуту не ляжет в бейдевинд!

Мгновение было роковое. Вахтенный лейтенант, вскочив на сетку и наклонившись всем телом вперед, так увлекся видом чужой опасности, что изо всей силы кричал им по английски:

— Don't skid away, my boys! Hand a port and close up to the wind! Не держи прямо — лево на борт, и круче к ветру! Лево на борт! — повторял он, махая шляпой, как будто бы голос его мог пронзить расстояние и рев бури.

Наконец на корабле, казалось, заметили всплески бурунов, которые, как печь, дымились прямо пред их водорезом, и люди закипели на нем, как муравьи, реи обратились вдоль корабля, передние паруса заполоскались с отданными шкотами, и бизань, самый задний парус, распахнулась, чтобы ветром, в нее ударяющим, быстрой поворотило судно боком, но не успела бизань наполниться, как порыв бури вырвал ее вон; лопнувший парус грянул, как выстрел, и лоскутья разлетелись по воздуху.

— У него отбит руль! — произнес вахтенный лейтенант, отвращая глаза. — Ему нет спасения!

Мертвая тишина воцарилась между зрителями. С ожиданием, расторгающим душу, устремили все глаза на жертву, которую влекла неумолимая судьба к бездне. Страшно видеть смерть и одного человека, но быть свидетелем погибели многих сот товарищей и не иметь возможности помочь им — неизъяснимо ужасно!

Обреченный смерти корабль, — будто корабль-привидение, который мечтают видеть порой суеверные пловцы в вечной борьбе с непогодами, исчезая и появляясь на страх им, — лишенный средств управлять бегом, с новой быстротой кинулся по ветру. На нем видна была тревога: люди взбегали и сбегали по вантам, сетки унизаны были матросами, они простирали руки, прося о помощи, и напрасно: последний час их пробил.

Со всего расходу ударился он о подводную скалу. Этот удар отдался в сердцах всех наблюдателей, исторгнув из них стон сострадания. Стеньги, мачты, самая громада корабля разрушилась в обломки и в один миг; паруса, затрепетав, разлетелись, как перья, огромный вал поднял разбитый остов и снова грянул его о незримые утесы.

— Все кончилось! — сказал Белозор, всплеснув руками в тоске отчаяния. В самом деле, там, где за минуту был корабль, теперь кипели одни буруны, распрыскиваясь попрежнему друг о друга, и только вихорь завывал, только алчное море ярилось и бушевало.

— Флагман поднимает сигнал, — закричал с юта штурманский ученик.

— Нумер двести семь: помочь утопающим.

139

— Благородное приказание, — сказал капитан, следя глазами трех человек, которые всплыли на рее и, заливаемые волнами, боролись вдали со смертию. — Благородное приказание, но его невозможно исполнить.

— Стыдно будет русскому находить в том невозможность, что англичанин признает за достойное, — с жаром возразил Белозор. — Позвольте мне, капитан, взять какое-нибудь гребное судно.

Капитан, вполовину недовольный противоречием, вполовину изумленный смелостью Белозора, строго взглянул на него и отвечал:

— Я не могу вам запретить этого, господин лейтенант, но поверьте моей опытности, что вы утопающих не спасете, а себя утопите.

— Я рад гибнуть там, куда призывает меня долг чести и человечества. Итак, я могу?..

— Можете; я позволяю, но не советую вам. Все большие гребные суда на рострах, а мелкие — все равно что гроб.

— Я готов пуститься в решете, — вскричал обрадованный Белозор, — веселей гибнуть вместе с другими, чем глядеть, сложа руки, на их погибель. Охотники, за мной!

Там, где дело идет о великодушной смелости, между русских солдат в охотниках не бывает недостатка. Человек тридцать кинулось за отважным лейтенантом, но он, выбрав пятерых самых проворных, сжал руку другу своему Николаю Алексеичу и вскочил в четверку, висящую на боканцах, при кликах товарищей: "Благополучного возврата!"

Грунтов и тали, то есть веревки, ее держащие, были обрезаны, и он полетел в разверстую пучину.

ГЛАВА II

О боже! Как мучительно казалось мне утопление! Какой ужасный шум воды в ушах моих! Какие отвратительные зрелища смерти пред глазами! Мне снилось, будто я вижу обломки тысячи страшных кораблекрушений, тысячи трупов, коих грызли рыбы, слитки золота, огромные якоря, груды жемчугов, неоцененные камни и украшения, разбросанные в глубине моря; иные сверкали в человеческих черепах, во впадинах, где витали некогда очи!

Шекспир

Ниспав с вышины борта двухдечного корабля, шлюпка исчезла в брызгах и пене, и в один миг великий вал унес ее далеко за корму. Пловцы наши едва-едва успели шапками отчерпать воду, и Белозор в тот же час велел поставить мачту и поднять до половины парус. Когда он оглянулся, флот был уже далеко назади, и он чуть различил стоящего у вант вахтенного лейтенанта, который следил взорами бесстрашного друга. Рей, на котором спасались утопающие, порой виден был, всходя на валы, мелькаючи концом паруса; но этот самый парус, вздуваемый иногда ветром, заставлял обращаться рей беспрестанно и погружал в воду прильнувших к нему несчастливцев. Напрасно всползали они наверх, чтоб дышать воздухом, строптивое бревно топило их снова и снова, и когда подоспела помощь, силы их оставили: Белозор уж никого не нашел на нем.

Пожалев о безвременной гибели утопших, надо было позаботиться о собственном спасении. Нечего было и думать о возвращении на корабль против ветра и волнения; Белозору оставалось одно средство — отдаться произволу стихий и попытать счастья пристать к берегу, чтобы на нем провести ночь и переждать, покуда стихнет буря. Вздумано — сделано. Правя гораздо левее города, он стрелой летел ко враждебному краю, где смерть или плен сторожили его. Он хладнокровно смотрел на влажные утесы, с плеском и воем наперерыв догоняющие утлую ладью. Кипя, склонялись они кудрявыми главами над кормою, готовясь обрушиться, рушились и выносили ее на хребте своем, как ореховую скорлупу. Сам Белозор сидел на руле, трое отливали воду, а двое остальных держали на руках шкоты. Видя спокойное лицо начальника, они полагали себя в полной безопасности. Скоро совершенно стемнело. Вдали замелькали между валов огни городские и послышался ропот прибоя, словно шум толпы народной. Белая гряда бурунов, как рубеж смерти и жизни, кипела перед ними; матросы, притаив дыхание, крестились, ожидая удара; страшно плескалось и стонало море между каменьями.

— Не робей, ребята! — говорил Белозор своим людям. — Куртки долой, и, если опрокинет, хватай весла, и чуть коснулся дна — карабкайся дальше, чтобы другой вал не утащил опять в море! Держись!

Как щепку взбросило ялик на бурун, и стремглав ударило его на камень. Перекинутые через эту водную стену спорных валов, оглушенные падением, пловцы наши спасены были только веслами, за которые они уцепились, ибо плавать не было никакой возможности. Уже все матросы были на берегу, но Белозор не показывался. Добрые матросы бежали навстречу каждому валу, думая выхватить из него любимого начальника, но он разбивался в пену, убегал, набегал снова, и все напрасно! К счастью, когда вдребезги разрушилась шлюпка, Белозор удержал в руке своей руль, которым правил, и он-то дал ему силы удержаться на толчее, в которую попался; мощный вал далеко выбросил его на берег.

Притаясь в кустах ив, коими обсажены все голландские плотины для скрепы их, наши моряки дрожали от холода, но веселость, это ничем не угнетаемое качество русского народа, и тут их не покидала.

— Ух, какой ветер! — сказал урядник, пожимаясь. — Чуть душу не вывеет.

— Держи крепче зубами, — возразил другой.

— Шути, шути! — отвечал урядник. — Выползли мы, как раки, чтоб не замерзнуть, как ужам после воздвиженья.

— А вот взойдет казацкое солнышко, так просушим сапоги, а сами надрожимся до поту, — прибавил третий.

— Уж этот месяц! Светит, а не греет, — даром у бога хлеб ест. Покурил бы, право, хоть трубки, авось бы стало теплее, — сказал четвертый.

— Жаль, брат, что ты раньше не догадался, — возразил второй, — из глаз у меня, как с огнива, искры посыпались, когда головой ударился о плотину.

— Что вы раскудахтались, словно куры в корабельной клетке, не даете доброму человеку заснуть, — сказал третий матрос. — Спи, Юрка, небось нашему брату не впервые в грязи отдыхать, оно и мягче; чарку в головы, лег — свернулся, встал -стряхнулся.

— Лечь-то ляжешь, и в бараний рог свернуться нехитро, а уж вставать-то как бог даст, — отвечал Юрка.

— Вот нашел, о чем заботиться, — примолвил урядник, — показать только линек — и так благим матом вспрыгнешь, словно заяц с капусты.

Так шутили между собой полунагие матросы и между тем зябли без всяких шуток. Белозор, который желал теперь быть за тридевять морей от земли, которая за несколько часов казалась ему обетованного, напрасно завертывался в мокрую шинель свою, — холод оледенял его члены.

— Вставай, ребята! — сказал он наконец. — Пойдем искать ночлега; авось набредем на добрых людей, что нас не выдадут, а утром, коли стихнет буря, захватим рыбачью лодку и опять в море!

Так передавал он подчиненным надежду, которой не имел сам.

— Только не расходитесь, — примолвил он, пускаясь вперед по плотине, — да не говорите громко по русски, чтоб не наделать тревоги!

— Меня не узнают, — уверительно сказал Юрка, — я таки маракую толковать на их лад.

— Где же ты выучился говорить по голландски? — спросил Белозор, очень довольный, что будет иметь переводчика.

— Ходил за рекрутами в Казанскую губернию, Виктор Ильич, так промеж них наметался по татарски.

— И ты воображаешь, что тебя голландцы поймут, когда ты станешь болтать им по татарски?

— Как не понять, ваше благородие, — ведь все одна нехристь, — отвечал очень важно Юрка.

Сколь ни печально было положение Белозора, по он не мог удержаться от смеха. Запретив, однако ж, своему доморощенному ориенталисту выказывать свою ученость, он, как новый Эней, вел маленькую дружину куда глава глядят. Долгая узкая дорога, насыпанная валом по низменному берегу, вела все прямо, но куда — рассмотреть было невозможно. С обеих сторон то просвечивали болота, то чернелись ямы турфа, подле коих возникали пирамиды его, изрезанного в кирпичи. Шумный ветер препятствовал слышать какой-нибудь голос.

Прошедши таким образом версты две внутрь земли, наши путники обрадованы были журчанием воды, как будто прорывающейся сквозь затвор мельницы, и скоро достигли до уединенного каменного строения, примыкающего к шлюзу огромного болота. Колесо не действовало, и вода, пущенная в русло, шумела там сильнее. На дорогу не было окон, но по болоту змеилась полоса света, вероятно из обращенного на него окна... Русские остановились в раздумье: идти ли, не идти ль им в средину.

— Ну что, ежели там французы! — сказал Белозор.

— Хоть бы целая рота чертей, ваше благородие, — возразил урядник, — все-таки лучше, нежели умирать с холоду.

— Я так голоден, что готов съесть жернова, — прибавил другой.

— А я так устал, что засну между шестернями, — присовокупил третий.

— Плен краше смерти, Виктор Ильич, — возгласили они вместе, — ведь французы нас не съедят!

— Не в том дело, друзья мои. Надо бы так умудриться, чтобы за один ночлег не заплатить свободою; надо биться до самого нельзя, чтоб избегнуть плена; мельница далеко от другого жилья, а мы волей и неволей заставим хозяина скрыть нас, а утро вечера мудренее. Вооружитесь-ка чем попадется да войдем потихоньку!

Выдернув рычаг из ворота на подъеме шлюза, Белозор ощупью отыскал дверь; против всякого чаяния, она была отперта настежь. Вступая в широкие сени, которые служили вместе и мучным амбаром, насилу доискались они между мешками входа в комнаты. С трепетанием сердца повернул Белозор ручку и очутился в теплой и светлой поварне, в этой приемной палате голландцев. В огромном очаге, у которого стенки выложены были изразцами, а чело из красной меди, весело пылал огонь и близ него на вертеле разогревался кормный гусь. Светлые кастрюли дымились на чугунной плите. Кругом на полках из лакированного бука низалась, как жар сверкающая, посуда.

Осанистые кувшины и жеманные кофейники со вздернутым носиком, подбоченясь, красовались в углу на горке. Цветные склянки вытягивали утиные шейки свои друг перед другом; высокие бокалы, как журавли, стояли на одной ноге, и несколько старовечных чайников с длинными носами точно рассказывали что-то друг другу на ухо. Во всем виден был домовитый порядок, пленительная чистота и какое-то приветливое гостеприимство. Самые блюда будто сверкали радушною улыбкою.

К удивлению, однако же, они не видели никого в этом приюте, словно духи приготовили ужин для голодных странников, которые с каким-то благоговением разглядывали все безделицы и поглядывали на яства. Только у дверей на гладком кирпичном полу, свернувшись, лежала собака, но она не лаяла, не шевелилась.

— Экая благодатная землица, — сказал один матрос, — и собаке-то ночью службы нет!

— Она, брат, неспроста не лает, — робко молвил другой, указывая на аженное ромом блюдо плумпудинга, — здесь все заколдовано.

— От часу не легче, — вскричал урядник, отворив двери в соседнюю комнату и увидев на постели женщину со связанными руками и платком во рту.

— Что бы это значило?

— Видно, говорлива была, — сказал другой. — Ведь хитрый же народ эти голландцы: умудрились пеленать баб, когда нечего делать. Да этакую заведенцию и нам бы перенять не худо, а то как они разболтаются, хоть святых вон понеси!

— Да вот и мужчина! — вскричал третий, запнувшись за чье-то туловище. В самом деле, толстый мельник, что можно было угадать по напудренному его платью, закрыв от страха глаза, лежал связанный на полу… Шум в следующей комнате прервал их рассуждение о странных обычаях в Голландии. Казалось, кто-то говорил повелительно, другие голоса, напротив, жалобно упрашивали. Дверь была заперта.

— Отворите! — вскричал Белозор по—французски, внемля стуку и крику за дверью. — Отворите! — повторил он, потрясая задвижками. — Или я выломлю двери.

— Quel drole de corps s'avise d'y faire Fimportant? Кто смеет там важничать? — отвечали ему многие голоса на том же языке.

— Отворите и узнаете!

— Va te faire pend (убирайся на виселицу), — было ответом, — nous sommes ici de par l'empereur Napoleon (мы здесь по приказу Наполеона).

— Если б вы были здесь по приказу самого сатаны, и тогда отворите, или я раскрою не только дверь, но и черепы ваши!

Громкий смех, перемешанный с выразительными клятвами французских солдат, вывел его из терпения; удар ноги высадил двери с петель; они, треща, упали в средину; неожиданное зрелище представилось глазам его.

Четверо французских мародеров, полупьяные, полуоборванные, заняты

144

были грабежом; один, держа свой тесак над головой старика, сидящего в креслах, шарил у него в карманах; другой грозил карабином на прелестную девушку, которая на коленях умоляла о пощаде отца; третий осушал бутылку с накрытого для ужина Стола, прибирая в карманы ложки, между тем как четвертый ломал штыком замок железом окованного сундука, который противился его усилиям.

— Halte la, coquins![86] — произнес Белозор, и вышибленный из рук француза карабин грянулся на пол; вместе с этим он дал такого пинка другому, который грозил старику, что тот полетел в угол. Два камня засвистели еще, и один из них угодил прямо в бок ломающему сундук; он заохал и выронил штык из рук своих.

— Sauve qui peut, nous sommes cerne (спасайся кто может, мы окружены)! — вскричали испуганные мародеры и опрометью кинулись в растворенное окошко; все это было делом одной минуты.

Старик голландец, одетый в китайский халат, с изумлением поворачивался на креслах то вправо, то влево, и на полном, как месяц, лице его, увенчанном бумажным колпаком, очень ясно видно было, как пробегали облака сомнения: к какому роду причислить своих избавителей? Полдюжины полуодетых, или, лучше сказать, полураздетых, людей, с небритыми бородами и бог весть какого племени, заставляли его думать, что он переменил только грабителей, не избегнув грабежа. Восклицания: "genadiste Good[87], два аршина с четвертью!" и потом аа, которое переходило в оо и кончилось на ээ — двугласных, составляющих основу голландского языка и нрава, доказывали, что ни ум, ни сердце его не на месте. Зато милая дочка его была гораздо признательнее и доверчивее; неожиданный переход от страха к радости так поразил ее, что она чуть не кинулась на шею к Белозору и, схватив его за руку, в несвязных восклицаниях благодарила за избавление. Он раскланивался, она приседала, оба краснели, не зная сами отчего; старик поглядывал на ту и на другого.

Наконец, всмотревшись хорошенько в открытое, благородное лицо юноши, голландец будто отдохнул.

— Кому одолжен я столь важною услугою? — спросил он по-французски, приподнимаясь с кресел и снимая колпак.

— Человеку, брошенному бурею на ваши берега, который просит у вас не только гостеприимства, но и убежища, — отвечал Белозор. — Я русский офицер! — с сим словом он сбросил с себя шинель и показал аксельбант свой.

---

[86] Стойте, негодяи! (фр.).
[87] Милосердный бог (голл.).

145

— Русский офицер! — вскричал голландец, опускаясь в кресла, как будто эта весть придавила его.

Такое начало не много предвещало добра Белозору. Он знал, что в Нидерландах была тьма партизанов нового французского короля Луциана, и легко могло статься, что хозяин был одним из них.

— Могу ли надеяться найти в вас друга или по крайней мере великодушного неприятеля? Если вы не решитесь скрыть нас у себя на время, то не предавайте французам.

— Stoop, stoop[88], молодой человек! — вскричал с жаром голландец. — Август ван Саарвайерзен никогда не был предателем, и все голландцы друзья русским со времен вашего Великого Питера, в особенности я; у двоюродного деда моей жены учился он плотничать в Заардаме. Я так же ненавижу французов, как и ты: от всего сердца. Проклятые эти мыши сгрызли наш кредит, как свечку, своею континентального системою и заставили меня, первого суконного фабриканта в Флессингенском округе, работать на своих грабителей солдатские сукна. Правда, я от этого подряда не в накладе, но слава, слава моих сукон пропадает теперь... А какие у меня делались сукна! Мягче бархата, крепче кожи — и шириной в два аршина с четвертью, sapperloot![89] Ты у меня безопасен на несколько дней вместе со своими земноводными; вот моя рука, и дело в шляпе. Ступай-ка, приятель, сними свой свежепросольный мундир, и потом за рюмкою мы потолкуем, как все уладить.

Ван Саарвайерзен вывел матросов в поварню и поручил избавленной поварихе угощать их, и скоро они уже разговаривали между собою, болтая каждый без умолку по пальцам и языками, будто понимая друг друга как нельзя лучше. Виктору же указал он небольшую комнату, принес ему стеганый халат, сухого белья — одним словом, ухаживая как за сыном.

Через четверть часа наш герой явился в столовую, хотя странность наряда пугала его более, чем неприличие в нем показаться на глаза красавице. Необходимость, впрочем, служила ему и убежденьем и извинением; только он никак не согласился надеть на голову пеньковый парик от простуды, несмотря на все увещания хозяина.

Ужин был подан.

Белозор будто ожил, мало что ожил — будто вновь одушевился. Благотворная температура комнаты, вкусные блюда, славное вино, а что всего важнее, близость миловидной девушки развернули его ум и чувства необыкновенною веселостию. Он чокался с хозяином, смеялся с дочкой его, бросал ему шутки, ей приветы и, несмотря на промен пламенных взглядов, не забывал работать ложкой и вилкою. Таков

---

[88] Стой, стой! (голл.).

[89] Тьфу! (голл.).

человек, милостивые государи, такова вся природа: жаворонок с неба летит на землю за червячком.

Получив хорошее воспитание, ограненное, так сказать, столичного жизнью, он свободно мог изъясняться по-французски, а немецкий язык был ему почти природным по матери, урожденной эстландке, и потому беседа их была тем живее, тем непринужденнее. Иной, взглянув со стороны, подумал бы, что Белозор вырос в доме Саарвайер-зена.

— Ну, герр Виктор,— сказал хозяин, отдыхая от смеха, — ты чудо малый, и мы с тобой скоро не расстанемся!

— Не нахожу слов выразить мою благодарность...

— Да, пожалуйста, и не ищи: ты вперед заплатил за постой. Знаешь ли, от какой потери спас ты меня своим неожиданным приходом? Sapperloot! Это не безделица: я получил сегодня от французского комиссарства за сукна двадцать тысяч золотых латников; но четверо мародеров, наверно, захватили бы их в плен, если б успели сделать пролом в этом сундуке. Ты очень кстати упал, как с облаков.

— Скажите лучше, выброшен из кита, словно Иона; однако ж, если мне удалось испугать нескольких бездельников, самому придется бегать добрых людей не лучше их. Я думаю, завтра вы нарядите нас в мучные мешки, герр Август?

— Не думаешь ли, приятель, что Август ван Саарвайерзен, первый фабрикант своей области, живет на мельнице? Два аршина с четвертью! Нет, брат, это случаем остался я здесь ночевать, запоздав счетами с своим мельником. Карету я послал в город кой за какими покупками, и завтра мы преспокойно покатимся в ней на завод мой — флаамгауз. Матросов твоих оденем в фризовые куртки и, пускай не погневаются, запрем на заводе в особую комнату, и вон ни ногой: выдадим их за машинных мастеров для станков нового изобретения; такие секреты у нас не редкость. Тебя же пожалуем в дальние родственники; будто приехал из Франкфурта погостить и поучиться порядку; а между тем приищем верных людей, которые бы взялись доставить вас мимо брантвахты на флот. Теперь ото нелегкая вещь: строгость неимоверная, время осеннее; но пусть говорят что угодно, а мы докажем, что золото плавает на воде!

Белозор чуть не прыгал на стуле от удовольствия; мысль, что он проведет несколько дней близ Жанни (так называлась дочь хозяина), делала его счастливцем. Несколько дней — это целый век для юноши, так, как червонец — неистощимая казна для дитяти. Воображение надувало своим газом шар его надежды, и сердце мечтателя летело с ним за облака. Прелесть романической встречи занимала его более чем истинное желание. Полон любовной чепухою, раскланялся он с добродушным голландцем и с резвою его дочкою, — и сон, как пуховик, охватил восторженника своими ласкательными крылами.

147

ГЛАВА III

In slumber, I pry thee how is it,
That souls are oft taking the air,
And paying each other a visit,
While bodies are — Heaven knows where?
Thomas Moore[90]

Расскажите, пожалуйста, каким образом бывает во сие, что души прогуливаются (это спрашивает Мур) и платят друг другу визиты, между тем как тела бог весть где? Этот же самый вопрос повторял сам себе Виктор, пробужденный звоном серебряного колокольчика в комнате Саарвайерзена от сладкого сна и еще сладчайшего мечтанья, в котором образ милой голландочки играл, кажется, не последнюю роль.

Он улыбнулся и вздохнул, заметив, что прильнул устами к подушке, которую страстно прижимал к груди своей, но, вспомня, что одно ласковое слово наяву лучше сонного поцелуя, он поспешно вскочил с постели, повернул кран, вделанный в стене, и, с помощью душистого мыла, щеточек и гребеночек, сгладил с лица своего все следы кораблекрушения. Туалет юноши короток: ему стоит только освежить то, что даровала природа, между тем как человеку в летах надо не только скрыть недостатки, но еще подделать красоты, которых уже нет. К большому удовольствию, Виктор нашел на месте халата франтовской сюртук, привезенный уже из города. Преобразившись, таким образом, в гражданина и закрутив перед зеркалом черные свои волосы в крупные кудри, Виктор явился в общую комнату, в которой дымился уже самовар, как жертвенник.

— Поздняя птичка, поздняя птичка! — сказал Саар-вайерзен, протягивая к нему руку. — Долгий сон, два аршина с четвертью!

Но когда Жанни, подняв на него свои голубые глаза, произнесла свой: "Bonjour, M. Victor"[91], — голос у него замер вместе с дыханием и лицо загорелось как утреннее небо: так прелестна, так очаровательна показалась ему голландочка. Волосы трубами распадались по статным плечам ее из-под легкого кружевного чепца, живописно сдернутого лентою. Вдохновенный фламандскою поэзией, я бы сказал, что румянец

---

[90] Как это происходит, спрашиваю я тебя, что во сне души путешествуют по воздуху и посещают одна другую, в то время как тела их находятся бог знает где?

Томас Мур (англ.).

[91] Здравствуйте, г. Виктор (фр.).

148

на щечках ее подобился розам, плавающим на молоке. В ямочках, напечатленных улыбкою, таились микроскопического роста амуры; два полушара, будто негодуя друг на друга, пробивались сквозь ревнивую ткань утреннего платья, и легкий стан, который, кажется, манил руку обнять себя, и, наконец, две ножки, обутые в зеленые атласные башмачки, ножки, кои обращали в клевету укор путешественников, будто в Голландии нет стройных следков, — ножки, которые сам причудливый Пушкин мог бы поместить вместо эпиграфа какой-нибудь поэмы, — одним словом, все, от гребенки до булавки, восхищало в ней нашего героя. Жанни с кофейником в руке олицетворяла для него Гебею, разливающую нектар небожителям, который потягивали они, конечно, не от жажды, но от скуки, и он признавался мне, что никак не рассердился бы на случай, если бы с этой полубогиней повторилось несчастье, не терпимое этикетом олимпийского двора, за которое она отставлена была без мундира и удалена от пресветлых очей тучегонителя Зевса.

Он был еще в том золотом возрасте, когда мы не ищем связей, но жаждем любви и, послушные внушениям сердца, предаемся ей беззаветно, требуем нераздельной взаимности. Впоследствии испытанные и, может быть, усталые в игре любви, мы гоняемся более за умом, нежели за чувством, и блестящие дамы увлекают нас скорей, чем застенчивые девушки. Тогда вкус наш притуплён; ему нужна острота для возбуждения, и, сидя подле прелестной скромницы, только из учтивости поглощаем мы зевоту и потихоньку шепчем с Байроном: то ли дело дама! Для нее не нужно переводчика, чтобы понять, о чем говорится, и, водя вас за нос и приклеивая вам нос, она дарит приятнейшими часами; а девушки умеют только прелестно краснеть, притом же они так пахнут бутербродом (toasts)!

Виктор, как мы уже сказали, не достиг еще до этой премудрости и, полюбя душой, искал только души, которая бы вполне отвечала ему, любил для того, чтобы любить, а не умничать. Сердце его полетело навстречу девственному сердцу Жанни, которая недавно бросила куклы и еще не привыкла к автоматам — одноземцам своим. Семнадцать лет — роковое время даже по Брюсову календарю, а Брюсов календарь, как вам известно, безошибочный оракул, и появление Викторовой звезды на сердечном горизонте милой голландочки грозило каким-то чудным сочетанием планет.

Приятная наружность, веселый, откровенный нрав, а всего более бесстрашие его для спасения утопающих, помощь, им оказанная, и опасность, висящая над его головою, — все это вместе заронило в грудь Жанни такие искры, которые не хуже греческого огня зажгли бы сердце в воде, не только во фламандском тумане. Как ни малоопытен был новичок наш, однако ж заметил, что если перед ним не спускали еще флага, по крайней мере салютовали равным числом вздохов — вещь, равно лестная его самолюбию, как и радостная для его склонности. В короткое время их знакомства они уже бегло изъяснялись пламенным наречием взоров и в один час говорили друг другу столько новостей посредством этого телеграфа, что сердцу было на целую неделю работы пояснять и дополнять недосказанное. Жаль, право, что в наш изобретательный век не приспособят этого наглядного, или, лучше сказать, ненаглядного, средства ко взаимному обучению. Я уверен, что самый тупой ученик, с помощью пары женских глазок, в несколько заседаний станет понимать обо всем, как славный Пико де ла Мирандола, который на двенадцатом году выдерживал ученые споры на всех живых, мертвых и полумертвых языках.

Занят или, лучше сказать, поглощен созерцанием своей Жанни, молодой моряк очень рассеянно отвечал на вопросы и шутки хозяина; но, к счастью, тот, прихлебывая звездистое кофе, дымя трубкою и пробегая листок купеческой газеты, мало обращал внимания на все, что не носило на себе вида нумерации.

Скрипнувшая дверь заставила, однако ж, всех обратить на нее взоры; входящий в комнату был человек высокий, худощавый, в черном фраке, скроенном еще во времена Рюйтера, в плисовых штанах с тяжелыми пряжками и в дымчатых шерстяных чулках, замкнутых в обширные башмаки. Лицо его походило на солнечные часы, — так выставлялся вперед тонкий нос его; мигая, он так высоко подымал брови и так бросал зрачками, как будто они хотели перепрыгнуть через нос, чтобы повидаться. Он беспрестанно силился улыбнуться, но, правду сказать, оставался при одном желании. Очень значительно покрякивая, стал он раскланиваться, и при каждом сгибе осанистая коса его перекатывалась со стороны на сторону: казалось, хребет его и его коса (то есть хвостик, прицепленный разумнейшим из существ к своему затылку) были рождены друг для друга; невозможно было представить себе эту спину без косы или эту косу без такой спинки. Чудак этот был бухгалтер Саарвайерзена — занятие, которое можно было угадать по исполинской книге, которую тащил он под рукою; на ней, на зеленом сердечке, написано было заглавными буквами: "Groos Buch"[92].

— Добро пожаловать! — вскричал хозяин, завидя его. — Мы тебя только и ждали. Дай-ка твоего табачку, Гензиус!

Гензиус, который был, так сказать, двуногою табакеркою хозяина, скрипнул систематически крышкою и с почтением поднес табак Саарвайерзену.

---

[92] "Главная книга" (голл.).

— Ну, что новенького в городе? — спросил тот, понюхивая.

Рот Гензиуса растворился, как шлюз.

— Ничего, — отвечал он.

— Что говорят оранжисты, что делают наполеоновцы?

— То же, что и прежде, — возразил преважно бухгалтер.

— Ну, брат Гензиус, из тебя и пробочником не вытянешь весточки; бу король, я бы как раз произвел тебя в тайные советники. Расписался ли по крайней мере ван Заатен в получении последней отправки сукон?

Этот вопрос навел Гензиуса на родную колею; он с торжествующим видом раскрыл книгу и указал на страницу, унизанную нулями, как бурмицкими зернами. Лицо хозяина просияло.

— Чудная сделка, славный барыш, — ворчал он про себя. — Право, завод мой не воздушные вавилонские сады и мой кредит крепче пирамиды фараонов. Ну, господа, теперь можно и отправляться im Goodens naamen (во имя божие).

Все было готово к отъезду в одну минуту. Карета, запряженная четверкою огромных фризских коней, потрясла шоссе, подъезжая, и путешественники покатились в ней к столице фабриканта. Хозяин с дочерью поместился в задней половине, Гензиус и Виктор — в передней, и он так был доволен, так восхищен, сидя против милой голландочки, что, сколь ни новы были для него окружающие предметы, сколь ни любопытно путешествие по чуждой земле, он ни разу не выглянул за окошко. Многие с нетерпением скачут по дороге, не наслаждаясь удовольствием ехать от излишнего желания доехать; напротив, мой Виктор был счастлив путешествием, одним путешествием; он желал бы сделать из него вечное движение; весь мир его качался тогда на одних с ним рессорах. Он умолял только судьбу, чтобы она наслала на колесницу их морскую качку, чтобы дорога была круче и ухабистей, — и знаете ли, для чего? Чтобы колено его могло коснуться колена красавицы — опыт, который ему удался только однажды, и оставил сладостное ощущение навсегда. Очень любопытно бы знать, какой степени электричества доступно колено хорошенькой женщины? Виктор уверял меня, что он почувствовал тогда удар, как от прикосновения к электрической рыбке, а что всего замечательнее, удар этот произошел, несмотря на то, что ни в одном из них не было отрицательного электричества. Предлагаю эту задачу на разрешение гг. физиологов.

Итак, милостивые государи, вы бы напрасно ждали от Виктора кудрявых рассказов о своей поездке, о том, пуста или населена была дорога, живописно или однообразно местоположение, по горам или по болотам ехал, о том, что встретил он достойного внимания и недостойного памяти, пи очень любопытных рассуждений о характере народа, основанных на фигуре кровель, на счетах трактирщиков и на ухватках почтальонов, ни встреч, никогда не бывалых, ни историй, никогда не случившихся, — одним словом, ничего, составляющего основу романических путешествий. Но зато он очень хорошо познакомился со всеми прихотями Жанни и мог описать вам топографию малейшего родимого пятнышка на ее лице.

Между тем плавно зыблющаяся карета быстро неслась далее, приближалась и приблизилась к мете. Виктор был в каком-то забытьи; он не замечал не только ученых толков Саарвайерзена о постройке и поправке плотин, не только серебряной табакерки Гензиуса, которую тот подносил, потчуя гостя, к самому носу, но даже времени и пространства. Такие часы сладостны и невозвратны; многими крестами означены они в истории нашего сердца, и увы! — крестами надгробными; они драгоценнее для нашей памяти целых годов,заметных для света и, может быть, славных или выгодных для самих себя, но пустынных для души, с которой обрывают они радости зимнею своею рукою.

Приехали... Дверцы распахнулись... Виктор очнулся, наконец, как лунатик, пробужденный на колокольне; но когда нежная ручка, опершись на его руку при выходе из кареты, нежно пожала ее, когда ангельская улыбка отвечала на его приветствие, когда серебристый голос произнес! "Вот ваша темница, Виктор!" — то он готов был божиться, что дом Саарвайерзена, построенный в тяжелом фламандском вкусе, осьмое чудо света и во сто раз прелестнее всех мавританских замков в Альгамбре, — верьте после этого описаниям любовников!

Попросту сказать, дом этот, построенный на обширной площади, весьма походил на карточный. Он сложен был из нештукатуренных, но гладких кирпичей, и высокая кровля его убрана в узор муравленою черепицею. Возвышение, заменяющее крыльцо, простиралось во всю длину дома, и висячий балкон служил оному навесом. Окна нижнего жилья были до самого пола; в средине над прилепом (карнизом) чернелись часы, которые, словно аргусовыми очами, глядели на два крыла строений, в которых помещены были службы и фабрика. Двор, несмотря на осеннее время, был чист как стекло; стены, вымытые мылом и вытертые щетками, лоснились; окна сверкали ясными стеклами, рамы и двери — лаком и бронзой; необыкновенный порядок был виден во всем.

Жанни, как ветер, порхнула в объятия своей матери, голландской барыни в полном смысле слова. Вообразите себе барашка, сделанного из масла, которого произвела рука домашнего ваятеля для увенчания кулича о светлой, и вы схватите нечто похожее на фроу (vraw) Саарвайер-зен, прибавя, разумеется, к этому целые пуки брабантских кружев, ключей и приседаний. Иль если вы видели в Эрмитаже куклу хозяйки Петра Первого, вы видели мать Жанни. Впрочем, никто в свете не мог быть добрее и ласковее ее.

Волей и неволей потащили молодца осматривать комнаты; неумолимые хозяин и хозяйка терзали его, как журналисты читателей при академической выставке; каждая редкость была ему колесом пытки. Виктор слушал, крепя сердце.

Внутренность покоев, то обитых богатыми восточными тканями, то убранных резьбою на орехе, отличалась более чудесностью и богатством, нежели вкусом и красотою. Огромные японские вазы из синего с золотом фарфора стояли, прегордо надувшись, по углам, и в них красовались бархатные и парчовые цветы, разливая земное благоухание. Дело затейливых одноземцев Конфуция, восковые и фарфоровые мандарины насмешливо качали головками на закраинах каминов, и только одни картины Теньера, ваи дер Неера, ван Остада, Рембрандта, Вувермана и других известных живописцев фламандской школы заслуживали внимание.

— Каков этот Ван-Дик, дружище, — аа? — сказал хозяин. — Закладую его против мускатного ореха, если в самом Брюсселе найдется ему пара! А этот портрет нашего героя Витта? От него поневоле сторонишься, чтоб не задеть за нос, — так он выходит из рам. Вот вид морского сражения, за которое расстреляли англичане своего адмирала Бинга для ободрения прочих; настоящее Зюйдерзее со своими желтыми валами; небо тает, дым разлетается, — чудо, а не картина! Этот кальян выменял, или, правду сказать, выманил, я у английского путешественника, — он принадлежал шах-Аббасу. Эти часы, в виде петуха, достал я прямо из Кантона. Они подарены императором Юнтчаном Мудрым мандарину, которому он очень милостиво отрубил голову за возмущение, поднятое иезуитами... Это кинжал Типпо-Саиба, эта вилка от того самого ножа, которым убит Генрих IV, это... — Но, милостивые государи, у меня нет прекрасной дочери, для которой бы вы стали, подобно Виктору, слушать все описания игрушек, и редкостей, и сосудов, орудий домашних, а потом: почему это так, а не иначе, и вновь: почему иначе, а не так, как у прочих.

Через вседневную, потом праздничную спальни добрались, наконец, до торжественной, и она, как десерт, заключила пластический обзор. Госпожа Саарвайерзен с гордым видом показывала чужеземцу вышитые ею ковры, кружева, одеяло и наслаждалась изумлением его при виде брачной кровати, истинного памятника ее искусства, который, по ее мнению, передаст ее славу позднейшему потомству. Десять уступов подушек мал мала меньше восходили к бессмертию двумя пирамидами, и красный атлас проглядывал на них сквозь батистовые наволочки, словно заря. Кружевной полог спускался к ним навстречу, подобный туману, и стеганное хитрыми узорами голубое покрывало вздымалось морем. Смертный, который бы дерзнул лечь на это божественное ложе, конечно бы, утонул в жарких волнах гагачьего пуха, и потому оно от незапамятных времен назначалось только покоить взоры.

Посвященный во все элевзинские таинства Саарвайерзенова дома, Виктор отдохнул за столом от скуки и усталости и, весело кончив вечер, заснул весьма доволен собою и судьбою.

ГЛАВА IV

Довольно я скитался в этом мире Вдали моих отечественных звезд: Я видел Рим — величия погост, Британию в морской ее порфире, Венецию, но Поцелуев мост.

Милее мне, чем Ponte de Sospiri[93]

Мерно и однообразно текла жизнь обитателей флаамгауза. Маятник счетом назначал долготу их занятия, их досугов, колокол неизменно звал к столу и к отдыху, даже к самому удовольствию. Хозяин почти беспрестанно был занят надзором за фабрикой или расчетами по выделке и торговле. Хозяйка же, хотя бы по своему состоянию, могла избавить себя от хлопот за мелочными потребностями домоводства, но домоводство была единственная страсть, коей была она доступна.

Мужчина — создан для внешности, для кочевья, женщина — творение домоседное; она призвана природой для украшения внутренней жизни, очаг – ее солнце. Вы бы не усомнились в этой истине, видя, как госпожа Саарвайерзен, подобно увесистой планете, кружилась около огня, заимствуя от него свет и румянец. Как философ-путешественник, возметающий стопами властительный прах Рима и внимающий голосу гробов, вещаниям истуканов, изувеченных веками, казалось, вслушивалась она в знакомый, хотя немой язык разбитой, но склеенной посуды, на которой видны были печати всех периодов просвещения. Там чайник без носу, там безухая чашка напоминали ей урок Экклезиаста о суете мира, там несколько поколений разновидных рюмок живописали в лицах историю Нидерландов. Как романтик нашего времени, одержимый бесом бесконечности, бродит по горам и по долам, вызывает с Манфредом или Фаустом гениев стихий и разгадывает говор листьев, шум водопада, рев моря, — она пристально внимала ропоту кастрюль, шипению теста, и

[93] Известный в Венеции мост Вздохов близ площади св. Марка, соединяющий палаты дожа с темницами. (Примеч. автора.).

154

тайны варенья и печенья открывалися пред ней в тишине и уединении. Наконец не так старательно слагает начальник какого-нибудь отделения бумагу, за которую ожидает креста, не так лепит дипломат из форменных фраз ноту в надежде быть кавалером посольства, не так рачительно выкрадывает модный стихворец эпитет в нелепое стихотворение, которое назовет он поэмою, как внимательно готовила она вафли, и, правду сказать, изо всех упомянутых дел едва ли ее было не самое трудное и, без сомнения, гораздо полезнейшее для человечества. Что касается до изобретательности, она не уступала никакому Перкипсу, Дженкинсу и Допкинсу. Ее маринованные угри были удивлением всех хозяек за сорок миль в окружности; да, кроме того, она выдумала особый род яблочного пирожного, неизвестного дотоле в поваренных летописях, и назначала передать этот важный секрет своей дочери в день замужества, в приданое.

Итак, когда мать Жанни проводила большую часть времени в созерцании горшков, бисквитных щипцов, раков, роз и бабочек, напечатанных на формах для студней, когда отец ее являлся только домой, подобно карпам в пруде Марли, — по звону колокольчика, молодые люди были вместе, неразлучно. То Виктор, сидя подле пяльцев Жанни, читал ей какие-нибудь стихотворения, то Жанни поглядывала через плечо Виктора, когда он рисовал ей что-нибудь в альбом. В междудействиях, которые можно бы назвать настоящей завязкою драмы, он рассказывал ей о русской зиме с большим жаром, она слушала с большим вниманием, даже порой вскрикивала: "Ах, как бы мне желалось это увидеть!" — "А почему же нет?.." — возражал рассказчик, уставя на нее свои выразительные очи. Жанни обыкновенно со вздохом опускала тогда свои и принималась за работу... Я, право, не знаю, о чем она тогда мечтала.

Виктор был от природы весьма веселого нрава и, оживленный желанием нравиться, становился еще любезнее; шутки его могли бы заставить самого кота смеяться, но он еще был стоик в сравнении с резвостью Жанни. Воспитанная с младенчества во французском пансионе, она приобрела все милые качества француженок, не потеряв простосердечия своей родины, и уже блистала полной красотой молодости, сохранив всю прелесть младенчества. Виктор после шумной веселости впадал нередко в глубокую задумчивость и грусть, может быть сладчайшую самой радости, необходимую для сердца, чтобы вкусить минувшее блаженство и отдохнуть для будущего; но Жанни была игрива неизменно, чувство любви было еще для нее забавою, а не наслаждением. Виктор бесился на такое равнодушие, и его угрюмость была новым поводом к шуткам. Она, как муха, кружилась, порхала, колола нетерпеливого и скрывалась неуловима. Так прошла целая неделя ненастного времени.

Наконец погода разгулялась, и Жанни предложила ему посмотреть сад, устроенный в настоящем голландском вкусе: дорожки, отбитые по тесьме, лужайки, усыпанные разноцветным, блестящим песком в виде звезд, кругов, многоугольников, точь-в-точь блюдо винегрета, горки наподобие миндального пирога, деревья и кусты, обстриженные стенками, столбами, шарами, так что вы можете подумать, будто здесь природа сделана столяром. Мраморные герои, полубогини и полные боги — произведения фламандского резца, несмотря на тучность свою, сбирались, кажется, отдернуть казачка, и лев с важностью стоял над водоемом, ожидая воды, которая лишь капала с морды его, как будто он получил насморк. Нигде и ничего не было видно естественного: там возвышались жестяные цветы на решетке, ограждающей лабиринт величиною в две сажени, там сгибался мостик, по которому не прошли бы рядом две курицы, там сидели деревянные китайцы под зонтиками, скрываясь от летнего солнца в октябре, там охотник с невероятным терпением метил в утку, которая двадцать лет не слетала с озерка... Увидя на башенке оранжереи неподвижно стоящего аиста, Виктор спросил у своей путеводительницы:

— Не фарфоровый ли он?

Жанни засмеялась:

— Мы не язычники, господин Виктор, — возразила она, — и хотя у нас, как у египтян, эта птица в большом уважении, но мы еще не воздвигаем ей храмов, ни идолов.

— Жаль, очень жаль; ваш Гензиус, кажется, рожден быть великим жрецом этого долгоногого домашнего божества.

— А как нравится вам сад наш, господин критик?

— Чрезвычайно любопытен; это палата редкостей; жаль только, что я не могу видеть его в полном блеске зелени и цветов.

— В этом вы можете утешиться; невелика жатва осени после ножниц нашего садовника, и сад этот имеет неоцененную выгоду быть летом, как зимой, неизменно скучным. Что касается до цветов, я покажу вам их царство, где цветут они, как ваши северные красавицы, в теплицах.

Жанни растворила двери оранжереи. Башенка, сквозь которую вошли они, занята была птичником: за светлою бронзового сеткою порхало множество мелких заморских птичек; иные клевали зерна, рассыпанные по полу, другие увивались около гнездышек. Любимые канарейки Жанни слетелись к ней, едва она простерла руку, садились на плечо, ели сахар из уст ее. Виктор любовался этой картиной.

— Это очень мило, — сказал он, — но я во всем вижу, что вы любите своих гостей превращать в пленников.

— Напротив, я из чужих пленников делаю гостей: выпустить этих бедняжек на волю, в нашем климате, значит погубить их безвременно.

— О, конечно, вы так добры, Жанни, так ласковы, что не только мирных канареек, но и смелого сокола заставите забыть свободу.

— Сокола, Виктор? Благодарю вас за него; теперь, слава богу, не мода носить дамам на руке этих хищных птиц, как видно на старинных картинках; я бы страшилась сокола и за себя и за маленьких питомцев моих!

— И страшились бы напрасно, Жанни: ручной сокол преучтивая птица; он бы доволен был конфетами и ласками вашими.

— Чтобы взвиться под облака и улететь?

— О нет! чтобы сидеть под кровлей вашей смирнее голубка!

— Вы чудесный рассказчик, Виктор! Вы скоро уверите меня, что у сокола и когти для красы; но оставим летучее племя для этих растущих мотыльков, которые к красоте воздушных детей весны присовокупляют благоухание и постоянство. Это любимое общество батюшки.

— Цветоводство — приятное занятие для преклонного возраста, как воспоминание прежних радостей, и полезный урок нам.

— О да, господин мудрец! Я сама бы любила цветы страстно, если б они не были так изменчивы и кратковременны. Надобно иметь или тысячу сердец, или одно очень хладнокровное, чтобы видеть их увядание и утешаться вновь и вновь.

— Цветы счастливее нас, Жанни: мы изменяемся и вянем, подобно им, но они не страдают, подобно нам!

— Стало быть, и не знают наших удовольствий! Я не завидую цветам. Вы, конечно, знаток в ботанике, Виктор?

— Только любитель, Жанни, только любитель; я не отличу лупинуса от цветного гороха и знаю лилию только по гербовнику. Ваши термины: bulbata, barbata, angusti-folia, grandiflora[94] — для меня арабская грамота.

— И вы, в святилище цветов, в доме известного цветослова, не краснея, хвалитесь этим?

— По крайней мере сознаюсь в своем невежестве, по не каюсь в нем. Я, как соловей персидских поэтов, обожаю розу, одну белую розу, и в этом отношении могу поспорить с первейшими ботаниками, которые слышат даже, как растет трава, что не ошибусь в выборе прелестнейшей.

— Это не очень мудрое предпочтение, господин мудрец, и вам, чтобы хоть сколько-нибудь сохранить уважение батюшки, надо поучиться

---

[94] Луковичные, усовидные, узколистные, крупноцветные (лат.).

толковать с ним о листках, и лепестках, и венчиках, и пестиках всех редких цветов без лицеприятия.

— Ваш совет для меня закон, Жанни; я готов охотно не только прилепиться к цветку, подобно пчеле, но прирасти к земле, как цветок, если вы сами посвятите меня в рыцари теплицы. От кого лучше, как не от самой Флоры, могу я научиться изъяснять свои мысли о цветах, а может быть и свои чувства цветами! Не начать ли с сего дня благоуханных уроков, Жанни?

— Чем скорее, тем лучше. Вот этот цветок, например, называется малайская астра.

— То есть звезда, — тихо повторил Виктор, заглядывая в очи своей учительнице, — я знаю две звезды, которых краше не найти в целом небосклоне; к ним и по ним правил бы я всегда бег свой над бездной океана.

— Ах, оставьте, пожалуйста, в покое ваш океан и удостойте сойти с неба...

— Ничего нет легче этого, Жанни, когда небо удостоивает сходить на землю.

— Зато ничего нет труднее, как понимать вашу поэзию! Вот родня вашей любимицы — rose musquee[95]; вот махровая роза; вот тюброза.

— Прелестные цветки! Им недостает только шипов, чтобы поспорить с настоящей розой.

— В самом деле так? Я замечу это в своем травнике, Виктор... Вот китайский огонь.

— Который имеет зажигающее свойство только в ваших руках, — не правда ли?

— Вот мандрагора, про которую индийцы рассказывают, будто она кричит, когда ее срывают со стебля.

— И, верно, кричит: "не тронь меня"?

— Я не решалась никогда оскорблять ее чувствительности; теперь берегитесь, чтоб не заснуть: вот все племена маков; из них свит венец Морфея, и льется опиум в испарениях!

— Не страшусь нисколько их усыпительного влияния, находясь так близко к противоядию. Я говорю по опыту, Жанни: обыкновенное приветствие ваше: "доброй ночи, Виктор" вместо доброй ночи дает мне злую бессонницу.

— Бедненький, Виктор! Теперь я знаю, отчего он бредит иногда наяву! Но на чем мы остановились? На гарлемском жонкиле, на капском ранункуле, на писаном тюльпане? И то нет! Ваша рассеянность

---

[95] Мускусная роза (фр.).

прилипчива, господин ученик; но вот кактус, который цветет однажды в год, и то ночью. Надобно несколько зорь сряду стоять на часах, чтобы иметь наслаждение увидеть пышный белый цвет его с оранжевыми окраинами; и вообразите, только два часа красуется он и потом опадает мгновенно.

— Хоть два часа, но он цветет, он манит взоры, он радует сердце прекрасных. Я бы готов был годами жизни купить подобное счастье!

Виктор пламенно глядел на Жанни, Жанни безмолвно смотрела на Виктора.

— Как здесь жарко! — сказала она, отбрасывая от лица воротник голубых песцов, и задумчиво взялась за дверную ручку. — Повторим первый урок и посмотрим, что заслужит ученик мой: место ли в углу или позволение бегать по двору? Например, скажите мне имя этого цветка? — примолвила она, сорвав тюб-розу.

— Не знаю, — отвечал Виктор, не сводя очей с очей Жанни.

— Но что ж вы знаете, боже мой?! — вскричала она.

— Любить, любить пламенно, — возразил с жаром Виктор, схватив нежную ручку ее.

— А что значит любить? — спросила она с простосердечием.

А что значит любить? — повторяю сам я, обращаясь к читателям... И вопрос этот, право, не так глуп, как он кажется сначала. Я много читал в книгах, еще больше слышал мнений людских об этом предмете, и ни одного согласного. Один говорит, что любить значит желать, другой, что любить - отказываться от природы; тот уверяет, что нет любви без денег, другой, что нет ее для богачей. Лишь Сократ сказал философическую истину, назвав любовь стремлением к возрождению посредством красоты, но это определение страсти — не описание ее действий, не характеристика ее феноменов; и что вы ни говорите, а, кажется, я останусь при своем вопросе.

Не дивитесь же, милостивые государи, что этот простой вопрос ужасно смутил неопытного любовника; он вовсе не был приготовлен разменивать свои чувства на мысли и мысли на выражения. Нить его идей прервалась, бодрость на дальнейшее объяснение его оставила; он произнес несколько неясных звуков, потупил очи на цветок, который Жанни держала еще в руке, и, желая найти точку опоры, сказал:

— Это колокольчик?

Должно полагать, у него крепко звенело в ушах, когда он назвал тюб-розу колокольчиком. Жанни не могла удержаться от смеха.

— Нет, Виктор, нет, вы отчаянный ученик, — в вашей памяти, как в снегу, не расти цветам.

— Лишь бы мне не были чужды цветочные венки, прекрасная Жанни!

Менее ль прелестна райская птичка оттого, что мы не знаем ее родины? Менее ль благовонна роза, если назовут ее другим именем?

— По крайней мере не менее забавно. Заметьте, Виктор, листки этой тюб-розы; колокольчики не распускаются так широко; пестики их гораздо ниже и пушистее; притом образование самого цветка...

Жанни толковала очень подробно. Виктор, казалось, слушал очень прилежно и, чтобы лучше рассмотреть цветок, поднес к самым глазам руку Жанни, на которой лежал он.

Виктор, изволите видеть, был немножко близорук. Между тем длинные локоны ее касались лицу ученика, а волосы, как вам известно, есть самый сильный возбудитель электричества. Оттого прекрасному полу так нравятся гусарские усики, от того же самого и Виктор почувствовал на сердце прикосновение к своему челу кудрей красавицы... Невольно он поднял очи: перед ним дышали вешнею свежестью румяные щечки и благоухающие губки распускались как заря. Это было выше сил его. Он прильнул своими устами к устам искусительным, и вздох изумления исчез в жарком поцелуе!

Видали ль вы когда-нибудь две ясные капли росы рядом на листе винограда? Они долго дрожат, потрясаемы дуновением ветерка, и вдруг, как будто одушевясь, сливаются воедино и крупной слезой ниспадают, сверкая. Так точно слились устами наши любовники, забывая весь мир в упоенье восторга. Поцелуй - сладостное чувство, милостивые государи! Новейшие физиологи недаром назвали его шестым чувством, изящнейшим, нежели все прочие, и природа не без цели одарила одного человека таким нежным орудием оного -устами с чрезвычайно тонкою оболочкою. Всегда приятен вольный поцелуй, но что может сравниться с первым, девственным поцелуем любви? Соберите золото, власть, славу, даже самое обладание — все, все, что люди привыкли называть счастьем, и если вы испытали все это, сознайтесь, что оно не в состоянии дать вам радости, чистейшей сих невозвратимых мгновений.

Эти мгновения миновали для Виктора. Жанни с сердитым видом вырвалась из его объятий.

— Я никогда не ожидала от вас этого, господин Виктор, — произнесла она голосом обиженной гордости и, как серна, прыгнула за дверь теплицы.

Изумленный любовник остался на месте с распростертыми руками... Если б граната лопнула в его кармане, он бы менее был испуган, чем такою нежданною строгостью.

ГЛАВА V

Les femmes ont l'humeur legere,
La notre doit s'y conformer;
Si c'est un bonheur de leur plaire,
C'est un malheur de les aimer.

Parny[96]

Виктор протирал глаза, не веря сам себе. "За что ей рассердиться? — думал он. — Кажется, она была неравнодушна ко мне, благосклонно слушала мои вздоры и, если меня не обмануло зрение или самолюбие, очень понятно отвечала на пылкие взгляды. Конечно, поцелуй был нежданный, но не похищенный силою, и, сколько могу припомнить, ее губки не убегали от моих. Теперь или рацее обманулся я?"

Волнуем сомнениями и страхом, что заслужил гнев своей любезной, Виктор как подсудимый явился в столовую; но он напрасно умоляющими взорами ловил взоры Жанни: она, как ртуть, убегала от встречи. Злая девушка с гордой холодностью и с видом обиженного достоинства уклонялась от разговоров, и когда виновный бемольным тоном обращал к ней вопрос, то односложные да или нет, словно иголки, входили ему в сердце.

В первый раз заметил он, что Гензиус несносен со своими расспросами: как ведется в России гроссбух? разделяют или соединяют в одну тетрадь credet и debet?[97] венецианскую или амстердамскую методу предпочитают для счетов и красными ли цифрами вписывают транспорт? у человека, который не знал иного транспорта, кроме срывающего четыре куша с банкомета. Заметил, что шутки хозяина длиннее двух аршин с четвертью и что страх утомительны рассуждения хозяйки о разнице, существующей между предохранением, охранением и сохранением пикулей, об упадке просвещения, что ясно доказывается введением сапогов вместо башмаков с тонкими подошвами, и, наконец, о размножении моли, верного предвестника близкого преставления света.

Между тем Жанни оставалась неизменно равнодушной, и тем сильнее кипел Виктор. Раздраженный таким упорством, он, наконец, убежал в свою комнату, с твердым намерением не выходить из нее ни к чаю, ни к ужину.

— Это ни на что не похоже, — говорил он сам с собою, отмеривая саженные шаги по паркету, — так молода и так упряма! Что я говорю —

---

[96] Женщины легкомысленны, и мы должны им в том потакать; если нравиться им - счастье, то любить их - несчастье. Парни (Фр).

[97] Кредит и дебет (лат.).

упряма? Так причудлива, так зла! Хорошо, что она выказала себя сначала, а то, чего доброго, пожалуй, влюбился бы в нее по уши, которые не стали бы оттого короче!

Тут он вздохнул, вспомня, какое маленькое у нее ушко; от ушка далее и далее; наконец он сел, как будто желая рассмотреть образ, носящийся перед его глазами.

— Да, да, это правда — она хороша, слова нет, что хороша, приговаривал он, будто нехотя, — сложена — чудо! Умна, как день, но зато уж зла, как медяница, как змея с погремушками... Я поздравляю себя, что разлюбил ее, что равнодушен; нет, мало равнодушия, что ненавижу ее. Слуга покорный, мамзель Жанни, — вы можете пленять теперь на свободе эту двуногую треску — Гензиуса, я, право, сам умею платить леденцами за леденцы.

Урочный час пробил, и откормленный слуга явился в дверях.

— Самовар подан! — возгласил он однозвучно. Виктор глядел на него, расширив глаза, как будто слуга, произнес что-то на санскритском наречии.

— Пожалуйте кушать чаю! — сказал вестник.

— Кушать чаю? — повторил Виктор умильным голосом, — Сейчас иду, друг мой! Иду, но для того, чтобы показать спесивице, что значит оскорбленная любовь! — присовокупил он, оправдываясь перед собою.

С небрежным видом вошел Виктор в гостиную и, вместо того чтоб сесть попрежнему подле Жанни, рассыпаясь жемчугом в иносказательных приветствиях, подсел к старику, хозяину, и пустился шутить с ним наперегонки. Но Жанни, которая прежде всех, бывало, показывала зубки, когда он выказывал остроумие или рассказывал что-нибудь смешное, теперь не удостоивала его шуток даже улыбкою, заводила незначащий разговор с матерью и, будто назло ему, все делала наоборот. Обыкновенно, в первой степени любовного масонства, ученики стараются узнать и угадать все вкусы, все прихоти, все причуды милой особы и таким нежным вниманием, такими маленькими услугами пробивать тропинку до ее сердца. Подобный размен предупредительности уже существовал между нашими любовниками, и они оба могли перечесть по пальцам, что каждый из них любит или не любит особенно; ни одна безделица, которую только глаз любви может заметить, только сердце любви оценить, не предлагалась без взаимной придачи улыбки или слова. Напротив, теперь Шанни будто вовсе забыла привычки Виктора. Чай, вопреки его вкусу, был сладок, как варенье; ему предлагали сливок, хотя он никогда не употреблял их, и, что всего обиднее, не дослушав его речей, Жанни обращалась к другим с пустыми вопросами. Виктор выходил из себя, стараясь казаться хладнокровным. Жанни казалась ему чудовищем, но чудовищем, самым милым в свете; он готов был тогда разбраниться с нею навек и   расцеловать в пух. Беда, когда западет в ретивое страсть, которой мы не в силах ни бежать, ни победить!

Я, право, не знаю, что важнее для любовников: первая ли благосклонность или первая ссора? Беда вдвое, когда они приходят вдруг, подобно радуге в бурном дожде.

Виктор возвратился от ужина разогорчен и отчаян, видя свою покорность отвергнутой с равнодушием и свою гордость униженной перед невниманьем.

— О женщины, женщины! — восклицал он. — Существо бессердечное, легкомысленное, коварное, неблагодарное!

Он не первый и не последний вымещал на целой половине рода человеческого досаду на одну девушку. В любовных и в политических упреках обе стороны   бывают обыкновенно чрезвычайно справедливы: старое и новое, небывалое и былое — все смешано вместе, все обрывается на голову обвиняемого; каждый умильный взгляд, каждый поклон ставится ему в благодеяние, то есть в обвинение за неблагодарность.

Злая филиппика Викторова кончилась тем, что он решился писать к жестокой.

Начинать переписку побранкой — довольно щекотливая вещь; она казалась, однако ж, самою естественною и всего более справедливою для неопытного моряка. Забавно было видеть, как он грыз перо и разрывал листы за листами, то находя выражения свои чересчур жесткими, то некстати нежными. Не раз вскакивал он и отворял окно, будто ожидая прилива красноречия от полнолуния, или с жадностью затягивался трубкою, высасывая из нее вдохновение с дымом. Пламенные нелепости текли струей на бумагу и, подобно ракете, рассыпались звездами слов. Чего   там не было! И обольстительные упреки, и нежные угрозы, и клятвы, и обеты — словом, все выходки сердечного безумия, все грезы любовной горячки, все, кроме того, что хотел сказать он, и того менее, что должен был говорить. Изъяснение это было вкратце, — и на третьем листе он дописывал начало, как вдруг ему показалось, будто буквы растут, растут перед пером его, что они, свившись хвостами и усами, начинают извиваться и прыгать, как змеи. Изумленный таким явлением, Виктор снял со свечи, протер отяжелевшие глаза, — не тут-то было! Дети азбуки не унимались: строчки бегали вкось и вдоль и словно дрались между собою, запятые и многоточия (вещь необходимая в любовном письме, как дробь в охотничьем заряде) летели со стороны на сторону, целые фразы кружились, смешивались, перескакивали бог весть куда, до того, что у Виктора зарябило в глазах. Неодолимый зевок, как очарованием, разверз его челюсти, и голова тихо, тихо скатилась на неоконченное письмо.

В младенчестве слышал я сказку о добром молодце, который, украв у соседа петуха, набрел, пробираясь через кладбище, на толпу мертвецов. Забавники того света, покинув могилы, чтоб погреть свои кости на месяце, играли, перекидывая своими головами как мячом; гробовые одежды лежали рассеяны. Испуганный вор, зная, что оборотни так же боятся пения петуха, как мы стихов Котова, так давнул несчастного вестника зари, что он закричал кокареку благим матом. Смутились пляски покойников; каждый, надевая голову, какую послал ему случай, и одежду, какая попалась под руку, швырком и кувырком кидался в могилу. Наутро любопытные нашли весь гробовой мир вверх дном: известный красавец лежал с беззубою головой старухи, у старика профессора философии накинута была набекрень детская головка, отставной солдат с деревянного ногою лежал в душегрейке, а кирасирские ботфорты красовались на маленькой ножке танцовщицы.

Проснувшись на заре, точно в таком же беспорядке нашел письмо свое Виктор. Напрасно перечитывал он его сверху вниз и снизу вверх, добиваясь толку; напрасно искал он, что ему хотелось вчерась выразить, — это было настоящее вавилонское смешение языков.

— Или я сегодня умнее вчерашнего, — сказал он наконец, раздирая в куски послание, — или вчерась был так мудрен, что сегодня себя не понимаю. Что бы подумала обо мне Жанни, если бы я грянул в нее такою нескладицею?

Совершив autodafe[98] над лоскутками, Виктор вышел в сад подышать свежим воздухом и собраться с мыслями на новое объяснение. Окрестный вид был истинно фламандской школы: небо, подернутое байкою туманов, обстриженные дерева осыпаны пудрой инея; вдали фабрика, у которой длинные трубы торчали как ослиные уши, и даже аист на башенке оранжереи — все напоминало картины Вувермана. Сам не зная как, очутился он у дверей теплицы; сердце вечно влечет нас туда, где вкусило оно наслаждение, как в родину своего счастья. Из нее выходил садовник с лейкою в руке и с трубкою в зубах.

— Там никого нет? — спросил Виктор, желая сказать что-нибудь голландцу.

— O neen, myn herr[99], — отвечал тот, подвигая на сторону колпак свой, — как никого нет? Там премножество птиц и цветов.

— Утиная шутливость, друг мой! — возразил Виктор, захлопнув за собой двери.

— Soo, soo![100] — произнес голландец, пыхнув очень значительно

---

[98] Сожжение (фр).

[99] О нет, сударь (голл.).

[100] Так, так! (голл.).

дымом и качая головою; дальнейших объяснений думы его надобно было бы ожидать, как поздней капусты. Он удалился, улыбаясь лукаво.

Печально поглядел Виктор на милующихся канареек, быстро пробежал стопами и взорами цветники и ряды редких плодоносных и душистых дерев; он заметил, как склоняли цветы друг к другу вспрыснутые головки свои, будто желая поделиться освежающею влагою. Пусть кто хочет говорит, что любовь есть безумие, — по-моему, в ней таится искра высокой премудрости. В ней мы испытываем по чувству то, к чему приводит нас впоследствии философия по убеждению. Каким благородным доверием, какою чистою добротою бываем мы тогда переполнены: в каждом человеке находим тогда друга, в милом цветке, в тихом кустарнике — родного; мы считаем людей и верим себя самих лучшими, и точно были бы таковыми, если б это умиление, творящее около нас новый мир и украшающее старый, было прочнее, постояннее. Разница только в том, что философия исторгает человека из общей жизни и, как победителя, возвышает над природою; а любовь, побеждая его частную свободу, сливает его с природою, которую он, одушевляя, возвышает до себя. Сладостны созерцания и мудреца и любовника, хотя ощущения последнего живее, а понятия первого явственнее. Любовник, кажется, внемлет сердцем биению жизни во всем творении, гармонии блага — во всем творимом. Пред умственными взорами другого рассветают мрачные бездны, развивается свиток судьбы миров и народов. Только это двоякое созерцание дает человеку вполне насладиться своим совершенством, то в самозабвении, то в забвении всех зол, его окружающих. В это время он поглощает минувшие, настоящие и будущие наслаждения, слиянные в тихом восторге!

Полон подобными чувствами, если не подобными мыслями, стоял мечтатель Виктор перед кустом тюб-роз, свидетелем его счастья и горя. Душа его плавала, как индийская пери, в испарениях цветов, забыв досаду и надежду, довольная собственной любовью, одною любовью, — чувство, непонятное многим, но тем не меньше сладкое для немногих. Вдруг, вовсе неожиданно, он был исторгнут из своей задумчивости свежим, звонким поцелуем, и громкий смех, за ним последовавший, заставил его вздрогнуть, хотя вовсе не от испуга; смех этот, в свою очередь, заглушён был звуком поцелуев Викторовых, которыми осыпал он резвую Жанни, ибо это была, конечно, она.

— Полно, полноте, Виктор! — кричала красавица, заслоняя уста ручками, которые отнимала опять, чтобы скрыть от лобзаний. — Я, право, опять рассержусь на вас; я возвратила вам только ваш злой поцелуй: я не хотела принимать подарков от таких дерзких людей.

Виктор остановился.

— Очень хорошо, Жанни; когда дело пошло на расчеты, возвратите мне сполна полученные теперь, и я доволен.

— Да вы несноснее нашего бухгалтера, Виктор! Легко сказать — счетом; а кто бы успел считать их? — возразила Жанни, и между тем щеки ее пылали прелестным румянцем, глаза яснели невинною веселостью. Вся она была так простосердечно игрива, — Виктор растаял.

О прежней ссоре не было и помину. Он тихо обвил руку около стройного ее стана и неприметно привлек к себе очарованную очаровательницу; но она будто убегала от милых уст, уста ее преследующих, так, что Виктор срывал поцелуи, как розы за розою.

— Мы перечтем снова, — произнес он, и между всяким словом было тире из звуков, которых по сию пору никто не вздумал изобразить каким-нибудь иероглифом.

В проверку счета вкрадывались ошибки, и поверка начиналась снова и снова. Я уверен, что это была первая арифметическая задача, доставившая столько удовольствия ученикам. Итоги не были еще подведены, а уже они дружески говорили ты друг другу. Никто из них не помнил, когда и кем было произнесено это слово..

— Я хотела помучить тебя, Виктор, — говорила Жанни, расправляя розовыми перстиками волосы на голове его, — но, признаться, мне дорого стоило притворство, и я целую ночь упрекала себя. Пришедши сюда полить цветы мои, я долго любовалась тобою, — примолвила она, скрывая горящее лицо на груди счастливца, — и, наконец, не выдержала, чтоб не поцеловать тебя. За что, скажи, я так люблю тебя, причудливый, злой Виктор!

— За что я обожаю тебя, коварная девушка!

— Не сердись вперед, Виктор, — ты так страшен в гневе; мне становится холодно в сердце, когда я о том вспомню.

— Не играй вперед любовью, милая Жанни! Кто так хорошо умееtп притворяться равнодушным, тому недалеко до настоящего бесстрастия, — по крайней мере мысль, что ты так же легко можешь лицемерствовать в нежности, как в холодности, меня убивает!

— О нет, друг мой, — отвечала она простодушно, — я уже привыкла быть равнодушною, а люблю впервые.

— И впоследние, Жанни?

— Однажды и навсегда, Виктор!

— Я твой до гроба! Любить тебя, Жанни, буду я и в самой вечности!

В этот раз Жанни уже не думала спрашивать, что значит любить. И Виктор не пошел бы в карман за словом, если б она о том спросила.

Удивительно, какие быстрые успехи делает в этой науке сердце человеческое в самое короткое время! Один разве животно-магнетический сон, который учит по-латыни и по-гречески в одну

166

засыпку, может поспорить с платоническою методою. Вчерашние новички становятся вдруг такими стратегиками в любовной войне, что, пожалуй, научат учителей.

Любовники наши расстались, осыпая друг друга уверениями; они поспешили в свои комнаты, чтобы наедине с собою, каплей по капле вкусить свое блаженство.

ГЛАВА VI

"Я, Душенька, люблю Амура!"
Потом заплакала как дура;
Потом, не говоря двух слов,
Заплакал с нею рыболов,
И с ним взрыдала вся натура.
Богданович

Каждый день с рассветом являлся Виктор в оранжерею, да и прелестная голландочка не опаздывала приходить туда кормить своих канареек, лелеять свои цветы заморские. Само собой разумеется, что не забывала и милого моряка, который стал ей теперь дороже всех птичек и всех тюльпанов вместе. О чем водились у них речи, того не дошло до моего сведения. Крылатому племени всегда не до чужих песен, цветы молчаливы с природы, а от флегмы садовника можно было услышать только soo, soo, сопровождаемые весьма значительными и вовсе непонятными пуфами табачного дыма. Полагать должно, они не скучали, и хотя словарь счастливых очень ограничен, — но они не могли наговориться об одном и том же и всякий раз имели что-нибудь прибавить ко вчерашнему.

Живучи в таком элизиуме, наш лейтенант вовсе позабыл о море и флоте, о своих и неприятелях, и сколь на горячий патриот был он, но редко вспадала ему на ум горькая мысль, что французы идут в сердце отечества. "Нет, Русь не падет! восклицал он, пылая. — Наполеон поскользнется в крови нашей!" — и успокаивался, и утешал себя верою, что все это скоро кончится, и оправдывал себя вопросом; что могу я сделать? Любовь обезмолвила, наконец, все прочие чувства; завтра для него не существовало; он сам не жил в самом себе, — он будто променялся душою с милою.

Однако ж этот промен был невыгоден для Жанни, и она узнала сладость грусти, рассеянность завладела и ею. Домашний порядок, доселе верный как часы, совсем потерял черед под ее надзором. Однажды в пяльцах вместо какого-то узора она вышила целую строчку литер W по зубчикам косынки. В расходной тетради, вместо итога, явилась чья-то мужская голова – Юлия Цезаря, по ее сказкам матери. В часы, назначенные поварне, ей хотелось танцевать, в часы уроков на арфе — молиться. То забывала она ключи в ящике, то вместо сладкого миндалю насыпала для пирожного горького, то оставляла стул посреди комнаты — вещь, которая для матери ее была страшнее планеты, грозящей стоптать землю. Наконец уж и сам отец заметил, что дочь не в своем уме, когда она налила ему кофе без сахару и в задумчивости сорвала какой-то чудесный тюльпан, что искони считалось смертным грехом в доме его.

— Два аршина с четвертью! — вскричал он, отворив большие глаза. — Это что-нибудь да значит!

Между тем, однако ж, как Амур готовил суматоху в семье Саарвайерзена, судьба сбиралась изломать его стрелы.

Уже миновало две недели пребывания Виктора, и он, притаясь, не думал напоминать об отправлении; а старик, чрезвычайно довольный его обществом, казалось, совсем забыл, что Виктор не домашний. Даже добрая хозяйка привыкла к нему, по собственному ее признанию, будто к старому ореховому комоду, который отдан был за нею в приданое. Притом, поздняя осень делала затруднительным, если не вовсе невозможным, плавание по бурному прибережью Зюйдерзее, а дурная погода избавляла от гостей, которые бы могли подозревать или угадать что-нибудь в странствующем приказчике, на которого, правду сказать, он нисколько не походил с головы до пог и с речей до поступков. Словом, все обнадеживало нашего моряка, что он долго просидит на мели, а там, а там... доживем — увидим, случится — так подумаем! И между тем часы летели, и сердце отживало годы счастия.

Утром первого ноября, светел как майский мотылек, порхнул Виктор в теплицу и нашел там Жанни в горьких слезах. Долго не отвечала она нежным вопросам его, и отзывом на них были только новые слезы, новые стенания.

— Минули мои радости, — наконец произнесла она, — Виктор меня покидает!

— Какие черные мысли, милая Жанни, — скорее замерзнет пламень, чем я изменю тебе!

— Ах! зачем ты не изменишь мне? Тогда по крайней мере я бы в гневе и в презрении нашла отраду разлуке! Менее ли я несчастна теперь, теряя тебя невинного!

— Не огорчайся, милая, будущим горем, оно далеко, еще все может перемениться к лучшему!

— Не верю я, не хочу я верить ничему лучшему, когда все, что казалось таким, меня обмануло. Зачем я полюбила тебя, Виктор!..

168

— Я не понимаю тебя, милая!

— Я бы рада была, чтобы ты не слышал и не понял никогда вести разлуки, если б это могло удержать тебя со мною.

— Возможно ли: мне готовят отправление?

— Оно уже решено. Батюшка сегодня поутру нанял рыбаков на большом боте, чтобы тайно провезти тебя на эскадру; завтра ночью ты отправляешься!

Безмолвен и бледен стоял Виктор перед плачущею любезною; наконец вспомнил, что он, как мужчина, должен утешать ее; но Жанни, которую горесть сделала причудливою, с сердцем отвергла его изношенное красноречие.

— Не огорчай меня, Виктор, своими утешениями, я не хочу и не могу быть покойна; с тобой вместе ладья показалась бы мне люлькою, но, воображая тебя на ней одного, я всякий час буду страшиться потопления... И потом, ты уедешь в Англию, в свою милую Россию, забудешь меня, изменишь мне, почему я знаю, может быть станешь смеяться над простотой Жанни, когда Жанни будет плакать, горько плакать!..

Рыдания прервали слова ее.

Виктор не мог удержаться, чтоб не выронить пары две заветных слезинок, однако ж, лаская и уговаривая, уговаривая и лаская, ему удалось понемногу успокоить Жанни.

— Я откроюсь твоему родителю, — говорил он, — и буду просить руки твоей; я не вижу причин отказа и потом невозможности возвратиться к тебе: война ведь не вечна, как любовь наша. Притом еще два дня могут принести много перемен!.. — Жанни поглядела исподлобья, как будто в нерешимости, утешиться ей или нет; наконец улыбка проглянула на милом лице ее, словно луч солнца сквозь вешний дождь; юность так охотно вверяется надежде и сама спешит навстречу обмана.

Уже все собрались к обеду.

Хозяин, заложив руки в карманы, преважно рассказывал Виктору о новом изобретении цилиндрических ножниц для стригальной машины. Гензиус, глядя на картину, изображающую столовые припасы, наигрывал носом песню нетерпения. Жанни, грустно подняв брови и склоня голову на плечо, украдкой поглядывала на лейтенанта, и уже хозяйка вошла в комнату с рдеющими от огня ланитами и с вестью об обеде в устах, как вдруг Саарвайерзен, взглянув на термометр за окошко, вскричал:

— Так и есть, вот болтун Монтань к нам тащится.

— Капитан Монтань! — вскричала испуганным голосом хозяйка.

— Это настоящее божеское посещение, — сказал Саарвайерзен.

— Разоренье, да и только, — сказала госпожа Саарвайерзен.

— Он для меня несноснее барабана, — сказал первый, — Он для меня страшнее моли, — сказала вторая.

— Он переломает мои тюльпаны и оборвет цветки с лимонных дерев для настойки, — сказал хозяин.

— Передвигает с места всех мандаринов и перервет мои ковры своими варварскими каблучищами, — сказала хозяйка, брянча, однако, связкою ключей.

Делать было нечего; живучи за городом, теряют право отказывать скучным людям, и несовместно с добротой, не только с учтивостью, отказать приезжему из-за пятнадцати миль. Приятель-неприятель уже всходил на лестницу, и гостеприимное прошу пожаловать встретило его у порога, между тем как он напевал еще песню:

Les Francais ont pour la danse
Un irresistible attrait;
Et de tout mettre en cadence
Ils ont, dit—on, le secret;
Je le crois,
Quand je vois,
Ces grands conquerants du monde
Faire danser a la ronde
Et les peuples et les rois![101]

Двери отворились, и капитан garde-cote[102] Монтань-Люссак влетел на цыпочках в комнату. Он был человечек лет тридцати пяти от роду и вершков тридцати пяти от полу, с кроликовыми глазами, с совиным носом и с настоящею французскою самоуверенностью. На нем был синий мундир с одним эполетом, и он подпирался шпажкою, которая, вместе с тонкими козьими ножками, делала его весьма похожим на треногую астролябию.

— Ma foi[103], — сказал он, раскланиваясь с видом благосклонности, — недаром говорят, что в рай претрудная дорога. Ваш фламгауз, mon bon monsieur Sarvesan[104], — настоящий рай Магометов, потому что одна mademoiselle[105] Жанни стоит всех гурий вместе, — и с этим словом он так махнул мокрою шляпою, что брызги полетели кругом.

— Вы так любезны, капитан, — отвечала Жанни с лукавой улыбкой,

---

[101] Французов непреодолимо тянет к танцам; говорят, они владеют секретом все обращать в такт; я верю этому, когда вижу, как эти великие завоеватели мира заставляют и народы и королей кружиться в хороводе! (фр.).

[102] Береговая стража (фр.).

[103] Честное слово (фр.).

[104] Добрейший господин Сарвезан (фр.).

[105] Мадемуазель (фр).

вытирая платком платье, — что нет средств сухо принять ваши приветствия!

— Вы божественно снисходительны, мадемуазель Жанни, — возразил, охорашиваясь, француз, вовсе не замечая насмешки, — и я принес жертву вашей божественности — премиленький рисунок воротничка, — в нем вы покажетесь, как персик между листьями. А вам, madame Surver-sant, — сказал он, обращаясь к хозяйке, — выписал я рецепт, как сохранять в розовом варенье природный его цвет.

— Лучше бы научили вы средству сохранять ковры от мокроты, — отвечала она, с ужасом глядя на струю дождя, текущую со шляпы героя.

— Капитан — неизменный угодник дамский, — молвил хозяин, трепля его по плечу, — у него в кармане всегда найдется про них какая-нибудь игрушка и в голове запасный комплимент!

— Par la sainte barbe (клянусь пороховою каморою), — возразил капитан, вытягивая свой туго накрахмаленный воротник, — мое сердце готово всегда упасть к ногам прекрасных, а шпага — встретить неприятеля!

— Славно сказано, капитан, — только, видно, у вас сердце некрепко привязано, когда вы можете выкидывать его, как червонный туз; ну, а, кстати, о шпаге: много ли ей было работы пронзать и щупать тюки с запретными товарами?

— Я задавлен делами, vrai dieu[106] , задавлен! — отвечал французик, зачесывая на обнаженный лоб скудные волосы. Ваши соотечественники, вместо благодарности нашему доброму императору за то, что он не столкнул Голландию в море, беспрестанно заводят по всем шинкам заговоры, а забияки русские и англичане того и жди, что нагрянут на берег! Знаете ли вы, что они затеяли тайную высадку, чтоб захватить крепость и порт, — безделица! К счастью, сударь, я своею проницательностью уничтожил их замыслы и спас город: злодеи были захвачены, — и в чем, как вы думаете? В ромовых бочонках, сударь, в ромовых бочонках!

— Вам должно воздвигнуть статую во весь рост на бочонке вместо подножия, — сказал, улыбаясь, хозяин.

— Этого мало, repp Sans-fer, Sans-ver-Sarrasin, извините, пожалуйте, я не в ладу с голландскими именами, — вообразите себе, что эти вандалы, англичане, эти враги человечества, то есть французов, собрались нас зажарить заживо, вместе с домами и кораблями, открыли в Лондоне подписку, наняли контрабандистов, чтоб ввести потихоньку зажигательные вещества в курительном табаке, в свечах, в колбасах, в

---

[106] Истинный бог (Фр.).

копченых рыбах, даже в помадных банках, сударыня, даже в помадных банках; все каблуки французских генералов начинены были порохом: злодеи хотели поднять на воздух каждого из нас поодиночке...

— И вы опять открыли их?

— Mais cela va sans dire (это и без слов разумеется), под крыльями французского орла и до тех пор, покуда я охранитель берегов здешних, вы можете спать как за каменного стеною.

— Не угодно ли же гению-хранителю отведать нашего обеда? — сказал хозяин, наскучив его болтаньем, — суп и железо надо обрабатывать, покуда они горячи!

Таможенный храбрец жеманно подал свой локоть хозяйке, Виктор — дочери, а сухощавый Гензиус и шаровидный хозяин, как постный сочельник и сытное рождество, замкнули шествие.

Я думаю, известно всем и каждому, что бог отдал французам майорат любезности с дамами, по крайней мере Монтань-Люссак нисколько не сомневался, что он урожденный остроумец и непобедимый человек в искусстве нравиться. Правда, что переслащенные комплименты его подернулись уже мохом со времен Франциска I, но зато он отпускал их Жанни самым новым, хотя весьма смешным образом. Обо всем другом рубил он сплеча, не краснея, и между тем не забывал ни стакана, ни тарелки. Изгоняемая из желудка и головы его пустота разрешалась безмерным хвастовством.

— А каков наш маленький капрал? Soit dit sans vous deplaire (не во гнев вам будь сказано), — сказал он, качаясь на стуле. — С каждой почтою присылает он к нам ключи какой-нибудь столицы; нас ожидают уже в Петербурге, и тамошние дамы заказали тридцать тысяч пар башмаков для встречного бала! Что это за прелестная земля Московия, когда б вы знали! Рай, а не край.

— Вы разве были там? — спросил Виктор.

— Я не был, mais c'est egel[107]: мой брат сбирался туда ехать. Представьте себе, что там падает осенью град в гусиное яйцо, из которого пекут превкусные хлебы; соболи водятся там в домах, как у нас мыши, а всего забавнее, что для верховой езды в горах употребляют лошадок, называемых коньяк, которые не больше собаки.

— Я думаю, однако ж, что храбрые ваши одноземцы немного найдут прелести и поживы в краю, нарочно опустошенном, — сказал Белозор.

— Bagatelle (сущая безделица), — возразил капитан. — Что значит русские морозишки для испытанных гренадеров, которые кушали мороженое, приготовленное во льдах Альпов, и на штыках жарили

---

[107] Но это все равно (фр.).

крокодилово мясо на солнце Египта. Allons chantez-moi ca[108], я сам стоял на биваках в пирамиде Вестриса.

— Может быть, Сезостриса, хотите вы сказать, — заметила Жанни.

— Vous y etes, mademoiselle (вы угадали), но это все равно, дело в том, что Московия не чета Египту; пройти ее вдоль и поперек нам так же легко, как сложить песню.

— Трудно только выйти, — сказал с насмешкою Виктор.

— А, а! господин любит пошучивать, но от этого нашим не хуже: за ними ведут огромные стада мериносов.

— Уж не хочет ли Наполеон заводить там суконные фабрики? — спросил лукаво хозяин.

— Покуда нам довольно и голландских, — отвечал капитан. — Нет, сударь, баранов едят, из кож шьют шубы, костями мостят дорогу для артиллерии и даже обсаживают ее в два ряда финиковыми косточками: надо у этих варваров образовать даже климат, и благодаря стараниям Фуше теперь он немного уступает итальянскому. Да, сударь, что Наполеону вздумалось, то свято. При торжественном вступлении его в Москву...

— В Москву?! — вскричал Виктор, едва не вскочив со стула. — Эта шутка переходит уже границы терпения!

— Шутка? Не вы ли, полно, шутите, господин странствующий рыцарь Меркуриева жезла? Видно, вы жили под землей, если не слышали этой новости; даже в Пекине все немые толкуют об этом!

Надобно сказать, что флот давно не получал известий с театра войны, а ван Саарвайерзен не хотел печалить русского вестью о взятии его отечественной столицы.

— Москва точно взята, — сказал он ему по немецки, — но ваши стоят крепко; будь мужественен, Виктор, умерь себя.

Но эта весть как громом поразила юношу, и, наконец, худо скрытая досада овладела им. Болтун продолжал по-прежнему:

— Да, сударь, перед Москвою мы разбили пятисоттысячную армию, которою командовал Суворов или Кантакузен, ou quelque chose comme cela[109]; тут дрались даже старики с бородами по колено, которые служат им вместо лат или наших хвостов на кирасирских касках; картечь или пуля ударит, да и запутается в волосах!.. При этом деле были два полка самоедов на лыжах, — mais on enfile ca comme des grenouilles[110], — в полдень все было кончено, и бояре в длинных своих кафтанах, любя

---

[108] Ну, рассказывайте (фр.).

[109] Или что-то вроде этого (фр.).

[110] Но их нанизывают, как лягушек (фр.).

французов от души, на руках внесли победителя в город. По русскому обычаю, герою поднесли в пироге запеченного китенка, по счастью накануне пойманного в Белом море.

— Оно полторы тысячи верст от Москвы, — с презрением сказал Виктор.

— Точно так, точно так и было до Петра Великого; но он, для удобства столицы, велел подвинуть его поближе. Ручаюсь вам, сударь, что Петр был моряк, каких мало, и если б подольше поцарствовал, то весь бы свет обратил в океан и посадил на корабли. Но я удаляюсь от рассказа.К вечеру дан был бал, на котором музыку составлял звон всех московских колоколов; говорят, что эффект был восхитительный! Для редкости, два эскадрона пленных казаков отличились в народном танце, который у них известен под именем пляска. Все лица днем и все улицы ночью были иллюминованы. От избытка приверженности к вожделенным гостям жители зажгли дюжину церквей и несколько кварталов.

— Чтобы все французы погибли там! — вскричал Виктор.

В этот миг слуга принес английские газеты.

— Москва освобождена... Французы бегут! — вскричал Саарвайерзен, взглянув на первый лист, и передал его Виктору. Весть об изгнании была там напечатана большими буквами. Восхищенный Виктор сначала обратил благодарные очи к небу, но потом желание укротить хвастуна вырвалось у него насмешками.

— Итак, господин капитан, ваши египетские герои бегут не оглядываясь!

— Sur ma foi[111] , — вскричал тот, — это газетный вздор, ото зажигательные известия английские; я никогда не видывал, чтобы французы от кого-нибудь бегали...

— Может быть, оттого, что вы бывали тогда впереди всех, — сказал Виктор насмешливо.

— Мне кажется, господин рыцарь аршина, вы на мой счет изволите забавляться? Douze mille bombes![112]

— На ваш счет, господин герой таможни? Нимало: я бы ничего не поверил вам в долг.

— Знаете ли, кому вы говорите, сударь? Ведаете ли вы, что я происхожу по прямой линии от славного Монтаня, который так же умел владеть пером, как шпагою?

— В таком случае вы оправдали на себе басню, в которой гора породила мышь![113]

---

[111] Клянусь (фр.).

[112] Двенадцать тысяч бомб! (фр.).

— Я мышь? Я, сударь, мышь? Как старинный дворянин, я бы доказал вам дружбу, если б вы стоили острия моего клинка, но знайте, что он действует и плашмя.

— Дерзкий хвастун! Если б мы были не в доме почтенного человека, вы бы получили должную награду; впрочем, вы можете счесть, что взяли ее.

— Так знайте и вы, что если б не этот стол, я бы прон — , зил вас насквозь, — вскричал ретивый француз, — и с этой минуты вы можете считать себя мертвым!

Эта выходка рассмешила всех как нельзя более. Нахохотавшись досыта, сам Виктор негодовал на себя за вспыльчивость. Истинно смешно было сердиться на этого шута. Согласие восстановилось за бутылкой шампанского, которую гости роспили за здоровье победителей, каждый разумея в тосте, кого ему хотелось.

После кофе капитан с значительным видом приблизился к хозяину, прокашлялся, как проповедник, который сбирается говорить поучение, выставил вперед козлиную ножку и умильным голосом попросил хозяина удостоить его минутным, но особенным разговором о важном, очень важном деле. Слыша это, все лишние поспешили удалиться.

ГЛАВА VII

Утешься! Индия осталася за нами.
        Я. Хмельницкий

О чем и как шла таинственная беседа Монтаня с хозяином, история умалчивает. Только через полчаса двери кабинета растворились, шумя, и капитан, надувшись как индейский петух, с гневным видом вышел оттуда, крутя свой хохол; между тем Саарвайерзен провожал его повторениями:

— Нос, сударь, нос! Говорю я вам — нос в два аршина с четвертью!..

Не взглянув ни на хозяйку, которая сидела с Гензиу-сом за пикетом, ни на Жанни, которая речитативом повторяла с Виктором песню собственного сочинения, сердитый герой перешагал через комнату, ворча, и, не поклонившись, хлопнул дверью. Слышно было, как, сходя с лестницы, он приговаривал:

— Да, да, господин Сар-сар-ссер-ве-зан, вы мне дорого заплатите за эту обиду, да, да, господин Сар-сурсир, — между тем как наконечник волочащейся по ступенькам шпаги вторил ему. Скоро раздался бряк

---

[113] Игра слов - montagne и Montaigne. (Примеч. автора.).

подков двух лошадей у крыльца, и через минуту герой был далек от дому и мыслей его обитателей.

В это время Виктор и Жанни, кончив свое совещание, решительно встали оба и вошли в кабинет Саарвайерзена. Старик ходил по комнате, против своего обыкновения весьма скоро; на лбу его еще видны были морщины досады, но он разгладил их, взглянув на дочь свою. Ласково притянул он ее к себе и поцеловал в голову.

— Добрая девушка! — сказал он, — не правда ли, ты еще не хочешь покинуть отца своего?

— Для чего вы меня об этом спрашиваете, батюшка? — робко возразила Жанни, пойманная, так сказать, врасплох.

— Так, милая, так; мне пришло на мысль, что весною видел я молодых ласточек, которые чуть оперились и хотели покинуть кров родимый; бедняжки попадали из гнезда и достались на потеху школьникам. Девушки похожи на ласточек, Жании...

— Не знаю, батюшка, только я не желала бы век разлучиться с вами, но не желала бы разлучиться и с... Батюшка, обещайте мне исполнить то, об чем я вас попрошу.

— Изволь, изволь, моя милая; конечно, тебе понравилась какая—нибудь игрушка: перстенек, или шаль, или заморская птичка? Хоть райскую куплю, душенька; плуты купцы ухитрились и в раю найти товар для вас. Говори; я ничего для тебя не пожалею.

— О нет, батюшка. Я так задарена вами, что мне ничего не остается желать в этом отношении, но... но вы не рассердитесь, батюшка?

— Рассержусь, если ты долее станешь скрываться. Нужна ли тебе компаньонка позабавнее, я выпишу такую, что в три дня уморит тебя со смеху; нужна ли мадам по-ученее, я найду такую, перед которой и мадам Сталь – не больше как словесная пирожница; хочется ли танцмейстера, вмиг доставлю такого искусника, что протанцует тебе гавот в бутылке.

— Вы все шутите, батюшка... а я...

— А ты небось в первый раз вздумала важничать? Очень бы любопытен знать, что за дело запало тебе в голову?

— И в сердце, батюшка... Мы... я, Виктор...

— Да, кстати, друг Виктор, — сказал хозяин, прерывая ее и дружески сжимая ему руку, — знаешь ли, что нам скоро должно расстаться?

— Я для этого-то и пришел к вам, почтенный хозяин мой. Нам должно расстаться или ненадолго, или навсегда. Коротка будет речь моя: ни мой, ни ваш откровенные нравы не имеют нужды в длинных околичностях и блестящих словах... Я люблю дочь вашу, она любит меня, ваше согласие даст нам счастье. Заверенный словом вашим, я по окончании войны прилечу сюда жениться.

— Жениться!.. — вскричал с изумлением Саарвайерзен, отступая на три шага. — Жениться? Это коротко и ясно, Виктор, и быстро, хоть куда, да едва ли и не безрассудно также! Сегодня, никак, целый свет взяла охота свататься на моей дочери: не успел сжить с рук этого фанфарона, эту таможенную мышеловку, Монтаня, и другой готов уже на смену.

— Я смею надеяться, Саарвайерзен, вы не ставите меня на одну доску с этим искателем кладов?

— Сохрани меня бог, два аршина с четвертью. Я скорей бы согласился на своей фабрике век выделывать попоны, чем позволить выставить его клеймо на лучшей моей ткани!

— Почтенный господин Саарвайерзен, я никогда бы не дерзнул искать руки вашей дочери, если б не имел на то единственного, по-моему , права: ее взаимности и пламенного желания сделать ее счастливою!..

— Любезный батюшка, я сердечно люблю Виктора! — вскричала Жанни, ласкаясь к нему.

— Ты сердечно говоришь пустяки, моя милая... Скажи-ка лучше, в котором боку у тебя сердце?.. — возразил отец. — Девушки еще за куклами так же часто говорят люблю, как дьячки аминь, нисколько не понимая, что это значит, и я дивлюсь только одному, как смела ты сказать это слово чужеземцу, не спросясь ни отца, ни матери, и раньше восемнадцатилетнего возраста. Что касается до тебя, Виктор, тебе не мудрено было полюбить хорошенькую девушку и единственную наследницу!..

— Саарвайерзен, вы можете отказать мне в благосклонности, но не в уважении. Я имею в России независимое состояние и везде доброе имя и не полагаю, чтобы я подал вам повод сомневаться в моем бескорыстии. Отдайте мне Жанни, как она стоит перед вами, и я буду не менее счастлив, не менее благодарен... Я буду богач, когда Жанни принесет мне в приданое любовь сво и согласие ваше...

— Хорошо сказано, молодой человек, и, что еще лучше, благородно почувствовано; но подумай и посуди сам, есть ли в твоем предприятии хоть нитка благоразумия? Я знаю о тебе столько же, как о летучей рыбке, которая взлетает над морем и опять скрывается в море. Не обижаю тебя сомнением, верю всем словам твоим, хотя при записке в долговую книгу супружества надобно бы для дочери желать должайшего знакомства и вернейшей поруки, но вспомни, что каждый шаг твой здесь куплен опасностью. Монтань уже подозревает что-то и не преминет донести своему правительству, у которого я давно на худом счету. Я сам собираюсь отсюда убраться тихомолком, покуда минут смутные обстоятельства. Кроме того, волей и неволей мы в войне с русскими, и бог весть, когда она кончится. Да если б и кончилась скоро, — скоро ль тебе будет возможно приехать сюда? Посуди притом, каково будет нам, старикам, разлучиться с любимою дочерью...

— Даю вам священное слово каждые два года приезжать сюда на несколько месяцев; готов даже навсегда поселиться с вами...

— И этого не хочу, любезный Виктор... Жена должна для мужа покинуть все на свете, но мужу для жены стыдно забыть отечество. Скажу тебе откровенно, ты мне понравился, и будь ты одноземец мой, я бы не заикнулся назвать тебя зятем, если б даже кошелек твой можно было продеть в иголку, но отпустить дочь за тридевять земель... Она так молода, ты так ветрен, что через полгода, статься может, оба не вспомните и не захотите узнать друг друга.

— Если б нам не суждено было видеться до второго пришествия, я и там бы встретил Жанни как супругу моего сердца, — сказал Виктор.

— Никто, кроме Виктора, не будет моим мужем, — присовокупила Жанни решительно.

— Все это очень громко и очень ломко, друзья мои; вы говорите в горячке, а горячка есть болезнь, и непродолжительная. Рад верить, впрочем, что любовь ваша не полиняет ни от времени, ни от препятствий, и по тому-то самому полгода-год разлуки нисколько не помешает делу. Если ты возвратишься к нам в тех же мыслях и найдешь Жанни с теми же чувствами, — с богом, я не стану противоречить, а между тем мы лучше узнаем о тебе, а Жанни испытает себя.

— Могу ли я принять это за неизменное слово? Можем ли променом колец заверить будущий союз наш?

— Что касается до моего слова, любезный Виктор, ты можешь построить на нем замок, не воздушный замок, разумеется, а другое считаю излишним. Зачем надевать на себя путы, бесполезные между людьми благородными и предосудительные, если судьба разведет вас... Ты человек военный, тебя могут убить, и тогда Жании останется вдовою, не быв супругою. Теперь обрученье ваше походило бы на обрученье дожа с морем.

— Это не пустой обряд, почтенный Саарвайерзен, не вздорная прихоть, нет, — это утешение сердцу, это залог будущего счастья... Скрепите же его, освятите его своим благословением, дайте мне отраду считать себя не чуждым вашему семейству, дайте мне лестное право называть Жанни своею невестою, называть вас отцом своим...

Виктор склонил колено, прижимая руку старика к груди...

— Батюшка, — восклицала Жанни, возводя к нему заплаканные очи и объемля его колена, — сжальтесь, не будьте суровы, сделайте счастливыми детей своих!

— Полно, полноте, дети! — вскричал почти тронутый старик, вырываясь из их объятий. — Что это за картина венецианской школы! Что это за водевильные песни... Встаньте, утешьтесь... И я с вами разрюмился...

слезы каплют у меня с лица, будто с молодого сыра. Встаньте, говорю я вам; я дал слово, и более ни слова... Не требуйте ничего лишнего, если не хотите, чтоб я отказал и в этом. Я должен быть рассудителен за вас, чтобы кто-нибудь из вас не пенял на меня. Завтра вы расстанетесь, а будущее зависит от вас самих. Дайте мне время образумиться.

Виктор ясно видел, что это полусогласие было чуть-чуть не отсроченный отказ; Жанни глотала все доказательства отеческие как зерна перцу; но делать было нечего, и они оба, поцеловав у старика руку, удалились с кисло-сладкими лицами.

Малорослый сын великой нации ехал в город, рассыпая проклятия на обе стороны; досада его раздражалась еще более тряскою рысью огромной фризской лошади, на которой он был точно миндаль на прянике. Не умея порядочно ездить, он беспрестанно скользил то вправо, то влево по широкому седлу. Спутник его, морской солдат самой разбойничьей физиономии, тащился сзади, скорчившись на тощей кляче, как на салинге, и, куря коротенькую трубку, при каждом скачке капитана приговаривал:

— Проклятые лошади!

— Лошади и люди, Брике, вода и земля — все негодно в этой несносной стороне, douze cents bombes![114]

— Это и мое мнение, mon capitaine![115] — примолвил Брике.

— Это и мое убеждение, Брике, мое душевное убеждение. Что такое здешние мужчины? Гордые лавочники! Что такое здешние дамы? Бестолковые поварихи. А девушки? Это ходячие кувшины с молоком. Никакого тона, mon cher[116], никакого уменья жить в свете, пи малейшего взгляда отличать достоинства... Для них кусок лимбургского сыра с червями предпочтительнее любого дворянина с тринадцатью поколениями предков!

— Это ясно, как шоколад на воде, капитан, и я, право, расчесал себе голову, отгадывая, почему вздумалось вам удостоить это утиное племя своим выбором; правда, мамзель Саарвайерзен богата, и жениться на ней...

— Скорее женюсь я на адской машине, чем на этой голландке. Все, что я рассказывал тебе прежде, была одна шутка, douze cents bombes, если не шутка! Я только для забавы посватался на дочери сукошника, и как ты думаешь, он принял мое предложение?

— Разумеется, кинулся к вам на шею с расстегнутыми карманами и сердцем, — отвечал лукаво Брике.

— Rien moins que ca, Брике, ничего менее этого: он дерзнул отказать мне...

---

[114] Тысяча двести бомб! (фр.).

[115] Капитан! (фр.).

[116] Дорогой мой (фр.).

— Вы шутите и со мною, капитан!.. Полагаю, что в его кочане немножко поболее смыслу.

— Весь его смысл не стоит пары собачьих подков, Брике; он отказал наотрез. Он вздумал, что он очень важный человек, оттого что на полу у него бархатные ковры, а на столе фарфоровые плевательницы! Велика птица! Да если б его сукном можно было обтянуть земной шар, а червонцами запрудить Зюйдерзее, я и тогда отсмею ему насмешку. Не ему чета были бургомистры амстердамские, да и те перестали ковать колеса и коней серебром, а его-то и подавно можно просеять сквозь судебное решето.

— Не только можно, да и должно, капитан, — он закостенелый оранжист.

— Он мятежник, — это по всему видно. Во-первых, читает английские газеты.

— Во-вторых, богат, как жид.

— В-третьих... да что за счеты? Виноват кругом, да и только.

— В-четвертых, держит у себя подозрительных людей.

— Каких подозрительных людей? — сказал Монтань, обернувшись к своему оруженосцу. — Про каких людей говоришь ты?

— А вот изволите видеть, mon capitaine: недели с две тому назад ходил я с товарищами дозором...

— Знаю, знаю, приятель, каким дозором ты ходишь: каждый гульден тебе кажется запрещенным товаром, и ты конфискуешь их в свою пользу. Я ничего не хочу слышать, Брике, но попадешься — пеняй на себя: Наполеон не любит дележа.

— Всякому свое ремесло, капитан: кто любит брать города, кто — ломать сундуки.

— В том только разница, что кто ограбит королевство, тому ставят торжественные ворота, а кто крадет из-за замка, тому виселицу. Да не о том дело, приятель: о каких подозрительных особах говорил ты мне?

— Ходя дозором, как имел я честь доложить вам, увидел я, что шесть человек вошли на мельницу вашего пареченного тестя. Вот меня и взяло любопытство: дай посмотрю в комнату; влез на окно, гляжу и вижу...

— Во сне или наяву, Брике?

— Я бы желал тогда быть на моей койке, капитан, и храпеть во славу божию, вместо того чтоб дрожать, увидя там забияк, вооруженных с головы до ног и таких страшных с ног до головы, что наши саперы старой гвардии показались бы перед ними голубками; они говорили таким дьявольским языком, что у меня и до сих пор звенит в ушах.

— Это, наверно, английские зажигатели, Брике.

— Они так и глядели, капитан, как будто у них в каждой пуговице сидело по целой роте чертей. Вот и заметил я, что молодой человек, который казался их атаманом, увидел меня сквозь стекло, и все восьмеро с воплем кинулись за мною в погоню.

— Ты, помнится, сказывал, что их было шесть человек? — Я сначала обсчитался, капитан, только знаю, что оба они в меня выстрелили; да я не дурак, ночь была пре-темная, кинулся на землю и прижался к ней, как подошва. Они долго искали меня, но видя, что ничего не видно, ждали, ждали, да и пошел!

— Чудеса ты рассказываешь, Брике; ну, что ж потом?

— Потом я давай бог ноги, убежал, не оглядываясь...

— И только?

— О нет, капитан, совсем не только! Сегодня, за полчаса перед этим, после вашего обеда, стою я смиренно в поварне. Выходит туда так называемый племянник хозяина закурить сигарку. Я сейчас в карман, оторвал клочок от вашего счета с президентом муниципалитета, или нет бишь, от...

— Чтоб черт взял тебя с твоими присказками! Говори коротко и просто.

— Чего проще этого, капитан, что он раскурил сигарку и сказал мне: "Спасибо, друг мой!"

— Я тебе отблагодарствую этим бичом так, что ты и вперед закаешься терзать меня своими семимильными рассказами!

— Тут каждое слово — дело, капитан. Вот изволите видеть, как он раскурил сигарку, глядь я, ан это тот самый молодой человек, который за мной гнался с мельницы.

— Может ли быть? Неужто в самом деле? Да это находка, друг мой! Теперь говори, что я не гений, я с ничего заметил в этом насмешнике врага Франции и уж пугнул за него хозяина порядком.

— А пять человек, как я узнал стороной, спрятаны у него на фабрике. Старик сказывает, что они машинисты, да черт ему верит. Верно, бьют фальшивую монету, ведь неспроста же он так богат.

— Еще лучше, еще превосходнее, Брике!.. Теперь и у нас перестанет ходить в карманах сквозной ветер. Завтра же, чем свет, донос правительству, что такой-то фабрикант печатает у себя возмутительные прокламации, собирает оружие, а что главнее всего, держит англичан для зажжения города... Славно, Брике... бесподобно! Будет чем погреть руки!

— И давно пора, капитан, а то, право, срам Франции, что она позволяет этим кургузым жидам толстеть и богатеть. Разве даром мы великая нация?

— Как попадет к нам в лапки да пристращают в военном суде дюжиною свинцовых пуль, так радехонек будет отдать свою Жанни за самого сатану, не только за меня, дворянина с тринадцатью поколениями... Государственная измена — это не шутка, г-н Сарвезан, — это не шутка!

181

Деля в мыслях добычу, капитан с достойным своим наперсником въехал в крепость при ниспадающей ночи.

ГЛАВА VIII

Вот так-то свет идет; но почему он так,
Не ведает того пи умный, ни дурак.

Фон-Визин

Поутру, на другой день, приказ захватить Саарвайерзена был подписан комендантом Флессингена и двенадцать солдат для исполнения этого наряжены. Отдавая, однако ж, Монтаню повеление, комендант заметил ему, что безрассудно было бы арестовать человека, всеми уважаемого и очень любимого рабочими, посреди его фабрики, где народ может возмутиться и отбить пленника; а потому советовал выманить его оттуда под каким-нибудь предлогом и потом взять в укромном месте и без шуму. Капитан отдавал в заклад всех своих предков, что он смастерит дело так искусно, что сами бесы будут краснеть от зависти.

Случа - эта повивальная бабушка всего худого и доброго – натолкнул как будто нарочно капитана на долгоногого Гензиуса, который как аист шагал по кирпичной набережной мутного канала. За ним шел человек в матросской куртке, с узлом в руках. Монтань остановился: нос таможенного есть самый чувствительный инструмент в своем роде; в старину верили в чудесный прутик, открывающий клады и ключи; этот прутик в наше время осуществился в носу досмотрщика: лучше всякого ворона чуют они добычу, и будь контрабанда спрятана хоть в желудке, от них она не скроется.

"Тут что-нибудь недаром... — подумал капитан, поворачивая носом, как флюгером. — Гензиус выходит от банкира. Гм, ге! Этот рыбак — самый удалой смоглер и уж не раз вырывал у меня из—под посу лакомые куски, — верно, какая-нибудь отправка в поход. Да уж не сношения ли с неприятельским флотом?.. Зачем эти сделки денежные? Почему он взял, черт ведает откуда, чужого человека, когда своя контора набита поденщиками? Что за связка у него в руках?"

И вот капитан мой уже бежал вслед за Гензиусом и, запыхавшись, схватил его за полу.

— Bonjour[117], дорогой Жензиус, — сказал он.

---

[117] Здравствуйте (фр.).

Гензиус кисло улыбнулся, отвечая поклоном, и хотел продолжать путь свой, но безотвязный капитан повесился у него на рукаве.

— Куда идете? — спросил он.

— Прямо по дороге, — отвечал он.

— Замысловато, господин Гензиус, очень замысловато, это доказывает, что натощак и голландский ум может летать по крайней мере как волан... Но так как я уверен, что вы не променяете добрый завтрак на всю остроту человеческого рода, то не угодно ли будет сделать мне честь: завернуть в ближайшую гостиницу? Что там за портер!

Я хоть таможенный, да гляжу на все то сквозь пальцы, что цежу сквозь зубы.

— Портер? — произнес Гензиус, облизываясь, и уж ступил было в сторону, когда мысль, что ему еще куча дела по поручениям хозяина и по закупкам Белозора, остановила его, будто камень преткновения.

— Благодарю покорно, — отвечал он со вздохом, — ни минутыгнет времени, до другого раза, капитан...

— И, полноте, господин бухгалтер! Сухое и перо не пишет, и чтобы подкрепить ноги, надо приласкать брюхо.

— Чувствую истину этого и не могу ею воспользоваться. Прощайте, капитан.

— Жаль, право жаль, любезный господин Гензиус, а мне бы надо было поговорить с вами о новом подряде на сукна. Я сегодня, по поручению генерала, поеду в Фламгауз.

— И поедете напрасно; хозяин мой сегодня целый день будет считаться с мельником, — ныне начало месяца!

"На мельнице? Ага! — радостно подумал Монтань. — Золотой бочонок сам катится к нам в погреб. Дельно! Теперь, господин счетчик, можешь идти куда хочешь: я вытащил из твоего носу червячка и без завтрака".

— Брике! — вскричал он, — следи этого архибестию рыбака Фландеркина, пошли вслед за ним человек пять издали и скажи: если увидят, что он готовится спустить лодку в море, цап его за бок и тащите ко мне на брандвахту; остальных солдат положи, когда стемнится, в засаду близ мельницы Саарвайерзена, и всех, кто в пей, захвати и веди в город за конвоем... мужчин и женщин. Смотри жс, пс выпускай никого, а пуще всех старика.

— Будет исполнено, капитан! — отвечал Брике. — Только при дележе не забудьте, что я вас навел на дичинку, а то до сих пор начальники брали деньги, а мне оставляли одни тычки, — только из этой поживы они не брали законной себе доли.

— Будет всем пожива, — отвечал капитан, потирая руки.

Таким-то образом высокоумный Гензиус, желая избавить хозяина от посещения некстати, предал его в руки бездельников. Таким-то образом и самая извинительная ложь рано или поздно, но всегда становится вредною.

К вечеру Саарвайерзен с Виктором и дочерью, которая настояла на том, чтобы проводить своего жениха, приехали на мельницу. Матросы их ждали там еще с прошлой ночи, и, когда стало смеркаться, все было готово к отправлению. Покуда еще хоть день, хоть час, хоть миг остается до разлуки, сердца любовников не перестают еще надеяться; они, кажется, ждут чуда, которое отвратит ее, но зато тем ужаснее бывает для них минута расставанья; она всегда для них внезапна и будто рассекает их пополам. Жанни плакала и молчала, напрасно шутил над нею отец, напрасно утешал Виктор, и, наконец, все трое уселись, как будто провожая кого-то не к избавлению, а на казнь. Время уходило... Саарвайерзен вынул часы и, не говоря ни слова, подавил пружину; они звонко пробили пять.

Виктор встал с тяжким, глубоким вздохом; рыдая, упала Жанни на грудь отца.

— Прости, Виктор, прости навечно; я предчувствую, что мы более не свидимся, — произнесла она, — прости!

Виктор пламенно поцеловал оставленную ему руку, и его слеза канула на нее.

— Достойная Жанни, — сказал он, — пусть эта капля будет печатью душевного союза, и да откажет мне бог в слезах в горькие часы жизни, если я для каких бы то ни было радостей замедлю своим возвратом.

— Два аршина с четвертью! — вскричал отец, обнимая отъезжающего и вытирая о его плечо глаза свои. — Откуда набрались вы этих романтических покромок?.. Ну, утешься, причудница, успокойся, моя милая: новая весна приносит новые цветы, и коли вы в самом деле так друг друга любите, мы вас обстрижем под одну ворсу. В чудные веки мы живем, в чудные веки! – ворчал Саарвайерзен, влезая на лошадь. — Вчерась еще поутру я бы ручался, что моя Жанпи не отличит петуха от курицы, а теперь? Два аршина с четвертью! И еще не дождавшись законного возраста... Смотри, пожалуй.

От мельницы шли две дороги к морю: одна прямо, по которой шел Виктор после кораблекрушения, другая правее на Деидермонд; по сей-то последней отправились наши путники. Виктор ехал безмолвен, снедая печаль в сердце. Саарвайерзен, видя, что с влюбленными плохая беседа, разговаривал с проводником, несшим фонарь. Матросы, идучи позади тихомолком, шутили промеж собою.

— Что ж мы, братцы, станем рассказывать товарищам у табачного бака, коли бог принесет на свой корабль? — сказал урядник.

— Что лягушки здесь царствуют, а люди живут как у нас лягушки, — отвечал один.

— Вот уж напрасно охаял Голландию, — возразил другой, — стыдно, где пить, тут и рюмки бить. Чего тебе здесь недоставало? Можжевеловой — хоть не пей, свежины вдоволь. Закорми чушку, она станет жаловаться, что бока отлежала.

— И впрямь, брат, грешно словом укорить наших хозяев, — чего только душеньке угодно, давали: хлеб белый как месяц, сыр объеденье да утром еще и кофей!

— Хвали, хвали хозяев, а они себе на уме: ржаной корочки допроситься я не мог, а эти опресноки оскомину набили. Видел, брат, я, что они с кофея-то одной жижицей нас потчевали, а гущу всю себе оставляли. А про сыр и говорить нечего, — весь в дырах! Небось молодые сыры подальше хоронят; а уж и подметил я у них здоровенные, что твой кирпич. В одном фунте фунта два будет!

— У всякого своя заведенция... — примолвил Юрка. — В чужой монастырь со своим уставом не ходят. По мне, там такое было житье, что коли во сне увижу, так, я думаю, сыт буду.

— У лентяя вечно масленица на уме, — возразил урядник, — то ли дело между своими на службе: горя много, да уж зато и утехи вдвое. Наработаешься на вахте до упаду, насмеешься за ужином досыта, и, не дослушав сказки, засыпаешь, убаюкан бурею в койке, и гоголем вскочишь, когда закричат: "марсовые, наверх!" Дай бог, братцы, увидеться с земляками; хорошо в гостях, а дома лучше!

— Дай бог, дай бог обняться с нашими нетронскими! — воскликнули умиленные матросы, прибавляя шагу.

Без всяких неприятных встреч отряд достиг до берега. Темное море плескало в него тихою зыбью. Запорошенные инеем дороги и плотины, будто раскинутые холсты, тянулись вдаль и сливались с туманом, который начал подыматься. Нигде не слышно, не видно было ни души.

— Фландеркин-флаат! — произнес проводник, ударяя в ладоши. — Он здесь должен был нас дожидаться.

После многих побегушек в разные стороны оказалось, что нет ни лодки, ни нанятых рыбаков в окрестности. Саарвайерзен потерял терпение: неустойка в слове была для него подлее, чем воровство, хуже, нежели убийство.

— Sapperloot! — вскричал он. — Я живьем истолку эту ходячую треску. Взять даром деньги и не исполнить слова, — это неслыханно! Я его так взгрею, что мои талеры растают у него в кармане... Проклятый пьяница!.. Верно, где-нибудь теперь прохлаждается в шинке; но будь я не я, если он не завертится кубарем от этой плети, прежде чем у него высохнут губы.

Но брань ничему не помогала. Положение Белозора и матросов его было самое критическое, и, наконец, Саар-вайерзен, послав на Викторовой лошади проводника влево, поскакал сам внутрь земли искать рыбака в его домике, восклицая, что он разбудит его кулаком своим не хуже

185

сукновального молота и сделает из его спины клетчатую шотландскую тартану!

Мало-помалу затих его голос и тяжелая ступь лошади по шоссе.

Виктор, видя, что рыболов или обманул, или изменил, решился пуститься по берегу влево, для встречи с ним или для изыскания другого способа спасения. Поравнявшись с тем местом, где выброшен был бурею на берег, заметил он нечто белое.

— Посмотри, — сказал он уряднику, — мне что-то видится впереди!

— Если б я не знал, ваше благородие, как разбило в щепы нашу четверку, я бы подумал, что это она ожила и выползла на берег, как тюлень!

В самом деле, то была шлюпка, обороченная вверх дном.

— Тише, тише, ребята! — сказал Белозор. — Мне кажется, подле пей вижу я людей, спящих под парусом; да вон на козлах блестят и ружья; это, должно быть, досмотрщики. Ползком подберемся к ним и накроем врасплох, как утят в гнезде.

Едва дыша, приближался Белозор впереди всех... Но французы спали крепким сном, и захватить их было нетрудно. С криком кинулись наши сперва на ружья, потом на сонливцев и, пригвоздив штыками углы паруса к земле, как перепелок из-под сети, вытащили поодиночке пленников, связывая им руки и клепля рот.

Из четырех оставили только одного без повязки для допроса.

— С какого ты судна? — спросил его Виктор.

— Мы таможенные солдаты, — отвечал он, — с брандвахты (patache) le Friseur.

— Кто у вас капитан? — Монтань—Люссак.

— Старый знакомый. А зачем вы на берегу?

— Не знаю; четверо наших, по приказу капитана, отправились в средину края; мы берегли шлюпку.

— Благодарю, что сохранили ее для нас. Теперь, братцы, перенесите этого молодца в шлюпку, пускай он лежит на дне вместо балласту.

Шлюпка была уже спущена на воду, и матросы, опершись на весла, с нетерпением ждали приказа отвалить.

— Не прикажете ли остальных на упокой? — сказал Юрка, замахиваясь багром на связанного солдата.

— Пошел в свое место, — гневно вскричал Виктор, — и помни, что русские не бьют лежачего. Все ли готово?

— Все до крошки! — отвечал урядник. — Крестись, ребята, весла на воду... греби!

Между тем как это происходило на берегу, Жанни одна с своей кручиной сидела в комнате мельника. Глубокую истину заметил тот, кто сказал, что женщина, любя впервые, любит любовника, потом уже одну любовь. В первом случае вся она будто поглощена бытием друга, и малейший страх за него, кратчайшая с ним разлука для нее уже истинное бедствие. Во всех последующих любовник для нее уже не предмет, но только средство наслаждения, и, проливая слезы разлуки, она уже озирается кругом, ее сердце, как пустой дом, требует постояльца: любовь для нее уже не страсть, а привычка.

Но Жанни любила впервые и со всею пылкостью души чувствительной, с безграничным доверием доброты. В краткий век этой девственной склонности она пережила все возрасты страсти, кроме ревности, и можно представить ее отчаяние, когда тот, который, как светильник, озарил перед нею мир, лежавший дотоле перед ее очами темною громадою, увлечен был от ней судьбою, от нее, жаждущей любить, тоскующей разделить любовь свою... Сердце ее, кипящее юностью, легко прияло впечатление страсти, как плавкое стекло, и, как со стекла, чтобы сгладить это впечатление, можно было не иначе, как разбив его. В это время вбежал к ней Гензиус с бледным, вытянутым лицом...

— Где ваш батюшка? Где все они? — спросил он торопливо.

— Там, где бы желала быть и я, — отвечала Жанни, не обращая внимания на необыкновенные приемы бухгалтера.

— Ради "Groos Buch", юнгфров, скажите, по какой дороге поехал ваш батюшка? Ему грозит большая опасность!

— Батюшка в опасности?! — вскричала, вспрянув, испуганная Жанни. – За что? от кого в опасности?..

— Бургомистр Гоог Воорст ван Шпан...

— Какое мне дело до вашего бургомистра? Скорей и яснее!

— Я сам запыхался, как ветряная мельница, юнгфров... Говорил я вашему батюшке, что быть беде за русских, которых держал он на фабрике, а Монтань и подвел к этому свои итоги; он донес правительству, что ваш батюшка держит у себя зажигателей-англичан, печатает прокламации против Наполеона и хочет изменой захватить крепость. И вот его велено заключить в темницу и судить военным судом... Спасибо за уведомление бургомистра Гоог Воорст ван Шпандербергера, а то бы...

— Заключить, судить!.. умертвить его! У тигров всегда виноват человек... Недоставало только этого к нашему несчастью... Что же вы стоите, сударь? Бегите, скачите, летите навстречу батюшке, уведомьте его; пусть он бежит за границу. Есть у него деньги с собою? Если нет, возьмите эти брильянты, которые получены только что из переделки...

— У меня в кармане значительная сумма, взятая от банкира; притом же...

— Спешите, сударь, говорю я вам! — воскликнула Жанни, почти

выталкивая Гензиуса и рассказывая ему, где и как он, наверное, найдет отца ее. — Пусть не беспокоится он о нас; с нами ничего не сделают.

— Дай бог, чтоб ничего не сделали, сударыня, — говорил Гензиус, вскарабкиваясь на каретную лошадь, — беда, если и мужчина попадет в когти этих разбойников, а храпи бог, как девушка.

Удар бича, которым попотчевал мельник его буцефала, прервал речь всадника, и скоро умолк скок неопытного гонца.

Жанни была в неописуемом положении: любовь к отцу заставила ее на время забыть даже любезного, не только самую себя. Она уговорила старика слугу, приехавшего с ней за каретою, сесть верхом и ехать отыскивать отца. Кучер был проводником. Итак, она осталась одна со стариком мельником и его женою. Запершись кругом, со страхом ждали они известий... Через час места послышался стук у дверей.

— Отворите, — произнес грубый голос, — отворите по приказу правительства. Если вздумаете сопротивляться, с вами поступлено будет как с мятежниками и дом ваш разграблен дотла!

Это был Брике с командою.

— Боже мой, — вскричала хозяйка, — ото голос того же разбойника, который вязал нас две недели назад! Когда господь избавит Голландию от этих гербовых злодеев!

— Что ты колдуешь там, старая ведьма? — возгласил Брике. — Отворяй, или мы высадим двери прикладами!

— Что нам делать? — шептала Жании хозяйка. — Их много, и двери недолго продержатся. Что нам делать? Мы пропали с добром и с косточками!

— О вещах не горюй, старуха, — возразил хозяин, — добрый наш господин втрое заплатит за все; но что будет с вами, сударыня!..

— Что угодно богу, — с твердостью сказала Жанни, — я скорее умру, чем живая отдамся в руки этих наглых бездельников... Хозяин, задержи их всякими средствами, а я бегу встретить своих или кинуться в воду...

С этим словом она накинула шубу свою, схватила ящик с бриллиантами и выпрыгнула в окно.

Она уже была далеко, когда треск одних за другими падающих дверей долетел до ее слуха.

Быстро, не отдыхая, бежала опа по плотине к морю; страх придавал ей силы, надежда окрыляла ноги:

— Батюшка! Виктор!.. — кричала она, слыша за собою гонящихся солдат. — Виктор! — повторяла она исчезающим голосом, видя отваливающую шлюпку, но слабые звуки умирали на ветре. — Спасите! — восклицала она в тоске отчаяния, но спасение ее бежало. Задыхаясь, изнемогая от усталости, простирала она руки к морю, но безжалостное заглушало мольбы ее плеском. — Виктор! — вскричала она в последний раз и упала без чувств на холодную землю.

ГЛАВА IX

...За счастьем, кажется, ты по пятам несешься,
А как на деле с ним сочтешься, —
Попался, как ворона в суй.
                                    И. Крылов

Знакомый голос проник до сердца Белозора; шлюпка дала крутой оборот, взрывая волны, и через минуту Жанни лежала уже на руках друга; но между тем погоня была близка... С бранью и проклятиями бежали к берегу солдаты. Что было делать Белозору? Оставить ли невесту свою в жертву дерзости и своевольства? Нет, нет... Он бережно поднял драгоценное бремя и прянул в шлюпку...

— Отваливай! — вскричал он, и шлюпка ринулась с берега, как испуганный лебедь.

— Остановитесь! — летело вслед ему. — Стой! или мы будем стрелять! — кричал Брике. Ружья патруля сверкали.

— Позволяю! — отвечал Белозор, спуская курок пистолета, и Брике покатился в воду. Беглый огонь полетел в шлюпку, по мрак и волнение мешали цельности выстрелов.

Скоро выгребли беглецы из полета пуль, и матросы только смеялись, слыша, как свистят они и падают в море.

— Спасибо за парадные проводы! — кричали они беснующимся французам, и между тем с каждым взмахом веслами быстрая шлюпка, шипя, взбегала на волны, как будто порываясь взлететь над ними. Однозвучное ударение в уключины и плавное колебание судна погрузили Жанни в глубокий сон из бесчувствия. Прислоня голову милой к груди своей, Белозор прислушивался к ее дыханию; оно было легко и покойно, но зато Виктор был далек от покоя... Он со страхом замечал, как свежал ветер, как сильней и сильней плескалось волнение. Непостоянное течение менялось, туман несся над водами... С каждым мигом надежда добраться до флота, далеко лежащего от берега, становилась несбыточнее.

— Держись на веслах! — сказал он, желая обознаться, куда грести. Матросы безмолвно, опершись о вальки весел, глядели на воду. Непроницаемый туман клубился окрест, и только шум всплесков о водорез, только брызги их были ответом на взоры и внимание Виктора.

Брошенная на волны бумажка тихо плыла влево; но кто поручится, что ветер и течение не изменились? И нет компаса, чтобы их поверить.

— Мы заблудились, ваше благородие, — сказал урядник, — если выгребем в открытое море, то погибнем без сомнения, а если снесет нас к берегу, то не миновать плена.

— И еще вернейшей смерти. Теперь с нами поступят как с беглецами, особенно за убитого... Но постой, это колокол, раз, два, три!

Било восемь склянок. Нигде так величественно не слышится бой часов, как над бездной океана во мгле и тишине. Голос времени раздается тогда в пространстве, будто он одинокий жилец его, и вся природа с благоговением внемлет повелительным вещаниям гения веков, зиждущего незримо и неотклонимо.

Колокол затих, гудя.

— Это должна быть ваша брандвахта! — вскричал с радостью Белозор к связанному французу. — Сколько на ней команды, друг мой? Но смотри, не хвастай!

— Более чем нужно, чтобы развешать вас вместо фонарей по концам рей, — отвечал француз, ободренный близостью своих.

— Ты не будешь этим любоваться, если не перестанешь остриться некстати. Мы, русские, любим посмеяться смешному, но не берем его в уплату. Говори дело, мусье, а не то я пошлю тебя на исповедь к рыбам!

Видя, что его не шутя подняли над водою, пленный оробел.

— На судне осталось только двенадцать человек, — отвечал он.

— Тем лучше, — сказал Белозор. — Ну, товарищи, нам единственное спасение завладеть тендером. Не скрываю от вас: дело опасное, зато уж молодецкое; славы и денег будет столько, что и внучатам не прожить. Грянем, что ли, ребята?

— Грянем, Виктор Ильич, постоим за матушку-Русь, знай наших нетронских! В огонь и воду готовы! — вскричали в один голос удалые матросы.

— Вот спасибо, ребята! С вами и месяц за рога сорвать — копейка, — жить весело и умереть красно! Осмотрите же, братцы, захваченные ружья, и, как скоро привалим к борту, скачи через сетку и прямо сбивай с ног встречного и поперечного, забивай люки и вяжи или коли упорных. А между тем обвертите шейными платками вальки, чтобы они не брякали в уключинах; только бы добраться, а то все наше: пей - не хочу!

Скользя, как тихая тень, понеслась шлюпка, и скоро они разглядели одномачтовую брандвахту, которая то вздымалась на валах высоко, то с шумом ударяла своим бугшпритом в воду. За сеткою мелькала одна голова часового.

— Qui vive?[118] — раздалось с борта.

— Отвечай отзывом, — шепотом сказал Белозор пленнику, приставя пистолет к груди.

— Le diable a quatre (бес вчетвером)! — закричал тот.

— C'est un bon diable (это добрый черт), — примолвил часовой и беспечно оборотился, чтобы вызвать наверх офицера; но Белозор перескочил в это время на палубу, не дал ему даже пикнуть, и в один миг все было исполнено по приказанию.

Палуба находилась во власти русских, а внизу никто и не подозревал о том.

Белозор, рассмотрев сквозь стеклянный люк, что в капитанской каюте сидят за столиком трое офицеров и шумно разговаривают за бутылками, потихоньку спустился по трапу (лесенке) к дверям и остановился послушать речей их.

— Ты прелюбезный злодей! — говорил Монтаню один из таможенных чиновников.

— Настоящий людоед на женские сердца! — примолвил другой.

— Небось на контрабанду и шашни не дам промаху; сам сатана мог бы у меня взять несколько билетов для науки в любовной охоте; одним камнем двух птиц зашибу. — Это говорил Монтань.

— А что, сердечко-то, верно, в золотой оправе? — произнес первый голос.

— Ха, ха, ха! — отвечал капитан. — Голландское сердце всегда в кошельке; как помокнет в тюрьме, так мой старик станет мягче своего сукна. Уж к судьям отправлен ящик с шампанским, подогреть их патриотизм; обвинение важное, и только рука Жанни выскоблит его.

— То есть, когда мы говорим рука, то, конечно, разумеем под этим не одни пальцы, — сказал другой, — но и кольца, и перстни, и все, что в ней и на ней?

— Да узк что толковать об этом; будущий тесть мой богат, и я заживу как маршал, разграбивший провинцию. За здоровье нареченной моей!

— То есть за толстоту мешков ее приданого! — вскричали оба.

— Само собой разумеется, — возразил Монтань, — что я жену считаю приданым, а гульдены, будь они старее Нового моста, своею супругою. Между тем пускай ждет старый скряга нанятой лодки, когда она у нас за кормою, да, чай, уж теперь и сам к нежданным гостям в гости собирается. Я велел привезти сюда только молодого забияку, который вздумал надо мной подтрунивать. Завтра опечатаем фабрику, et vogue la galere (плыви, корабль), как не отдать дочери за француза!..

— И старого дворянина, — молвил другой лукаво.

---

[118] Кто идет? (фр.).

— И таможенного капитана императорской службы! — гордо воскликнул Монтань. — Господа, здоровье Наполеона! За ним мы всегда правы и всюду хозяева!

Все подняли бокалы, восклицая:

— Да здравствует маленький капрал! Подавай сюда русских, мы сотне хвосты ощиплем!..

Дверь скрипнула, и Белозор упал как звезда с неба и, напенив порожний бокал, дал знак изумленным французам, чтобы они подождали...

— Здоровье императора Александра! — крикнул он; по гости поглядывали друг на друга, как будто спрашивая отгадки этой мистификации.

— Пейте, господа! — грозно воскликнул Белозор. — Или я заставлю вас выпить соленое море вместо шампанского; вы хотели ощипать сотню русских, ваше желанье исполнено: я русский!

— Это уж чересчур дерзко, — вскричал Монтань, хватая Виктора за ворот.

— Не бойтесь, господа, это тот самый шутник, про которого я вам рассказывал; видно, воротилась наша шлюпка и привезла пленника. Смотри, пожалуй, да какой ты забияка!

Белозор хладнокровно оторвал от себя Монтаня, как кошку, и бросил его на стул.

— Что я приехал на твоей шлюпке, это сущая правда, капитан! Только меня не привезли сюда, я сам за долг счел отплатить визит любезному другу. Пейте же, господа, говорю я вам, за здоровье русского царя, или я раздроблю голову упрямым... Что вы глядите на меня?.. Вы мои пленники, господа! Я имею на то трехгранные доказательства! Гей, наши!

Разбитые стекла капитанского люка, звеня, посыпались на стол, и несколько ружей, наведенных на офицеров, засверкали с палубы; они оцепенели на стульях, а храбрый капитан залез под стол.

— Вы можете вести переговоры из вашей крепости, — сказал ему Белозор, — но знайте, что прелиминарная статья есть все-таки здоровье императора Александра... Да здравствует победитель Наполеона!

Французы, морщась, выпили свои бокалы.

— Теперь, господа, пожалуйте ваши шпаги; я ручаюсь вам за целость вашего имущества и невредимость ваших особ; но пусть один из вас потрудится сойти в матросскую каюту, разбудить поодиночке людей и также выслать их наверх; но я предуведомляю вас, что если вы вздумаете сопротивляться, я подниму всех на воздух; у меня тридцать человек на палубе, и ваш же фальконет наведен в пороховую камеру. Остальные останутся при мне заложниками.

Сказано - сделано. Не зная зачем и куда, вылезали матросы из люка;

их хватали, вязали и укладывали, как селедок. Трое освобожденных рыбаков-голландцев помогали русским. В четверть часа судно было в полной власти их, и как ветер крепко дул с берега, то Белозор велел отрубить канат, отдал паруса и быстро покатился в океан, рассекая туман и волны. Нужно ли рассказывать, что пробужденная Жанни все еще не верила, что она видит это не во спе? Так чуждо, так необычайно казалось ей все, что происходило.

Сквозь туман, летящий клубами с болотистых поморий, повременно сверкали фонари на флоте, и, наконец, Белозор явственно разглядел крайний корабль свой "Не тронь меня!". Надобно вам сказать, что во время якорной стоянки вблизи неприятеля посылается обыкновенно кругом каждого корабля дозорный катер, и таким-то катером встречено было судно Белозора... Молодой мичман, командовавший оным, не разглядел в тумане приближающегося и потому не мог опознать издали; но вдруг, заметя парус, выходящий из паров, дал по нем выстрел из фальконета и изо всех сил пустился грести назад. В один миг распространилась тревога по всей линии, батареи открылись и осветились, фитили засверкали везде; черные громады кораблей казались тогда стойкими чудовищами, готовыми изрыгнуть смерть и гром. Напрасно кричал Белозор, что он русский, что он ведет призовое судно, — голос его замирал в стоне ветра. Видя опасность, он направил ход прямо к носу корабля, чтобы находиться вне выстрелов боковых орудий, но эта надежда была недолговременна. Когда он находился не далее полутора кабельтова от "Не тронь меня!", погонные пушки были привезены и готовы. Им даже слышно было, как лейтенант командовал:

— Обдуй фитиль! Пли!

Выстрел взревел; огненное облако озарило ночь, и ядро с плеском ударилось в воду подле тендера, прыгнуло через, разбив гафель, и пошло рикошетами далее.

— Покуда снимают с нас только шапки, — сказал Белозор, глядя на сорванный топсель, — но скоро доберутся и до головы.

— Вторая! пли! — раздалось с форкастля.

Это ядро дало всплеск подле самого носа и, свистя, перелетело вдоль тендера; оконтуженный французский офицер упал на палубу.

— Ядро виноватого найдет! — сказал один матрос.

— Не хотел бы я и за сто рублей стоять на его месте, — молвил Юрка.

— Полно дорожиться, и пятьдесят линьков было бы довольно, — возразил, шутя, урядник.

— Это еще яблочки, — сказал третий, — а вот скоро попотчуют смородиной, — держите шире карманы!..

— Что вы тут болтаете как сороки! — вскричал Белозор. — Кричите-ка громче пушек, а не то дорога нам будет расплата за непрошеные гостинцы.

— Не стреляйте! — заревели матросы на тендере. — Мы русские, мы нетронские!

Фитиль остановился над пушкою.

— Долой паруса и держите под наветренный борт, если вы русские, — раздалось сверху.

Приказ был исполнен, и скоро вооруженный баркас пристал к борту тендера. Дело объяснилось; их сочли брандером, но теперь, ступив на корабельные шканцы, Белозор не успевал отвечать на сотни вопросов, задушаемых дружескими объятиями. Все толпились кругом его, шумели, кричали: "Он воротился! Белозор воскрес!" — и никто не понимал друг друга. Наконец любопытные должны были уступить место Николаю Алексеичу, как старому другу найденного.

— Ну, брат, чародей ты, Виктор, — говорил он, обнимая друга со слезами на глазах, — "на огне не горишь, на воде не тонешь. А мы про тебя у всякой селедки расспрашивали, — ни слуху ни духу! И вдруг, когда полагали, тлеешь на дне морском, словно оторванный верп, ты прикатил к нам подо всеми, живехонек и здоровехонек!

— Да и прикатил-то еще не один; этот тендер вырезал я из-под батарей Флессингена; но об этом долга песня, только ты, Николай Алексеич, сократил было ее: если б еще ядро чокнулось с моею посудинкою, то встреча была бы поминками.

— И что за счеты между своими, — ты бы из воды сух вышел... Да это что у тебя за яхточка на бакштове? — примолвил лейтенант, поглядывая на Жанни, которая робко озиралась на незнакомцев. — Недаром, право, мы приняли тебя за брандера; в таких глазках больше огня, нежели нужно, чтоб поднять на воздух весь союзный флот.

— Я тебе поручаю, любезный друг, занимать мою спутницу в кают-компании, покуда я объясняюсь с капитаном.

— В уме ли ты, Виктор? Я лучше соглашусь принимать порох с сигаркою в зубах, чем провести полчаса с прекрасною девушкою.

— Это будет тебе отместкой за встречу!

Капитан принял Белозора, как отец спасенного сына, и когда тот рассказал свое похождение вкратце, уверил его, что такой подвиг не останется без представления со стороны высшего начальства и без награды от государя. Но вдруг, перемени ласковый на строгий тон, он спросил его:

— Какую девушку привезли вы с собою?

Белозор покраснел и смешался. Капитан, качая головой, слушал доводы, почему ее необходимо должно было взять с собою.

— Все это прекрасно, Виктор Ильич, — возразил он, — и очень справедливо, но всем ли вероятно? Для людей мало быть честным, надобно и казаться таким же. Ваше самоотвержение для спасения утопающих, ваше чудесное возвращение с призом, даже громкая встреча, — все обратит на вас внимание всех офицеров соединенных флотов; но это же самое возлагает на вас тройную обязанность сохранить свое имя не только без упрека, даже без сомнения... А кто, не зная вас, не подумает, что этот роман изобретен для прикрытия любовной связи!

— Капитан!.. — вскричал Белозор, вспыхнув.

— Выслушайте меня хладнокровно. Гораздо лучше узнать от друга то, что могут говорить о вас насмешники за глазами или намекать вам о том лично. Вы будете сердиться, а над вами станут смеяться; вы будете стреляться и еще больше огласите эту сказку, придадите ей существенности. Во-первых, вспомните, как строго запрещают морские законы присутствие женщин на корабле в военное время; с какими же глазами я поеду рапортовать о том английскому адмиралу?.. Конечно, первый вопрос его будет: что она – жена или сестра господина лейтенанта?

Белозор мрачно потупил очи.

— Положим, что я представлю ему неотвергаемые причины, как бесчестно и бесчеловечно было бы оставить ее в руках французов, положим, что он всему охотно поверит, — могу ли, однако ж, я передать это убеждение всем англичанам, которые никому не уступят в злословии? Но допустим, что эта мнимая любовная выходка не только не повредит вам во мнении старых моряков, но сделает вас героем молодых; не должны ли вы позаботиться о чести этого невинного существа, которому вы случайно стали единственным покровителем? Доброе имя девушки, Виктор Ильич, — крылья мотылька: одно прикосновение уносит с него золотой пух невозвратно.

— Это был безрассудный поступок с моей стороны, — сказал Виктор печально.

— По крайней мере несчастный случай. Кто будет защищать ее от насмешек, кто будет иметь право отомстить за оскорбления? Где и с кем будет жить она на корабле, не подвергая теперь своей скромности и всегда — своего доброго имени?

— Вы меня ужасаете!.. Но мог ли я, должен ли был поступить иначе?.. Что прикажете делать мне теперь, капитан?

— Прошу и советую, если вы цените уважение всех людей благомыслящих, женитесь на ней.

— Жениться? — вскричал изумленный нечаянностью Белозор. — Мне жениться?..

— Конечно, вам. Вы не удостоили меня полною доверенностью,

Виктор Ильич, но у влюбленных душа пробивается сквозь поры, и мне сдается, что эта девушка вам нравится, то есть очень нравится?..

— Это дело не так страшное, капитан: она моя невеста.

— Какой же я чудак! — воскликнул с радостью капитан. — Уговариваю, когда надо было только намекнуть! За чем же дело стало? По рукам, да и к налою!

— Так скоро, капитан?

— Сей же час, сию минуту!.. Не должно, чтоб ни одна заря не рассвела над ней необвенчанной, если хотите, чтобы ее честь не знала сумерек. Я уступаю вам свою каюту, и могу ли поздравить себя дружкою?

— И другом истинным, капитан! — произнес тронутый Белозор, простирая к нему руку. — Я сам бы никак не придумал уладить дело, хотя оно было самою лестною моею мечтою, и по неопытности настроил бы хлопот и себе и другим. Но у нее есть родители, люди очень богатые... подумают...

— И раздумают; нужда переменяет даже законы. Они сначала, быть может, и посердятся, потом поплачут, а потом простят и станут благодарить. Я иду распорядиться.

Если б Виктор не любил Жанни, то красноречие самого адмирала белого флага не убедило бы его, но тут несколько слов капитана бросили искры в порох. Небольшого труда стоило ему уговорить и Жанни: необходимость брака была слишком очевидна, и когда сердце заодно с разумом, согласие на устах. Мигом поспели из тонкой меди согнутые венцы, и жених с невестою, украшенные юностью и любовью, весело приступили к брачному налою. Николай Алексеич держал венец над невестою, краснея сам пуще ее и не зная, на которую ногу ступить. Капитан нашептывал что-то на ухо жениху, и толпа офицеров окружала счастливую чету с ропотом ободрения. Вся команда, взмостясь на пушки, с любопытством глядела на обряд, не виданный под палубами; слабо озаренная батарея исчезала во тьме, и плеск валов и завывание ветра придавали какое-то священное величие этому торжеству.

Сладко сорвать поцелуй втайне, сладко получить его неожиданно, но всего сладостнее лобзание венчанья, когда в глазах всего света, не краснея, вы можете назвать милую своею. Какой-то неизъяснимый, священный восторг проник молодых, когда они слились устами, запечатлевая поцелуем союз супружества... Это был задаток будущего блаженства, будущего благополучия. Шампанское запенилось, и Жанни, стоя на пороге спальни, пылая как роза, благодарила всех присутствующих.

— Приятной ночи! — сказал капитан, раскланиваясь с лукавою улыбкою, и задернул двери.

Канва для пылкого воображения.

Поутру захваченные Монтанем голландцы возвратились на берег и привезли матери Жанниной известие о ее замужестве. Через три дня флот пошел зимовать к Чатам, и первый, кого встретили на берегу новобрачные, был Саарвайерзен. Старик плакал и смеялся, сердился и радовался вместе, но все кончилось как нельзя лучше. Через неделю получили письмо от матери, в котором она присылала свое благословение, но, между прочим, уведомляла, что она горько плакала от мысли, как несчастна была дочь ее, не имея для свадебного стола секретного яблочного пирожного и для брачной постели пуховиков гагачьих! Жанни улыбнулась и, зарумянившись, склонилась в объятия своего Виктора.

— А, а!.. — сказал Саарвайерзен. — Два аршина с четвертью, видно, ты была счастлива и без яблочного пирожного.

ЭПИЛОГ

В 1822 году, под осень, я приехал в Кронштадт встретить моряка—брата, который должен был возвратиться из крейсерства на флоте. Погода была прелестная, когда возвестили, что эскадра приближается. Сев на ялик у гостиного двора, я поехал между тысячи иностранных судов, выстроенных улицами, и скоро выпрыгнул на батарею купеческой гавани; она была покрыта толпою гуляющих; одни, чтоб встречать родных, другие, чтоб поглядеть на встречи. Лепты и перья, шарфы и шали веяли радугою. Веселое жужжанье голосов словно вторило звучному плеску моря; песни, стук, скрип блоков, нагрузка, оснастка по кораблям, крик снующих между ними лодочников и торговок — словом, вся окружная картина деятельности оживляла каждого какою-то европейскою веселостью. Только одни огромные пушки, насупясь, глядели вниз через гранит бруствера и будто надувались с досады, что их топтали дамские башмаки.

Увиваясь между пестрыми рядами, меняясь вопросами со знакомыми, поклонами с полузнакомыми и приветствиями с пригоженькими, я был поражен необыкновенною красотою одной высокого роста дамы; она стояла на парапете, устремив глаза на приближающийся флот. Ветер, врываясь под соломенную ее шляпку, взвевал роскошные ее локоны и обдувал стройные формы стана, — но какого стана! Вы бы не спали три ночи и бредили три дня, если б я мог вам нарисовать его! Правой рукой держала она шелковый зонтик, а левую опирала на плечо мальчика лет осьми миловидного, как амур. Он так нежно припадал к ней, она так ласково улыбалась ему, оба они составляли столь прелестную купу, что

197

я загляделся и заслушался, хотя она не говорила ни слова. Есть возраст, милостивые государи, в который шум женского платья кажется нам очаровательною музыкою Эоловой арфы или даже, если вы имеете романтическое ухо, гармоникой сфер.

Я несколько раз вспрыгивал рядом с нею на парапет; шпоры мои бренчали на чугуне пушки, сабля исторгала искры из гранита, но все эти проделки не выманили у прекрасной незнакомки ни одного взора, ни малейшего внимания. Самолюбие мое было обижено до конца ногтей: имея тогда красные щеки, черные усы и белый султан, я полагал, что имею право по крайней мере на ласковый взгляд каждой женщины; но это подстрекало меня; я хотел упорством победить упорство и как бог Термин прирос вблизи, любуясь ее ножками, карауля взгляды и в отмщение наводя свою трубку на море.

Флот приближался как станица лебедей. Корабли катились величаво под всеми парусами, то склоняясь перед ветром набок, то снова подъемлясь прямо. Легкий передовой фрегат в версте от Кронштадта начал салют свой... Белое облако вырвалось с одного из подветренных орудий, другое, третье — и тогда только грянул гром первого. Дым по очереди салютующих кораблей долго катился по морю и потом тихо, величественно начал всходить, свиваясь кудрями. Едва отгрянул и стих гул последнего выстрела, корабли, по сигналу флагмана, стали приводить к ветру, чтобы лечь на якорь. Несколько минут царствовало всеобщее молчание. Внимание всех обращено было на быстроту и ловкость, с которою команды убирали паруса, что называется на славу, и вдруг заревела пушка с Кронштадта, — все дрогнуло; дамы ахнули, закрывая уши! Ответные семь выстрелов исполинских орудий задернули завесой дыма картину... Когда его пронесло, весь флот стоял уже в линии, и несколько шлюпок, как ласточки, махали крыльями по морю, спеша на радостное свиданье. Адмиральский катер гордо пролетел сквозь купеческие ворота; за ним, как быстрая касатка, рассекала зыбь легкая гичка, с широкой зеленой полосою по борту. Статный штаб-офицер с двумя орденами на груди стоял в ней, сложа накрест руки, и хотя зыбко было его подножие, но он стоял твердо, будто на каменной плите.

— Это он, это твой папенька!.. — вскричала радостно красавица, указывая малютке на шлюпку, и кинулась к пристани. Встрянув опять на ограду, она простирала руки навстречу супруга; огонь нетерпения пылал в щеках ее; взоры ее лобзали уже милого гостя... И он увидел ее, увидел сына, которого подняла она в воздух, и, отверзши уста, упершись ногой в край шлюпки, чтоб перепрянуть на берег, он был живое изображение мужественной любви. Я забыл о стане, забыл об очах и кудрях прекрасной незнакомки: я любовался уже одной душою ее, я мечтал о завидной доле счастливца – ее мужа.

— Шабаш! — крикнул урядник, и весла ударились в лад об воду. Как сокол, складывающий крылья, чтобы сильнее ударить, сложились они, и два крюка словно когти возникли пред грудью...

— С какого корабля? — спросил часовой, между тем как шлюпка описывала быстрый полукруг.

— Фрегата "Амфитриды". — Кто офицер?

— Капитан второго ранга Белозор! — отвечал урядник. Супруги уже лежали друг у друга в объятиях.

СПИСОК

www.ingramcontent.com/pod-product-compliance
Lightning Source LLC
Chambersburg PA
CBHW020646260626
47157CB00008B/2931